구원론

창세부터 예표된 종말과 구원

| 고왕규 지음 |

쿰란출판사

추천사

　오랜 세월 동안 많은 성경의 학자들이 본인이 연구해 오던 성경을 객관적이면서 주관적으로 해석해 왔지만 이 책은 성경을 성경으로 해석하되 성경의 표면적인 글자와 본문에 의한 것이 아닌 내면적인 세계의 것을 해석하는 데 있어서 새로운 시각에서 성경을 조명해 볼 수 있는 귀한 자료가 될 수 있을 것이라 생각합니다. 타인의 것을 비교 분석한 것이 아니고 전혀 새로운 방식으로 성경을 보되, 원어적 개념과 내면적인 배경으로 해석이 되어 있어서 조금은 견해가 다를 수 있지만 그분의 조명을 기록하고 알리고 싶은 그 열정을 높이 평가하면서 주님의 복음을 전하는 귀한 도구가 되기를 바라 마지않습니다.

2021년 10월 5일
박양춘 목사
(대한예수교장로회)

종교개혁은 기독교 역사에서 초대교회의 시작 이후 가장 큰 변혁적 사건이었다. 종교개혁을 통해 루터는 사제들이 소유한 성경을 빼앗아 일반 교인들에게 나눠 말씀의 대중화를 시작하였다. 그로부터 500여 년이 지난 지금 시대는 신학자들의 소유물이 되어버린 신학을 교인들에게 나누는 평신도 운동이 절실한 시기라고 본다.

그런 의미에서 평신도의 관점에서 바라본 구원론은 독특한 의미를 갖는다. 우선 평신도라 하지만 이 책은 우리가 생각하는 평신도 수준을 넘는 내용이다. 성경 신학적으로 매우 체계적인 책을 집필한 고왕규 님의 저서는 신학적 비평 이전에 얼마나 하나님의 말씀으로, 하나님의 말씀을 정리하고 싶었는지 저자의 열정이 느껴진다.

이 책을 통해 목회자나 신학자들은 도전이 되고, 평신도에게는 자신이 하나님의 은혜로 받은 구원에 대해 다시 한번 점검하는 계기가 될 것이다. 저자의 수고가 열매 맺길 바라며 이 책을 독자들에게 추천한다.

2021년 10월 5일
변상규 목사
(기독교한국침례회, 현 한국열린사이버대학교 상담심리학과 특임교수
캐나다 Christian College 상담학과 석박사과정 겸임교수)

추천사

'성경 말씀을 깊이 생각하며 고뇌하는 청년 고왕규!
그리스도와의 연합 속으로!'

   이 책의 저자 고왕규 님에게 책의 저작 동기를 물었습니다. 예수님의 십자가 죽으심과 부활 그리고 하나님 나라를 주변 사람들에게 전하고 싶어서, 이 책을 쓰게 되었다고 했습니다. 백마디의 말보다 이 책 한 권을 선물하면, 읽고 예수님을 믿게 될 것을 기대한다고 했습니다. 책의 제목이 '구원론'인데, 그런 깊은 뜻이 있었구나! 이해하게 되었습니다. 예수님을 전하고자 하는 구령의 열정을 느낄 수 있었습니다. 자신의 행복, 자기 만족을 추구하는 이 시대, 복음 전파를 추구하는 저자의 간절한 소망이 너무나 귀합니다. 무엇보다 저자인 고왕규 님을 구원하신 예수님에 대한 감사를 볼 수 있었습니다. 저자의 간절한 바람이 꼭 이루어지기를 기도합니다.
   더 나아가 저자는 그리스도와의 연합을 간절히 소망하고 있습니다. 저자는 책 전반에 걸쳐 그리스도와의 연합을 적용하고 기준점으로 제시하였습니다. 무리하다 싶을 정도로 그리스도와의 연합을 적용하는 것을 보면서, 그의 간절한 바람과 소망을 볼 수 있었습니다. 요즘 청년들은 좀더 잘 먹고 사는 것을 추구하지만, 청년 고왕규 님은 그리스도와의 연합을 추구합니다. 정말 하나님이 기뻐하실 것입니다.

저자의 책을 보면서, 가장 감동이 되는 것은 성경에 대한 저자의 사랑입니다. 저자는 성경을 하나님의 말씀으로 받아들일 뿐만 아니라 성경을 깊이 생각했습니다. 서문 첫 마디가 이러합니다. '긴 시간 창조에 대하여, 종말에 대하여, 구원에 대하여 끊임없이 고뇌를 하였다.' 즐거움을 추구하는 이 시대, 성경 말씀으로 고뇌하는 청년 고왕규 님이 너무 귀합니다.

성경을 붙들고 씨름하는 청년이 이 시대 몇이나 될까요? 청년들 중 2%만이 종교를 가지고 있는 막막한 현실에서, 성경으로 고뇌하는 고왕규 님은 세상의 빛과 같은 존재라고 감히 말할 수 있습니다. 게다가 그런 고뇌를 책으로 정리하다니 대단합니다. 혼자 고민한 부분들을 신학적으로 좀더 가다듬어, 그리스도와의 황홀한 연합 속에 더 깊이 들어가기를 기도합니다. 예수님을 더 깊이 알아 예수님의 향기를 드러내는 이 시대 청년이 되기를 바랍니다.

성령 하나님께서 고왕규 님과 함께하사 하나님의 깊은 세계를 알려 주시기를 기도합니다. 하나님을 알고, 하나님을 즐거워하는 인생의 목적을 완성하여 하나님께 영광 돌리기를 기대합니다. 저자의 수고가 열매 맺기를 바라며, 이 책을 독자들에게 추천합니다.

2021년 11월 25일
이여호수아
(한양선교교회 담임목사)

서문

긴 시간 창조에 대하여, 종말에 대하여, 구원에 대하여 끊임없이 고뇌를 하였다. 대부분의 퍼즐이 맞춰졌으나 몇 조각이 모이지 않아 또 한참을 헤매었다. 그러던 중 마침내 창세기부터 계시록까지 관통하는 한 줄기 광명을 본 것 같아 이를 급히 기록하게 되었다.

여기에 오기까지 신앙의 적지 않은 시행착오가 있었다. 인터넷을 통해 많은 설교와 해석들을 접할 수 있지만 정보가 다양한 만큼 인본주의, 신비주의 신앙들이 섞여 성경을 관통하는 한 줄기를 찾기가 힘들었기 때문이다.

성경의 각 책의 내용들이 상호 보완적으로 엮어지고 보충 설명되는 것인데, 각 장과 절의 문맥으로만 풀이를 하니 성경은 그때마다 달리 적용되는 도덕적 책이 되기 일쑤였고, 감흥적인 화려한 말잔치는 해당 구절의 진의를 가리게 되는 것이었다.

이러한 도덕적 적용과 해석에 크게 여러 번 좌절하다가 결국 나의 세상적 인본주의와 상식을 모두 버리고 다시 성경을 읽게 되었으니, 이는 하나님께서 오직 성경을 통해 성경을 읽게 하신 것이다.

이제 내가 보았던 그 광명을 글로 풀어서 설명하고자 한다.

이 책은 개혁주의 5대 강령과 예정에 대한 내용을 적극 옹호하면서도 기존에 존재하지 않았던 해석들 또한 제시할 것이다. 사실 이러한 주장들은 되도록 모호하면서 보편적인 표현으로 감추는 편이 반론의 위험을 줄일 것이다. 그러나 이를 위해 표현에 도피를 위한 장치들을 둘수록 성경의 진의를 풀고자 하는 시도에는 제동이 걸리게 되고, 그런 책은 존재의 의미가 희미해질 뿐이다.

이 글이 성경의 진의를 설명하는 데 있어서 어찌 되어도 상관없는 감흥을 불러일으키거나, 위험으로부터 충분히 도피할 수 있는 글이 될 것이라면 이를 처음부터 쓰지 않았을 것이다.

이 책은 성경이 말하는 진의를 찾고자 하나 도덕적이고 감흥적인 풀이에 지친 이들에게 조금이나마 유익이 되길 바라는 마음에서 내놓는 것이다.

알에서 깨어난 지금의 내가 해야 할 말은 모두가 성경 말씀으로 귀결되니, 개인적 회고는 뒤로하고 성경 말씀만 전하고자 한다.

앞으로 전개될 모든 내용들에 관해서, 감히 내 자신이 무엇을 깨달았다 말하고 싶지 않으니, 내 자신은 아무것도 아니요 무엇을 알았더라도 모든 것이 하나님께로부터 온 것인즉(요 3:27) 오직 하나님만 영광스럽게 되길 원한다.

결론적으로 논하고자 하는 것은 예수의 십자가 죽음과 부활 그리고 하나님 나라에 관한 것이고, 이것이 첫 창조와 종말과 어떤 관련이 있는지 살펴볼 것이다. 그리고 이 모든 것이 아담 언약(호 6:7)에 담겨 있음을 살펴볼 것이다.

성경의 모든 내용이 하나로 귀결되므로, 각각의 내용들이 한데 엮여 있어 이를 첫 창조의 세상에 속한 우리가 이해할 수 있도록 차례대로 풀어서 나열하기가 상당히 힘들다.

부득불 이를 풀어서 나열하려 애쓰면서도 이후에 전개될 내용들이 등장하는 경우가 많을 것이나, 그 경우 그에 관한 자세한 설명은 추후 언급할 것임을 덧붙일 것이다.

이 책에서 인용하는 성경은 우리나라 대부분의 교회에서 사용하는 개역개정 성경이며, 영어 성경으로는 가장 원문에 충실하게 직역된 것으로 평가받는 NASB(새미국표준성경)와 KJV(킹제임스성경)를 인용하였다.

2021년 10월 5일
고왕규

차례

추천사 박양춘 목사 · 2
　　　 변상규 목사 · 3
　　　 이여호수아 목사 · 4
서문 · 6

1. 성경은 성경으로　　　　　　　　　　　　　　15

2. 하나님의 형상　　　　　　　　　　　　　　　18

3. 죄의 진정한 의미　　　　　　　　　　　　　　33

4. 율법　　　　　　　　　　　　　　　　　　　　52
　　1) 율법의 정의　　　　　　　　　　　　　　52
　　2) 모형으로서의 율법과 그 속의 진의　　　　62

5. 혼 - 네페쉬(נֶפֶשׁ) - 프쉬케(ψυχή)　　　　　　80

6. 원죄에 관하여　　　　　　　　　　　　　　　91

7. 예수의 선재성　　　　　　　　　　　　　　　98

8. 창조에 관하여　　　　　　　　　　　　　　 108

9. 아담 언약   115
    1) 율법을 주심에 관하여   115
    2) 첫 창조의 폐함   126
    3) 벌거벗음이란?   134
    4) 오실 자의 모형 아담   137
    5) 생육하고 번성하는 피조물에 관하여   147
    6) 언약 속의 예수   158

10. 세례라는 모형   169
    1) 거듭남의 상징 – 종말과 하나님 나라   170
    2) 모든 사람이 이미 죽은 자인 것에 관하여   177

11. 지식과 감각의 모든 것은 모형이다   183
    1) 보는 것   189
    2) 아는 것   196

12. 믿음에 관하여 202
  1) 예수 안에만 있는 믿음 204
  2) 왜 믿음인가? 218

13. 행함에 관하여 222
  1) 야고보서의 행함 223
  2) 야고보서 읽기 229
  3) 진정한 구제 238

14. 개혁주의 칭의에 대한 소회 249

15. 개혁주의 성화에 대한 소회 263
  1) 세상에 속하지 않음을 인식 267
  2) 성령의 열매에 대한 소회 281

16. 그리스도의 십자가 구원   290
    1) 로고스에 관하여   291
    2) 로고스와 연합   297
    3) 로고스의 죽음과 종말   305
    4) 부활   312

17. 하나님 나라   316

18. 천국 비유 풀이   323
    1) 겨자씨 비유   323
    2) 불의한 청지기 비유   327
    3) 달란트 비유   338

글을 마치며 _ 342

Soteriology

1
성경은 성경으로

종교개혁자 칼빈의 성경 해석 원리 중 하나는 '성경은 성경으로'이다. 이는 성경의 어떤 부분을 해석할 때, 성경의 다른 부분에서 이와 유사한 서술이 있다면 그것을 참고할 수 있고, 또 성경의 전체적인 흐름 안에서 해석을 할 수 있다는 것이다.

성경은 하나님의 감동하심으로(딤후 3:16; 벧후 1:21) 기록되었으므로, 이같이 성령의 감동으로 기록된 성경의 말씀들을 종합하여 성경을 푸는 것이 가장 합당하며, 이를 통해 성경의 전체적인 메시지를 파악할 수 있다.

그러나 성경을 인간의 상식으로 이해하려 하고, 인간이 가진 선악의 개념, 곧 도덕과 윤리의 잣대로 이해하려 하면 성경을 단순히 권선징악의 교훈으로 치부하는 오류를 범하게 된다. 이렇게 인본주의적 상식으로 성경을 읽게 되면, 성경은 일관성 없는 도덕적 말들을 묶어놓은 어록이 되며, 어떤 원칙에 순종하면 세상적인 복을 받는다고 잘못 이해하게 되는 것이다.

성경은 세상적 복을 가르치는 책이 아니다. 이 세상에서 받는 복이 진정한 복이었다면, 하나님의 나라도 이 세상에 속하였을 것이므로(요 18:36) 첫 창조를 폐할 것이 없을 것이며, 인간 역시 이 땅에서 육신의 죽음을 맞이하지 말아야 할 것 아닌가?(히 9:27)

또한 성경은 육(肉)에 대한 책이 아닌 영(靈)에 대한 책이다. 영에 대한 것은 인간의 경험과 상식으로는 도무지 알 수 없는 것이며, 영적인 것이 존재한다는 것은 오직 믿음으로 알게 되고(히 11:1), 지금 육체의 남은 때(벧전 4:2)를 살고 있는 동안에는 영에 관해 알게 되더라도 희미하여 부분적으로만 알 뿐이다(고전 13:12).

그런데 믿음의 영역에 있는 일들을 성경을 바탕으로 하지 않고 인간의 육에 속한 감각과 감흥으로 이해하니, 직통계시의 문제와 무분별한 은사주의 등의 문제들이 발생하는 것이다.

이렇듯 우리가 육의 감정과 사고를 영적인 신비와 계시로 오해하기 쉽고, 또한 성경을 인본주의적 상식으로 풀기 쉽다. 그러므로 성경은 오직 성경으로 풀어야 한다.

성경의 모든 내용들은 예수와 하나님 나라를 가리키고 있다. 창세기의 아담과 하와(롬 5:14), 가인과 아벨(히 12:24), 노아의 홍수(벧전 3:20-21) 이외에도 모든 것이 그렇다.

이들은 예수를 예표하며 종말과 하나님 나라에 대해 설명하되 이들의 행적과 역사를 통해 모형으로 축약하여 보여주고 있다.

성경은 성경 전체적으로 드러나는 사상과 예표적 표현을 통해 보아야 한다. 그렇지 않고 해당 책의 장과 절의 문맥으로만 보려고 하거나 혹은 해당 절만 뚝 떼어서 보게 되면 그 내용은 필연적으로 우리 상식선에서 받아들이게 되며, 신앙의 바탕이 성경의 진의가 아닌 우리 상식이 되어 버린다.

 이제부터 서술할 내용들은 이와 같은 성경의 근거하에 최대한 간결하면서 명료하게 풀고자 한다.
 또한 사전에 필요한 전제가 되는 내용들을 먼저 제시하면서 풀어 나갈 것이다.

2
하나님의 형상

창세기의 각종 창조에 관한 각각의 내용들이 하나님 나라를 설명한다. 그중에서 남녀가 합하여 한 몸이 됨이 하나님의 형상이자 하나님 나라를 설명하는 대표적인 모형이다.

또한 남자가 모형하는 바와 여자가 모형하는 바가 있는데, 이는 아담 언약을 설명하기 위한 중요한 전제가 되며, 바울은 이 사상을 그대로 계승하여 서신서에 사용하였다.

하나님의 형상을 다루는 것은 매우 중요하므로, 여기서는 성경의 사상에서 가장 기초가 될 남자와 여자가 각각 모형하는 바에 대해서, 그리고 이를 통해 하나님의 형상이란 무엇인지 살펴볼 것이다.

먼저 사람의 창조에 대해 살펴보자.

> 창 1:27 "하나님이 자기 형상 곧 하나님의 형상대로 사람을 창조하시되 남자와 여자를 창조하시고."

하나님은 자기의 형상대로 사람을 창조하시되 남자와 여자를 창조하셨다고 하였다. 여기서 하나님의 형상이란 무엇인가? 간혹 비신자들은 하나님도 인간과 같은 형태로 눈, 코, 입이 있느냐고 오해하기도 한다. 하나님은 영이시므로(요 4:24), 예수께서 "영은 살과 뼈가 없으되"(눅 24:39)라고 하심과 같이 피조물처럼 흙으로 지음 받은 살과 뼈의 형상을 하고 있는 것이 아니다.

그러므로 이사야가 "너희가 하나님을 누구와 같다 하겠으며 무슨 형상을 그에게 비기겠느냐"(사 40:18)라고 함과 같이 육을 입고 있는 우리로서는 그 형상을 구체적으로 알 수가 없고 설명할 수도 없다.

다만 성경 전체적인 맥락에서 하나님의 형상이 가리키는 바를 추론할 수 있다. 이는 '연합하여 하나로 존재하는 것'을 가리킨다.

남자에 관해서, 바울은 "남자는 하나님의 형상과 영광이니"(고전 11:7)라고 하였다. 남자가 하나님의 형상이자 영광이라는 것이 무슨 말인가? 남자만 특별하게 지음 받았다는 말인가?

그렇지 않다. 남자나 여자나 악을 행하면 죽을 것이며(신 17:5), 성령을 받은 자는 남자나 여자나 하나님과 한 영을 이룸으로(고전 6:17), 오직 성령을 통하여 그리스도와 연합하고 하나님과 합하는 것이 중요한 것이다(갈 3:28).

'하나님 나라'에서 다룰 내용인데, 성령으로 하나님과 연합함이 곧 하나님 나라이다. 바울이 하나님 나라를 가리켜 "형제들아 내가 이것을 말하노니 혈과 육은 하나님 나라를 이어받을 수 없고"(고전 15:50)라고 한 것은, 그 연합을 위해서는 반드시 육으로는 예수와 함께 십자가에 죽고(롬 6:3) 영으로는 생명을 얻는 거듭남이 있어야 한다는 것이다.

그런즉 육은 반드시 죽게 되는 것이며(히 9:27), 이미 죽은 것과 다름없으니 바울이 육을 벗는 것에 관하여 골로새서 2장 11절에 "또

2. 하나님의 형상

그 안에서 너희가 손으로 하지 아니한 할례를 받았으니 곧 육의 몸을 벗는 것이요 그리스도의 할례니라"라고 말하였다.

영으로는 생명을 얻었다 할진대, 예수께서 마태복음 22장 30절에 "부활 때에는 장가도 아니 가고 시집도 아니 가고 하늘에 있는 천사들과 같으니라"라고 하심과 같이 영은 살과 피가 없듯 성별이란 개념도 존재하지 않는다. 그러므로 성별은 육에만 속한 것으로, 이를 따지는 것은 참으로 무익한 것이다.

그렇다면 필히 남자라는 것은 하나님의 형상과 영광을 가리키는 모형에 불과하며, 여자도 이와 마찬가지로 어떠한 것을 가리키는 모형인 것이다.

바울이 "창세로부터 그의 보이지 아니하는 것들 곧 그의 영원하신 능력과 신성이 그가 만드신 만물에 분명히 보여 알려졌나니"(롬 1:20)라고 함과 같이 하나님이 창조하신 모든 피조물이 하나님 나라와 복음을 모형으로 표상하는 것이니, 앞으로 '모형'과 '예표'라는 개념에 많이 익숙해지길 바라는 바이다.

모형, 예표 그리고 표상

이런 단어가 생소하지 않은 것은, 신약 기자들이 구약에 대해 설명할 때 이런 단어들을 자주 활용하였기 때문이다. 스가랴 3장 8절을 보면, 구약의 제사장들과 선지자들은 하나님께서 예수를 예표하기 위해 쓰신 것임을 알 수 있으며, 예수께서도 요나의 표적밖에는 보여줄 표적이 없다 하심으로 요나가 자신을 예표함을 말씀하셨다.

그 외의 구절들에서도 모형과 예표 및 이에 준하는 단어들이 상당 부분 사용되었다.

> **슥 3:8** "대제사장 여호수아야 너와 네 앞에 앉은 네 동료들은 내 말을 들을 것이니라 이들은 예표의 사람들이라 내가 내 종 싹을 나게 하리라."
> **마 16:4** "악하고 음란한 세대가 표적을 구하나 요나의 표적밖에는 보여 줄 표적이 없느니라 하시고 그들을 떠나 가시니라."
> **히 8:5** "그들이 섬기는 것은 하늘에 있는 것의 모형과 그림자라 모세가 장막을 지으려 할 때에 지시하심을 얻음과 같으니 이르시되 삼가 모든 것을 산에서 네게 보이던 본을 따라 지으라 하셨느니라."
> **히 9:9** "이 장막은 현재까지의 비유니 이에 따라 드리는 예물과 제사는 섬기는 자를 그 양심상 온전하게 할 수 없나니."
> **히 10:1** "율법은 장차 올 좋은 일의 그림자일 뿐이요 참 형상이 아니므로 해마다 늘 드리는 같은 제사로는 나아오는 자들을 언제나 온전하게 할 수 없느니라."
> **고전 10:4** "다 같은 신령한 음료를 마셨으니 이는 그들을 따르는 신령한 반석으로부터 마셨으매 그 반석은 곧 그리스도시라."
> **갈 4:24** "이것은 비유니 이 여자들은 두 언약이라 하나는 시내 산으로부터 종을 낳은 자니 곧 하갈이라."
> **롬 5:14** "그러나 아담으로부터 모세까지 아담의 범죄와 같은 죄를 짓지 아니한 자들까지도 사망이 왕 노릇 하였나니 아담은 오실 자의 모형이라."

성경은 전체적으로 하나님을 남편, 하나님의 백성을 그와 연합할 처녀에 비유하였다. 이를 통하여 남자는 무엇을 모형으로 하고, 여자는 무엇을 모형으로 하는지 알 수 있다.

결론적으로 남자는 씨를 가진 자를 말하는데, 그 씨란 성육신하신 예수를 가리키며, 또한 예수 자체가 복음의 말씀(로고스)이므로 '복음의 말씀을 가진 자'라 하여도 좋다.

예수란, 온전한 하나님이 온전한 인간이 되신 것인데, 이는 하나님이 첫 창조에 속한 것이(육신으로) 되심을 말하는 것이다.

하나님이 첫 창조에 속한 것이 되심은 첫 창조에 있는 우리와 연합하기 위함이다. 이를 가리켜 예수께서 "인자의 살을 먹지 아니하고 인자의 피를 마시지 아니하면 너희 속에 생명이 없느니라"(요 6:53) 하신 것으로, 이는 우리가 그를 먹음으로 그와 연합하여 한 지체를 이룸을 가리킨다(롬 12:5).

이 연합은 그가 로고스가 되어 우리 귀에 들어와 믿음을 통해 이루어진 것이다(롬 10:17; 히 4:2). 이에 관해서는 '로고스에 관하여' 및 '로고스와 연합'에서 다룰 것이다.

그 안에는 진정한 생명이 있으므로(요 1:4), 이 씨를 가진 자가 씨 없는 자에게 줌으로 이를 받은 이가 씨와 연합되어 생명을 얻게 된다.

그런데 씨를 가진 자가 씨를 줄 때마다 씨를 받은 자와 연합하여 하나의 지체를 이루기 때문에(롬 12:5), 씨를 가진 남자의 모습은 마치 하나님의 아들들(예수의 지체 된 성도들)을 그 안에 담고 있는 형상이다.

바울이 이러한 그리스도의 모습을 가리켜 "그리스도는 하나님의 형상이니라"(고후 4:4)라고 한 것이므로 남자는 하나님의 영광과 형상이라 한 것이다.

씨는 씨가 없는 자에게 주어지므로 여자는 씨가 없는 자를 모형으로 하며, 씨가 없다는 것은 생명이 없으므로 죽은 자와 같은데,

예수와 연합되지 않은 모든 이가 죽은 자와 같으므로 이들은 여자와 같다. 모든 이가 이미 죽은 자와 같다는 것은 '세례라는 모형'에서 다룰 것이다.

그런즉 성도들을 가리켜 하나님의 아들들이라 함(롬 8:19)은 이들이 씨를 얻어 씨를 가진 남자와 같이 되었다는 것을 가리키는 말이다.

신약에서 이렇게 진정한 생명을 얻은 것을 가리켜 열매 맺음 혹은 해산에 비유하는데, 열매를 맺었다는 것은 그 씨가 우리라는 땅과 연합하여 죽고(요 12:24) 새로운 생명으로 거듭남을 표상한다.

우리가 해산한다는 것 또한 여자와 같은 우리가 예수라는 씨를 받아 예수를 낳은 것을 말한다. 이는 우리라는 옛 사람(롬 6:6)은 죽고 우리가 낳은 예수라는 새 생명으로 살아감을 표상하며, 이는 곧 우리가 예수의 지체로 연합된 것을 가리킴이다.

이런즉 우리가 예수라는 열매로 거듭난 것이고 또한 예수를 낳은 것과 같으므로, 예수께서 자신을 인자(사람의 아들)라고 칭하심은 그 자신이 우리가 맺을 열매임을 가리키는 것이다.

이를 토대로 그가 여자의 후손(창 3:15)으로 온다는 것을 살펴보면, 일차적으로는 문자 그대로 마리아를 통하여 육을 입을 것을 의미하나, 이차적으로 모든 이가 여자와 같으므로 이들의 후손(열매)이 될 것임을 가리킨다.

이런 맥락에서 바울은 다음과 같이 그 생명을 얻는 것을 가리켜 열매로 비유하였다.

> 고전 15:20 "그러나 이제 그리스도께서 죽은 자 가운데서 다시 살아나 사 잠자는 자들의 첫 열매가 되셨도다."
> 고전 16:15 "스데바나의 집은 곧 아가야의 첫 열매요."

그리고 해산에도 비유하였다.

> 딤전 2:15 "그러나 여자들이 만일 정숙함으로써 믿음과 사랑과 거룩함에 거하면 그의 해산함으로 구원을 얻으리라."
> 갈 4:19 "나의 자녀들아 너희 속에 그리스도의 형상을 이루기까지 다시 너희를 위하여 해산하는 수고를 하노니."

예수께서 하나님 나라에 대하여 씨 뿌리는 비유를 하심은 이를 가리키는 것이다(마 13:31).

열매 맺지 아니하는 나무가 찍혀 불에 던져진다는 것(마 3:10)은, 씨와 연합하여 거듭나지 않으면 이 세상에 속하였으므로 첫 창조의 멸함과 함께 둘째 사망에 처하게 됨을 말한다(계 21:8).

마태복음 13장 31절의 비유에 관해서는 추후 '천국 비유 풀이'에 관하여 다룰 때 자세히 서술할 것이다.

이제 하나님을 남편에 비유한 구절들을 몇 가지 살펴보자.

> 렘 3:14 "여호와의 말씀이니라 배역한 자식들아 돌아오라 나는 너희 남편임이라 내가 너희를 성읍에서 하나와 족속 중에서 둘을 택하여 너희를 시온으로 데려오겠고."

하나님을 남편이라 하므로 남자는 고린도전서 11장 7절 말씀과 같이 하나님의 영광과 형상을 가리키며 씨를 가진 자를 의미하고, 이스라엘 백성은 남편 되신 하나님과 혼인의 대상이므로 여자라고 할 수 있다.

이는 남자가 아내와 합하여 한 몸을 이룬다는 창세기 말씀(창

2:24)을 바탕으로 한 말씀으로, 남자가 아내와 합하여 한 몸을 이루듯이 하나님과 이스라엘 백성이 하나가 될 것임을 예표하는 것이다. 다음의 말씀에는 이러한 연합이 분명히 드러난다.

> 렘 50:5 "그들이 그 얼굴을 시온으로 향하여 그 길을 물으며 말하기를 너희는 오라 잊을 수 없는 영원한 언약으로 여호와와 연합하라 하리라."

이같이 하나님과 연합해야 할 여자이자 흙으로 지어진 인간(고전 15:47)이 하나님의 형상으로 지어졌다는 것은, 하나님과 연합하여 하나가 될 것임을 가리키는 예표적 의미이다.

반면 칼빈은 그의 저서에서 하나님의 형상을 가리켜 인간의 영혼에 있는 것이며, 이는 사람의 본성을 다른 생물들보다 뛰어나게 만드는 데까지 확대되는 것이라 한다(기독교 강요 1. 15. 3). 또한 그는 아담의 범죄로 인해 하나님의 형상이 너무나 부패하여 끔찍한 기형이 되었다고 하는데(기독교 강요 1. 15. 4), 하나님께 속한 속성이 부패될 수 있다는 것은 이치에 맞지 않는다.

성경은 아담의 범죄 이후에도 사람이 여전히 하나님의 형상을 띠고 있다고 하므로(창 9:6), 인간이 하나님의 형상을 지녔다 함은 예표적인 의미인 것이다.

또한 하나님의 형상을 모형으로 하는 점에 대해서도 추후 서술할 것이다.

그런즉 인간이 하나님의 형상으로 지어졌다 함은, 인간이 오직 하나님께만 속한 속성 혹은 이에 준하는 것을 가졌다 하는 것이 아니라 어디까지나 그 형상을 모형하는 것이며, 또한 진정 하나님과 연합하여 하나를 이룰 것을 예표하는 의미이다.

이런 연유로 하나님의 은혜가 없으면 사람은 짐승과 다를 바 없는 존재인 것이다(전 3:18-19; 잠 30:2).

계속해서, 하나님이 남편임을 시사하는 구절들을 더 살펴보자.

> 호 2:19 "내가 네게 장가 들어 영원히 살되 공의와 정의와 은총과 긍휼히 여김으로 네게 장가 들며."
> 호 2:20 "진실함으로 네게 장가 들리니 네가 여호와를 알리라."
> 렘 31:22 "반역한 딸아 네가 어느 때까지 방황하겠느냐 여호와가 새 일을 세상에 창조하였나니 곧 여자가 남자를 둘러싸리라."

여자가 남자를 둘러싼다는 것은, 우리의 남편은 오직 하나님 한 분이시므로 하나님을 믿는 우리가 한 분이신 하나님께 모여 연합되어 한 영을 이룸을 가리킨다.

이렇게 우리와 하나님의 관계가 남자와 여자로 비유되었기 때문에, 신약에서도 이를 인용하여 바울이 "내가 너희를 정결한 처녀로 한 남편인 그리스도께 드리려고 중매함이로다"(고후 11:2)라고 하였고, 마지막 책인 요한계시록에서는 어린 양의 혼인잔치에 대해 말하는 것이다(계 19:9).

이런 맥락에서 세례 요한이, 사람들이 예수께 나아감을 가리켜 요한복음 3장 29절에 "신부를 취하는 자는 신랑이나 서서 신랑의 음성을 듣는 친구가 크게 기뻐하나니 나는 이러한 기쁨으로 충만하였노라"라고 한 것이다.

이런즉 모든 이가 생명을 받아야 할 사람이므로 여자와 같음은 앞서 설명하였다. 그러므로 우리가 해야 할 것은 오직 그리스도와 연합하여 새 피조물이 되는 것이다(고후 5:17). 이는 육으로 난 것이 아니고 영으로 난 것이므로(요 3:6) 남녀의 육적인 성별은 모형에 불과하며, 오직 성령을 받는 것이 중요함을 가리켜 성경이 미리 예표하였으니 여선지자 미리암, 드보라 등의 존재가 그러하다.

성령을 통하여 예수와 연합됨이 곧 거듭남인데, 이로써 씨가 없던 우리가 타인에게 씨를 줄 수 있게 되었으니, 남자는 씨를 가진 자를 표상한다고 한 것이다.

여자의 창조에 대해 말씀하면서 여자는 남자의 돕는 배필이라 하심은 무슨 의미인가?(창 2:18)

아담이 예수를 모형으로 하므로(롬 5:14) 돕는 배필이란 예수와 연합할 우리 성도를 표상한다.

바울이 이를 가리켜 우리가 하나님의 동역자(고전 3:9)라 함과 같은데, 하나님이 동역자를 필요로 하시는가? 그렇지 않음은 예수께서 마태복음 19장 26절에 "예수께서 그들을 보시며 이르시되 사람으로는 할 수 없으나 하나님으로서는 다 하실 수 있느니라"라고 하신 것처럼, 구원도 오직 하나님께 속하였고(계 7:10) 만물의 역사가 그에게 속하였기 때문이다(행 17:25).

홀로 완전하신 하나님이 돕는 배필인 우리를 표상하는 여자를 창조하심은 무슨 의미가 있는가? 이는 우리에게 그에게 속한 영광을 값없이 주시고 그의 의로우심을 보이기 위하여(롬 3:26) 우리를 창조하신 것이니, 바울이 에베소서 1장 12절에 "이는 우리가 그리스도 안에서 전부터 바라던 그의 영광의 찬송이 되게 하려 하심이라" 함과 같이 그는 참으로 의로우시고 선하신데, 인간의 언어와 인간의 사고로는 이 은혜에 관하여 이루 말로 다 할 수 없다.

그러므로 빌립보서 4장 4절에 "주 안에서 항상 기뻐하라 내가 다시 말하노니 기뻐하라" 한 것처럼 우리가 영원히 기뻐할 수 있는 것이다.

여기까지 남자가 하나님의 형상이라는 말씀은, 남자가 여자에게 씨를 주되 한 몸을 이루게 되는 것이 마치 모든 성도와 한 지체를 이룬 그리스도의 모습과 같으므로 이를 모형으로 한다는 것을 살펴보았다. 따라서 하나님의 형상이란 연합하여 하나로 존재함을 의미하는 것이고, 이는 인간이 하나님과 연합하여 하나가 될 것임을 예표하는 말이다.

이런 맥락에서 그리스도가 하나님의 형상(고후 4:4), 즉 하나님과 연합하신 분인데, 바울이 '하나님이 미리 아신 자들'을 가리켜 "그 아들의 형상을 본받게 하기 위하여"(롬 8:29)라고 함은, 그리스도가 하나님과 하나 됨같이 그들도 하나님과 하나가 될 것을 가리키는 것이다.

그리고 고린도전서 11장 7절에서 '남자는 하나님의 영광'이라는 말 또한 형상과 동일한 의미로, 이 역시 연합을 가리킨다. 하나님의 형상에 대한 위의 결론을 더 확실히 내리기 위해 하나님의 형상과 같이 쓰인 영광이란 단어에 대해서도 같이 알아보자.

다음 말씀을 살펴보면, 하나님께서는 창세 전부터 예수를 사랑하시므로 예수께 영광을 주셨다고 한다.

> 요 17:24 "아버지여 내게 주신 자도 나 있는 곳에 나와 함께 있어 아버지께서 창세 전부터 나를 사랑하시므로 내게 주신 나의 영광을 그들로 보게 하시기를 원하옵나이다."

여기서 잠깐, 영광이라 함은 인간처럼 어떤 상대적 가치의 우위를 가늠할 수 있는 지능이 있는 생물들 가운데서 발생한 개념이 아닌가? 그런데 창세 전에 어떤 존재들이 존재하여 그들 간에 우월과 열등이란 개념이 있기에 영광이란 개념이 있을 수 있단 말인가? 성경은 인간들이 창조한 개념들을 가지고 영적인 것에 대해 설명하기 위해 기록된 책이다.

따라서 하나님의 속성을 설명하기 위해 불가피하게 인간의 언어가 사용된 것이므로, 어떤 긍정적 의미를 지닌 단어를 가져다 하나님의 속성이라 한 것이다.

선함에 대해서도 "선한 이는 오직 한 분이시니라"(마 19:17) 하신 것처럼 성경에서 말하는 영광 또한 마찬가지인 것으로, 이에 관한 것이 다음의 시편에서 언급된다.

> 시 115:1 "여호와여 영광을 우리에게 돌리지 마옵소서 우리에게 돌리지 마옵소서 오직 주는 인자하시고 진실하시므로 주의 이름에만 영광을 돌리소서."

그 외에 사랑, 화평 등 긍정적으로 생각되는 개념들과 성품들도 마찬가지이므로 그 단어의 사전적 의미에 구애받지 말고, 이들은 하나님께 속한 것이며 이는 결국 연합을 의미한다고 생각하자. 이에 대한 내용들은 책의 내용 중에 계속해서 확인된다.

계속해서, 예수께서 요한복음 17장 22절 "내게 주신 영광을 내가 그들에게 주었사오니 이는 우리가 하나가 된 것같이 그들도 하나가 되게 하려 함이니이다"라고 하신 말씀을 보면, 예수가 영광을 믿는 자들에게 주었더니 하나님과 예수가 하나가 된 것처럼, 그들도 하나가 되었다고 한다. 즉 하나님이 주신 영광은 하나님과 하나로 연합됨에 대해 말하는 것이다.

이렇게 하나님의 형상과 영광은 동일한 의미로서(히 1:3), 바울이

"그 아들의 형상을 본받게 하기 위하여"(롬 8:29)라고 한 말과 "너희를 부르사 우리 주 예수 그리스도의 영광을 얻게 하려 하심이니라"(살후 2:14)라고 한 말은 동일하게 하나님과의 연합을 의미한다(렘 50:5).

하나님의 형상은 '연합하여 하나로 존재함'이라 하였는데, 그렇다면 인간의 어떤 점이 하나님의 형상을 모형한다는 것인가?

이는 하와가 아담의 갈비뼈로 만들어졌기에 그 둘이 본래 한 몸임을 말하고, 그들 사이에서 난 자녀 곧 열매로 비유되는 후손들도 그들 속에 있던 것이어서, 결국 모든 사람들이 아담 한 사람 안에 연합되어 아담으로 하나 된 것을 말하는 것이다.

아담이 장차 오실 자의 모형이라 함은(롬 5:14) 여러 의미가 있는데, 그중 하나가 이러한 하나 됨이 마치 모든 성도가 그리스도와 하나 될 것을 표상하고 있음을 가리키는 말이다.

로마서 5장 14절의 내용은 '오실 자의 모형 아담'을 다룰 때 자세히 서술할 것이다.

그렇다면 예수를 가리켜 마지막 아담(고전 15:45)이라 함은 무엇인가? 아담 안에 모든 사람이 있던 것같이 모든 성도가 예수와 연합하여 하나를 이루었으니, 결국 예수 하나로 존재하는 형국이 되므로 바울이 이를 가리켜 마지막 아담이라 한 것이다.

이같이 남녀가 합하여 한 몸을 이룬다는 것은, 궁극적으로 남자로 표현된 예수(또는 하나님)와 여자로 표현된 인간이 합하여 하나를 이루게 될 것을 비밀로 숨겨둔 것으로(엡 3:9), 바울은 창세기 2장 24절의 "이러므로 남자가 부모를 떠나 그의 아내와 합하여 둘이 한 몸을 이룰지로다"의 궁극적 의미에 관해 비밀이 크다고 하며 다음과 같이 풀고 있다.

> 엡 5:31 "그러므로 사람이 부모를 떠나 그의 아내와 합하여 그 둘이 한 육체가 될지니."
>
> 엡 5:32 "이 비밀이 크도다 나는 그리스도와 교회에 대하여 말하노라."

그런즉 흔히 원시복음이라 불리는 창세기 3장 15절 이전부터 그리스도의 복음이 예표되어 있었으니, 이를 가리켜 다윗이 시편 25편 6절에 "여호와여 주의 긍휼하심과 인자하심이 영원부터 있었사오니 주여 이것들을 기억하옵소서"라고 한 것이며, 바울이 고린도전서 15장 50절에 "형제들아 내가 이것을 말하노니 혈과 육은 하나님 나라를 이어받을 수 없고 또한 썩는 것은 썩지 아니하는 것을 유업으로 받지 못하느니라"라고 함과 같이, 썩을 것 곧 첫 창조는 하나님 나라를 이루기 위하여 반드시 멸하여질 것을 예정으로 창조된 것이다.

이사야서의 다음의 예언은 이를 가리킨다.

> 사 46:10 "내가 시초부터 종말을 알리며 아직 이루지 아니한 일을 옛적부터 보이고 이르기를 나의 뜻이 설 것이니 나의 모든 기뻐하는 것을 이루리라 하였노라."

여기까지 하나님의 형상에 대해서, 그리고 남자와 여자가 무엇을 모형으로 하는지를 살펴보았다. 참으로 성경의 모든 내용들이 복음과 하나님 나라를 표상하고 모형으로 하는 것이지 어찌 육에 속한 성별의 역할에 관해 논하겠는가?

그러나 몇몇 번역본의 경우 원어를 번역하는 데 있어서 성 차별 표현이라 여겨지는 부분들을 임의로 성 중립 표현으로 번역하였는데, 이런 일이 있을수록 이러한 성경의 본질적 의미는 더욱 가려지게 된다.

이는 성경을 이해하는 데 인본주의적 상식을 우선시함으로 일어나는 사태이기에, 이에 관하여 참으로 깊은 유감을 표하는 바이다.

인간은 하나님이 주신 성령의 감동하심으로 기록된 책을 온전히 보존하되, 그 내용이 세상적 상식에 어긋나더라도 같은 성령의 감동을 받은 책들을 통하여 상호 보완적으로 이해하는 노력이 필요함을 어찌 굳이 강조할 필요가 있단 말인가.

이러므로 성경은 원본에 충실히 직역된 것을 읽는 것이 매우 중요하니, 의역이 가미된 성경으로는 이와 같은 성경을 관통하는 일관적인 비유를 찾기가 힘들기 때문이다.

3
죄의 진정한 의미

아담 언약과 그리스도의 구원에 대해 살펴보기에 앞서 필요한 전제들을 계속 생각해보고자 한다.

우리는 성경 전체적인 맥락에서 말하는 죄의 의미와 율법의 의미를 알아야만 아담 언약에 대해 바로 알 수 있다. 그러기에 성경이 말하는 죄란 무엇인지, 그리고 율법이 무엇인지 반드시 짚고 넘어가야 한다.

먼저 성경이 말하는 죄란 무엇인지 살펴보자.

흔히 죄라고 하면 하나님의 말씀에 불순종한 것, 율법을 어긴 것 등을 생각한다. '불순종'이라는 단어와 '어긴 것'이라는 단어를 어떻게 정의하느냐에 따라 이 말의 의미는 천차만별이 되며, 필자가 제시하고자 하는 정의에 부합될 수도, 상충될 수도 있다. 아마 대부분은 단순히 행위의 개념으로 율법을 조문적으로 빈틈없이 지켜야 하는데 이를 어긴 것을 생각할 것이며, 더 나아가서는 마음으로도 지켜야 하는데(마 5:28) 이를 어긴 것이 죄라고 생각할 것이다.

결론적으로 말하면, 성경이 말하는 죄란 하나님과 연합되어 하나가 됨을 이루지 않은 상태를 가리킨다.

즉 죄란, 율법을 몇 번 어겼다, 혹은 몇 번 마음으로 죄를 지었다는 등의 횟수를 셀 수 있는 인간 상식으로서의 단발적 개념, 혹은 어떠한 실체를 갖거나 대소를 가늠할 수 있는 크기가 있는 개념이 아니라 어떤 상태에 있느냐를 가리키는 것이며, 이는 하나님 안에 있느냐 밖에 있느냐를 말하는 개념인 것이다.

이러한 결론을 도출하기 위해 먼저 죄의 반대 개념인 성경이 말하는 의란 무엇인지 살펴보고자 한다.

성경에서 말하는 의는 오직 '하나님의 의'뿐인데(롬 3:22), 이는 하나님과 연합하여야만 얻을 수 있는 것이다. 예레미야서에는 이에 관하여 "그의 이름은 여호와 우리의 공의라 일컬음을 받으리라"(렘 23:6)라고 예언한 부분이 있는데, 이는 하나님 자체가 우리의 의라는 의미로, 하나님과의 연합을 통해(성령 받음을 통해) 하나 됨이 곧 우리의 의라는 것이다.

사실 율법에서 말하는 조문들이 이를 가리키며, 율법을 축약한 하나님 사랑과 이웃 사랑 또한 이를 가리키는 말이다. 하나님께서 "너희가 내 모든 계명을 기억하고 행하면 너희의 하나님 앞에 거룩하리라"(민 15:40)라고 하신 말씀에서 '계명을 행한다'의 의미는 이 연합을 이루는 것에 관한 말씀으로, 이에 대해서는 '율법'에서 살펴볼 것이다.

여기서는 율법의 조문을 해석하여 이와 같은 결론을 내기보다는 주로 믿음(연합)의 관점에서 도출하고자 한다. 이제 의는 왜 오직 하나님의 의뿐인지 살펴보자.

먼저 성경은 믿음을 의로 여기고 있다. 창세기에는 아브라함의 믿음과 의에 대해 다음과 같이 기록한다.

창 15:6 "아브람이 여호와를 믿으니 여호와께서 이를 그의 의로 여기시고."

바울은 이를 가리켜 하나님이 정하신 것이라 하였다.

> 갈 3:8 "또 하나님이 이방을 믿음으로 말미암아 의로 정하실 것을 성경이 미리 알고 먼저 아브라함에게 복음을 전하되 모든 이방인이 너로 말미암아 복을 받으리라 하였느니라."
> 롬 4:3 "성경이 무엇을 말하느냐 아브라함이 하나님을 믿으매 그것이 그에게 의로 여겨진 바 되었느니라."

또한 예수께서도 다음과 같이 하나님의 일은 우리가 하나님께서 보내신 이를 믿는 것이라 하신다.

> 요 6:28 "그들이 묻되 우리가 어떻게 하여야 하나님의 일을 하오리이까."
> 요 6:29 "예수께서 대답하여 이르시되 하나님께서 보내신 이를 믿는 것이 하나님의 일이니라 하시니."

히브리서 기자는 믿음이 없이는 하나님을 기쁘시게 하지 못한다고 말한다.

> 히 11:6 "믿음이 없이는 하나님을 기쁘시게 하지 못하나니 하나님께 나아가는 자는 반드시 그가 계신 것과 또한 그가 자기를 찾는 자들에게 상 주시는 이심을 믿어야 할지니라."

마지막으로, 의롭다 함을 얻는 것은 행위에 있는 것이 아니라 믿음에 있다고 한다.

롬 3:28 "사람이 의롭다 하심을 얻는 것은 율법의 행위에 있지 않고 믿음으로 되는 줄 우리가 인정하노라."

위 구절들이 왜 믿음과 의로움을 동격으로 보는가? 우리가 믿음을 통하여 그리스도와 한 지체를 이룸으로(골 2:12) 하나님의 의를 얻기 때문이다(롬 3:22).

믿음이란 우리와 복음의 말씀을 결부하는(히 4:2) 것으로 곧 말씀과의 연합을 이루는 것인데, 이에 관하여는 '로고스와 연합'에서 서술한다.

그래서 바울이 "사람이 마음으로 믿어 의에 이르고"(롬 10:10)라고 한 것은, 믿음으로 예수와의 연합을 이루어 하나가 되기 때문에 의에 이른다는 것이다.

이런 맥락에서 예수께서 다음과 같이 말씀하셨다.

요 16:8 "그가 와서 죄에 대하여, 의에 대하여, 심판에 대하여 세상을 책망하시리라."

요 16:9 "죄에 대하여라 함은 그들이 나를 믿지 아니함이요."

예수를 믿지 않음이 죄라 함은, 바울이 "내가 가진 의는 율법에서 난 것이 아니요 오직 그리스도를 믿음으로 말미암은 것이니 곧 믿음으로 하나님께로부터 난 의라"(빌 3:9)라고 함과 같이 그를 믿지 않음으로 그와 연합되지 못하여 하나님의 의를 얻지 못함을 말씀하심이다.

또한 주께서 "의에 대하여라 함은 내가 아버지께로 가니"(요 16:10)라고 하셨는데, 아버지께로 가는 것을 가리켜 의에 대한 것이라 하심은, 아버지께로 감이 아버지와의 연합을 가리킴으로 이 연합이 인간의 창조 목적이요 우리가 이루어야 할 의의 상태임을 말씀하심이다.

앞서 하나님의 형상, 영광이란 단어 외에 사랑 등 하나님을 설명하는 단어는 오직 하나님께만 속한 것이고, 이들이 결국 연합됨을 말한다고 한 것처럼, 의라는 것도 궁극적으로 연합을 가리키는 것이다.

그런즉 우리가 의로움을 얻는 것은, 행위가 아니요 오직 믿음으로 그리스도와 연합되어 하나님과 하나가 됨으로 얻는 개념이다.

이에 관하여 예레미야서의 "그의 이름은 여호와 우리의 공의라 일컬음을 받으리라"(렘 23:6)라는 예언을 살펴보았다. 여호와가 우리의 공의라 함은, '의'의 실체가 어떤 행위적인 것이나 선한 양심의 개념이 아니라 하나님 자체임을 말하는 것이다.

바울은 이러한 맥락에서 "예수는 하나님으로부터 나와서 우리에게 지혜와 의로움과 거룩함과 구원함이 되셨으니"(고전 1:30)라고 하여 예수가 우리에게 의로움이 되었다고 한다. 이는 예수 자체를 의라고 하는 것으로, 우리가 의를 얻게 되는 것은 예수와의 연합을 통해 얻는 것임을 말한다.

그는 또한 "하나님의 나라는 먹는 것과 마시는 것이 아니요 오직 성령 안에 있는 의와 평강과 희락이라"(롬 14:17)라고 하여 의가 성령 안에 있음을 말한다. 따라서 이 '의'를 얻는 것은 마땅히 성령을 받음으로 얻게 되는 것이다. 성령을 받는다는 것과 예수와의 연합과 하나님과의 연합은 다 같은 의미이다. 다음의 말씀 또한 이를 가리킨다.

> 잠 8:35 "대저 나를 얻는 자는 생명을 얻고 여호와께 은총을 얻을 것임이니라."
> 요 10:35 "성경은 폐하지 못하나니 하나님의 말씀을 받은 사람들을 신이라 하셨거든."

생명을 얻고, 또한 신이 되기 위해서는 예수를 얻어야 하며, 하나님의 말씀(예수)을 받아야 하는데, 이는 예수와의 연합을 가리킨다. 즉 성경이 말하는 의롭게 됨이란, 행위적 의를 통하여 하나님의 영광에 이르는 것이 아닌, 말씀을 받고 연합하여 신이 되는 것을 말한다.

이에 관하여 예수의 형제 야고보가 "이와 같이 행함이 없는 믿음은 그 자체가 죽은 것이라"(약 2:17)라고 말한 것을 생각하여 성경이 말하는 의란 행위적인 것, 특히 율법을 기준으로 하는 것이라는 의문을 품을지도 모른다.

이 구절에 대해서는 '행함에 관하여'에서 상세하게 설명할 것이므로 여기서는 간략히 말하고자 한다.

믿음은 하나님으로부터 받은 것이므로 하나님의 뜻을 이루는 행함은 오직 하나님께로부터 오는 믿음을 통해서만 이루어지는 것인데, 믿음이 하나님으로부터 옴에 관하여는 '예수 안에만 있는 믿음'에서 설명한다.

야고보는 이를 말하고 있는 것으로, 하나님으로부터 온 믿음과 인간이 만들어낸 종교적 믿음을 구별하고 있는 것이니, 야고보서는 실로 칼빈주의 5대 강령 중 '전적 타락'을 설명하는 개혁주의의 극치라 할 수 있다. 전적 타락이란, 인간이 구원에 필요한 믿음을 스스로 내는 것이 불가능하다는 의미로, 오직 하나님께서 구원에 필요한 믿음을 주셔야 우리가 진정한 믿음을 가질 수 있음을 가리키는 말이다.

또한 예상되는 질문은, 사람이 행위로 구약의 율법을 지킬 수 없어서 하나님이 의로움의 기준을 믿음―믿음을 통하여 하나님과 하나 됨―으로 바꾸신 것이 아니냐고 할 법한데, 바울은 율법이 주어지기 전에도 믿음의 도가 있음을 다음과 같이 설파하였다.

> 갈 3:8 "또 하나님이 이방을 믿음으로 말미암아 의로 정하실 것을 성경이 미리 알고 먼저 아브라함에게 복음을 전하되 모든 이방인이 너로 말미암아 복을 받으리라 하였느니라."
>
> 갈 3:17 "내가 이것을 말하노니 하나님께서 미리 정하신 언약을 사백삼십 년 후에 생긴 율법이 폐기하지 못하고 그 약속을 헛되게 하지 못하리라."

사실 구약과 신약이 나누어진 것이 아니고 처음부터 신약이었음은, 원시복음이라 불리는 창세기 3장 15절에서 이미 그리스도께서 오실 것을 하나님이 말씀하셨기 때문이다.

히브리서 기자는 율법이 주어지기 이전에도 멜기세덱이라는 제사장이 존재함을 가리켜 말하길, 히브리서 7장 3절에 "아버지도 없고 어머니도 없고 족보도 없고 시작한 날도 없고 생명의 끝도 없어 하나님의 아들과 닮아서 항상 제사장으로 있느니라"라고 하였다.

멜기세덱의 존재는 율법을 따라 제사장직을 맡게 되는 모형적인 직분과는 다른, 우리와 하나님 사이에 진정한 중보자가 있을 것임을 예표하는 것이다. 이에 히브리서 기자는 "그리로 앞서가신 예수께서 멜기세덱의 반차를 따라 영원히 대제사장이 되어 우리를 위하여 들어가셨느니라"(히 6:20)라 한 것이다.

심지어는 선악과 사건 이전부터 남자와 여자가 한 몸을 이룬다 하신 것은, 곧 복음에 관하여 예표하는 그림자와 같은 것이다. 이에 관하여는 하나님의 형상에 대하여 설명할 때 에베소서 5장 31-32절을 가리킨 것임을 말하였다.

그러면 구약은 왜 주어진 것인지 궁금할 것인데, 바울도 사람들이 이러한 의문을 품을 것을 예상하여서 갈라디아서 3장 19절에 "그런즉 율법은 무엇이냐 범법하므로 더하여진 것이라 천사들을 통하여 한 중보자의 손으로 베푸신 것인데 약속하신 자손이 오시기까지 있을 것이라"라고 답하였다. 여기서 말하는 범법에 관하여는 '율법을 주심에 관하여'에서 아담이 선악과 언약을 어긴 것을 설명할 때 다룰 것이다.

이어서 예상되는 질문은, 아담의 선악과를 먹음으로 사람이 하나님께 불순종하였기 때문에 사람을 은혜로 구원하기 위해 믿음을 의로 정하신 것이고, 선악과 사건 이전에는 행위로나 마음으로도 율법을 어기지 않는 것―그때에는 율법의 조문들이 없었으므로 마음의 율법(롬 2:15)이라 해보자―이 의로운 것이 아니냐 할 것이다.

성경은 영적인 것을 불가피하게 인간의 언어로 표현한 것이라 하였다. 오직 선하신 이는 한 분이시므로 선하다 생각되는 개념들은 모두 하나님께만 속한 것이다. 이는 의로움이란 개념 또한 마찬가지다. 하나님께 속한 속성인 거룩함에 대해 예를 들어 보자.
하나님은 사람에게 하나님의 속성인 거룩함을 요구하신다.

> 레 11:45 "나는 너희의 하나님이 되려고 너희를 애굽 땅에서 인도하여 낸 여호와라 내가 거룩하니 너희도 거룩할지어다."

하나님이 자신을 거룩하다 하셨으니, 거룩함이란 하나님께 속한 속성이며, 하나님께 속한 속성이라 함은 앞서 설명한 영광과 마찬가지로 오직 그 누구도 아닌 하나님만이 보유하시는 속성이다. 그래서 요한이 본 환상 속의 성도들이 하나님을 가리켜 "오직 주만 거룩하시니이다"(계 15:4)라고 하는 것이다. 이런즉 피조물은 도무지 거룩이 무엇인지 감을 잡을 수 없고, 흉내조차 낼 수 없음은 당연하다.

그렇다면 피조물이 거룩하게 됨은 피조물이 하나님처럼 된다는 것인데, 피조물이 스스로 하나님처럼 되는 것은 당연히 태생적으로 불가능하다. 그런데 하나님은 피조물을 하나님처럼 거룩하게 하셨으니, 오직 하나님만 거룩한 것인데도 피조물을 하나님처럼 거룩하게 할 방법은 하나님이 피조물과 연합하여 하나를 이룸 외에는 없는 것이다.

이렇게 우리가 성령을 받음으로 하나님과 하나가 되었기 때문에 바울은 "주와 합하는 자는 한 영이니라"(고전 6:17)라고 한 것이다.

의로움 또한 오직 하나님께만 속한 것임은 그리스도의 부활을 통해서도 알 수 있다. 만일 부활이 없이 그리스도의 죽음만으로 우리가 의롭게 될 수 있다면, 그가 부활할 일 없이 죽음만으로 끝났을 것이다.

하지만 의는 오직 하나님께만 속한 것이므로 우리가 의롭게 되기 위해서는 반드시 하나님과 연합되어야만 하는데, 그리스도가 우리를 품고 하나님께로 감으로 우리가 하나님과 하나가 된 것이다(요 14:28; 엡 2:6).

바울은 이를 가리켜 "예수는 우리가 범죄한 것 때문에 내줌이 되고 또한 우리를 의롭다 하시기 위하여 살아나셨느니라"(롬 4:25)라고 하였다. 범죄한 것 때문에 내줌으로 끝난 것이 아니라 우리를 의롭다 하시기 위하여 살아나심은 오직 하나님께만 속한 의를 우리가 얻을 수 있게 우리를 품은 채로 하나님께로 가신 것을 말한다.

그러므로 바울은 또한 "그리스도께서 다시 살아나신 일이 없으면 너희의 믿음도 헛되고 너희가 여전히 죄 가운데 있을 것이요"(고전 15:17)라고 하였다. 혹자들의 생각처럼, 구원이 우리 죄가 그에게 전가되고 그의 의가 우리에게 전가된 식으로 이루어졌다면 그의 죽음으로 끝날 일이다. 종교개혁자들은 우리가 의롭게 됨에 대하여 전가 교리를 바탕으로 한 법정적 의미의 칭의로 이해를 하였는데, 이에 대한 반박은 '개혁주의 칭의에 대한 소회'에서 다룰 것이다.

성경은 우리의 칭의에 대하여 죄와 의의 전가가 아닌, 우리가 그와 연합되어 같이 죽고(롬 6:3), 또한 그가 부활할 때 그와 연합된 상태로 같이 부활함을 말하고 있으므로(골 2:12), 예수의 사역은 그의 죽음으로 끝날 것이 아닌 반드시 부활을 해야 하는 것이었다.

성경은 우리가 어떻게 그리스도와 합하며 하나님과 합하였다고 말하는가? '믿음으로'라고 말하고 있다(갈 3:26). 믿음에 대한 도는 성경 전체적으로 명백하다.

또한 의는 오직 하나님께만 있음은 시편에서도 알 수 있다. 시편 119편 142절에 "주의 의는 영원한 의요 주의 율법은 진리로소이다"라는 말씀에서 영원은 오직 하나님께만 속한 것임은 매우 합당한 이치이므로(시 90:2), 주의 의에 영원이란 수식어가 붙은 것은 의라는 것 또한 오직 하나님께만 속한 것임을 말하고 있는 것이다.

이렇게 죄와 반대되는 개념은 의이며, 의란 앞서 설명된 영광, 거룩함과 마찬가지로 오직 하나님께 속한 속성임은 예수께서 "선한 이는 오직 한 분이시니라"(마 19:17)라고 하심과 같다. 그러므로 인간이 의로워지고 거룩해지기 위해서는 의롭고 거룩한 분과 합하여 하나가 되는 것 외엔 다른 길이 없다.

그래도 우리는 이 세상에 두 발을 딛고 살아왔기 때문에 인본주의적 사고가 뿌리 깊게 박혀 있어 의문점이 남아 있을지도 모른다. 하지만 과연 우리가 선한 일을 행한다고 해서 그것이 타인에게 어떤 유익이 되는가? 우리가 어떤 행동을 한다고 해서 그 타인에게 생명 곧 영원하시고 거룩하신 하나님과 하나가 되게끔 할 수 있는 그런 진정한 선을 행할 능력이 우리에게 있는가? 단순히 인간 상식선에서의 선한 행위나 마음의 거룩함으로 따지자면, 열반의 경지에 이른 붓다가 가장 의로우며, 또한 우리 성도들보다 도를 닦는 수행자들이 더 선을 잘 행할 것이 아닌가?

우리가 무엇을 하나님께 드려서 유익이 되게끔 할 수가 없고, 타인을 구제함으로 하나님이 행하실 수고를 덜게 할 수가 없음은, 하나님이 친히 모든 만물을 주관하시기 때문이다(행 17:25). 성경이 말하는 진정한 구제에 대한 내용은 '진정한 구제'에서 다룰 것이다.

또한 우리가 그런 인간 상식의 선을 행함으로 어찌하여 하나님께 의롭다 함을 받을 수 있을 것이라 생각하는가? 이는 우리가 어려서부터 행위와 상벌에 대한 인간적인 개념에 익숙하기 때문이다. 다음은 욥기에서 엘리후가 한 말이다.

> **욥 35:5** "그대는 하늘을 우러러보라 그대보다 높이 뜬 구름을 바라보라."
>
> **욥 35:6** "그대가 범죄한들 하나님께 무슨 영향이 있겠으며 그대의 악행이 가득한들 하나님께 무슨 상관이 있겠으며."
>
> **욥 35:7** "그대가 의로운들 하나님께 무엇을 드리겠으며 그가 그대의 손에서 무엇을 받으시겠느냐."

또한 하나님은 엘리후의 말과 부합되게 "누가 먼저 내게 주고 나로 하여금 갚게 하겠느냐 온 천하에 있는 것이 다 내 것이니라"(욥 41:11)라고 말씀하신다.

하나님이 욥을 시험하신 이유는 무엇인가? 우리가 무언가 선행을 하면 복을 받고, 하나님께 의로움을 얻는다고 생각하는 우리 상식의 인과율을 깨뜨리기 위함이다. 욥이 자식들을 위해 번제도 자주 하고, 불우한 자들에게 구제도 많이 한 것이 하나님께 의로움으로 받아들여졌다면 하나님은 욥을 시험해선 안 되는 것 아닌가? 이와 같은 사례로 예수께서 다음과 같이 말씀하셨다.

> 마 7:22 "그날에 많은 사람이 나더러 이르되 주여 주여 우리가 주의 이름으로 선지자 노릇 하며 주의 이름으로 귀신을 쫓아 내며 주의 이름으로 많은 권능을 행하지 아니하였나이까 하리니."
>
> 마 7:23 "그때에 내가 그들에게 밝히 말하되 내가 너희를 도무지 알지 못하니 불법을 행하는 자들아 내게서 떠나가라 하리라."

이어서 진정한 의란 무엇인지를 말씀하신다.

> 마 7:24 "그러므로 누구든지 나의 이 말을 듣고 행하는 자는 그 집을 반석 위에 지은 지혜로운 사람 같으리니."

예수의 '말씀을 행한다'는 것은 다음의 야고보의 말과 같이 복음을 들여다보는 것을 의미한다.

> 약 1:25 "자유롭게 하는 온전한 율법을 들여다보고 있는 자는 듣고 잊어버리는 자가 아니요 실천하는 자니 이 사람은 그 행하는 일에 복을 받으리라."

이 구절에 관한 내용은 '행함에 관하여'에서 다룰 것이다.

반석이란 모퉁잇돌 되신 예수를 의미하고(엡 2:20), 예수 위에 집을 지었다 함은, 예수를 모퉁잇돌로 하여 우리가 그와 연합되어 하나의 성전으로 지어진 것을 의미한다(엡 2:21). 그러므로 이는 우리가 예수의 말씀을 통해 예수와 연합하는 것을 말하는 것이다. 오직 예수로 말미암아 우리가 의롭다 함을 얻으므로, 우리의 육적인 행위로는 도무지 그 의를 얻어 칭찬을 받을 수 없는 것이니 예수께서 이를 가리켜 다음과 같이 말씀하셨다.

> 눅 17:9 "명한 대로 하였다고 종에게 감사하겠느냐."
> 눅 17:10 "이와 같이 너희도 명령 받은 것을 다 행한 후에 이르기를 우리는 무익한 종이라 우리가 하여야 할 일을 한 것뿐이라 할지니라."

그런데 어찌 우리가 인간 상식선의 선을 행한다고 해서 하나님께 의로움을 얻길 구할 수 있겠는가? 이런즉 우리가 몇 번 율법의 조문을 지키고 마음을 정결하게 하였다 하더라도, 이는 전혀 율법을 지킨 것이 아니요 마음을 정결케 한 것이 아니니, 오직 의는 하나님께만 있기 때문이다.

그러므로 창세 전부터 영원히 계신 이의 속성을 가리켜 인간의 선한 행위와 합치된다 할 수 없다. 선과 악의 개념은 첫 창조를 통해 만들어진 것인데, 모든 것이 하나님을 기준으로 판단되는 것이므로, 첫 창조의 언어로 하나님을 선이라 하고 그 외의 것을 악이라 한 것이다.

첫 창조가 온전히 폐하여질 때 성도들이 하나님과 하나로 연합된 모습이 드러나면, 거기에는 모든 것이 하나로 존재하는 것이므로 첫 창조로 인해 존재하게 되는 선과 악의 개념이 더 이상 있을 수 없다.

그런즉 첫 창조의 세상에 속한 것은 하나님 밖에 있음과 같으므로, 바울이 "무릇 흙에 속한 자들은 저 흙에 속한 자와 같고"(고전 15:48)라고 함은 하나님 밖에 있는 자체로 원죄를 갖고 있음을 가리킴이다.

그런데 어찌 우리의 도덕적, 윤리적 선한 행위가 하나님의 선하심에 대응한다 할 수 있겠는가?

이제 마지막으로 들 수 있는 의문은 "그렇다면 왜 구약에서 율법을 어긴 죄인―사실 모든 사람이 죄인이다―이 하나님의 벌을 받는 상황이 연출된 것이며, 예수께서 의롭게 보여지는 행위들을 권면한 것은 무엇인가?"이다.

이것에 관하여는 '세례라는 모형'을 설명할 때, 벌은 받은 죄인뿐만 아니라 모든 이가 이미 죽은 자와 같음을 설명할 것이며, 의로운 행위를 권면한 것에 대해서는 '진정한 구제'가 무엇인지 다룰 때 서술할 것이다.

이런 부분들이 정리가 되지 않을 때 우리는 인본주의적 신앙에 빠지기 쉽고, 하나님을 인간적 인과율에 가두게 되어 기복신앙에 빠지게 된다. 이 때문에 성경의 어떤 권면을 잘 행하면 하나님이 이 세상의 어떤 복을 주실 것이라고 기대하거나, '요즘 무언가 운이 좋지 않고 힘든 것은 내가 불순종을 해서 그런 것이다'라는 생각을 하게 되는 것이다.

이단 사이비가 특히 이런 점을 파고들어 사람들을 미혹한다. 당신이 하는 사업이 잘되기 위해서는 조상들께 제사를 지내야 하니 돈을 달라고 하여 그 끝엔 거액의 돈을 뜯어내거나, 구원받는 성도의 수는 14만 4천 명으로 정해졌다고 하여 그 안에 들기 위해서는 돈이든 노력이든 다 내놓아야만 한다고 하여 그 사람의 삶을 송두리째 앗아가는 것이다. 계시록에 등장하는 숫자와 환상이 상징적 의미를 가지는 것은 당연하지 않은가?

천사가 사도 요한이 본 환상을 풀어주되 "또 네가 본 그 여자는 땅의 왕들을 다스리는 큰 성이라 하더라"(계 17:18) 하여 상징적 풀이를 함과 같은 것이다.

구원받는 자는 14만 4천 명?

14만 4천에 대해 약간 덧붙이자면, 모든 성도가 예수와 한 지체를 이루었다 함과 같이, 인침 받는 순간 예수와 연합되어 하나요, 하나님 나라를 이룬 것인데, 하나님 나라는 모든 것이 하나님 안에서 하나로 존재하는 것이기에 그곳에는 더 이상 숫자의 개념도 없으므로 이는 단연 상징적 의미이다.

천사는 사도 요한에게 "또 내게 지팡이 같은 갈대를 주며 말하기를 일어나서 하나님의 성전과 제단과 그 안에서 경배하는 자들을 측량하되"(계 11:1)라고 하여 경배하는 자들을 길이와 넓이의 개념으로 측량받는 대상으로 칭하였다. 이는 성도들이 곧 성전임을 표상한다(고전 3:16). 또한 계시록 21장 9절에서 천사가 '어린 양의 아내를 네게 보이리라' 하였는데 곧 거룩한 성 예루살렘이 등장한 것 또한 마찬가지의 의미이다.

14만 4천이라는 숫자는 성곽의 가로 세로가 12,000스다디온이므로(계 21:16) 12의 제곱수 144를 가지고 표현한 면적의 개념이며, 성도들을 면적으로 표현함은 우리가 곧 하나님이 기업으로 주시기로 한 땅이자(레 20:24) 모두가 하나 됨을 나타낸 것이다.

계시록의 환상을 문자 그대로 받아들이자면, 거룩한 성 예루살렘의 성곽 면적이 144규빗이라 하는데(계 21:17), 천국에서는 144규빗의 어떤 성곽이 있는 성전이 있어서 우리가 거기에 산다는 말인가? 그곳은 오직 하나님과 한 영으로(고전 6:17) 있는 곳인데, 영이 건축물을 필요로 한다 함은 말도 안 되는 것이다.

계시록 7장에 각 지파별로 1만 2천 명씩 인침 받은 것은 무엇인가? 이는 이스라엘의 가나안 땅 분배를 표상하는 것으로, 각 지파별로 1만 2천에 해당하는 땅을 받게 되면 전체 면적은 14만 4천이 되는 것이다.

이단과 사이비는 성도들을 미혹하기 위해 고의적으로 상징을 문자 그대로 해석하기도 하며, 혹은 매우 엉뚱하게 해석하기도 하니 참으로 양심에 화인 맞은 자들이다(딤전 4:2).

여기까지 죄의 반대말인 의란 믿음을 통해서 얻음을 살펴보았으며, 믿음을 통해 의를 얻는다는 것은, 곧 하나님과 연합하여 하나가 됨으로 하나님처럼 거룩하게 됨을 의미함을 확인하였다. 이것이 바로 인간의 창조 목적이므로 바울이 이를 가리켜 다음과 같이 말하였다.

엡 1:11 "모든 일을 그의 뜻의 결정대로 일하시는 이의 계획을 따라 우리가 예정을 입어 그 안에서 기업이 되었으니."

엡 1:12 "이는 우리가 그리스도 안에서 전부터 바라던 그의 영광의 찬송이 되게 하려 하심이라."

그렇다면 죄라는 것은 이러한 창조 목적에 부합되지 않은 상태로,

하나님과 분리된 상태를 일컫는 말이다. 이는 곧 하나님과 연합되지 않아 그의 속성인 거룩함, 영광, 생명 등의 밖에 있는 상태이다. 그러므로 바울이 모든 이가 하나님의 영광 밖에 있는 것을 가리켜 "모든 사람이 죄를 범하였으매 하나님의 영광에 이르지 못하더니"(롬 3:23)라고 한 것인데, 단순히 영광에 이르지 못하였다 하지 않고 '하나님의 영광'에 이르지 못하였다 함은 영광이 오직 하나님께 속한 것이기 때문이다. 즉 죄를 범하였다 함은 하나님 밖에 있다는 것이다.

 이런 연유로 사도 요한이 우리의 상태에 관하여 "또 아는 것은 우리는 하나님께 속하고 온 세상은 악한 자 안에 처한 것이며"(요일 5:19)라고 한 것인데, 이는 죄라는 것이 하나님께 속하였나, 그 밖의 것에 속하였나를 가리키는 상태의 개념임을 말한 것이다.

 이렇게 죄라는 것은 오직 하나님과의 관계에서만 정의될 수 있으므로 믿음의 대상이 오직 하나님인 것처럼, 성경에서 말하는 우리가 죄 짓는 대상 또한 오직 하나님인 것이다.

 다윗이 성령의 충만함을 입고 "내가 주께만 범죄하여"(시 51:4)라고 한 말이 이런 의미이다.

 그런즉 예수께서 "의에 대하여라 함은 내가 아버지께로 가니"(요 16:10)라고 하심과 같이, 그가 우리를 데리고 아버지께로 감으로 우리를 아버지와 연합하게 한 것에 관하여 바울은 "또 함께 일으키사 그리스도 예수 안에서 함께 하늘에 앉히시니"(엡 2:6)라고 한 것이고, 또한 히브리서 기자도 이에 관하여 다음과 같이 서술하고 있다.

> 히 9:24 "그리스도께서는 참 것의 그림자인 손으로 만든 성소에 들어가지 아니하시고 바로 그 하늘에 들어가사 이제 우리를 위하여 하나님 앞에 나타나시고."

히 9:25 "대제사장이 해마다 다른 것의 피로써 성소에 들어가는 것같이 자주 자기를 드리려고 아니하실지니."

히 9:26 "그리하면 그가 세상을 창조한 때부터 자주 고난을 받았어야 할 것이로되 이제 자기를 단번에 제물로 드려 죄를 없이 하시려고 세상 끝에 나타나셨느니라."

그리스도께서 참 것의 그림자인 성소에 들어가신 것이 아닌, 실체 그 자체이신 하늘, 곧 하나님께 감으로 단번에 죄를 없이하셨다 하는 것이다.

또한 히브리서 기자는 이를 가리켜 "한 번의 제사로 영원히 온전하게 하셨느니라"(히 10:14)라고 하였다. '한 번의 제사'라 함은, 죄가 상태의 개념이므로 예수께서 우리를 하나님과 연합하게 함으로써 우리를 단번에 온전한 상태로 옮기셨음을 말한다.

바울은 이를 가리켜 "그가 우리를 흑암의 권세에서 건져내사 그의 사랑의 아들의 나라로 옮기셨으니"(골 1:13)라고 하여, 우리의 상태가 흑암의 권세에서 아들의 나라에 있음에 대해 말하고 있다.

여기까지 죄는 상태의 개념임에 대해 살펴보았고, 우리가 의롭게 될 수 있었던 것은 믿음을 통하여 예수와 연합하고 이로 인해 하나님과 연합함에 있음을 살펴보았다.

여기서 한 가지 의문이 들 수 있는 것은, 믿음이 우리를 의롭게 한다면, '우리가 스스로 믿음을 내어서 의로워질 수 있는가?' 하는 점이다. 인간은 스스로 믿기를 선택하여 구원에 이를 수 있는가? 아니면 믿음조차 하나님이 주시는 선물인가?

성경은 믿음까지도 하나님이 주시는 것이라 말씀한다. 바울은 성령이 아니고서는 예수를 주시라 할 수 없다고 하였기 때문이다(고전 12:3).

믿음도 하나님이 주시는 것에 대해서는 앞서 언급함과 같이 '믿음에 관하여'에서 자세히 다룰 것이다.

개혁주의 5대 강령 중에 첫 번째 강령으로 인간의 전적 타락이라는 것이 있음을 앞서 언급하였다. 인간이 전적으로 타락하여 구원에 필요한 믿음을 스스로 발휘할 수 없으므로 믿음까지도 하나님이 주신다 하였는데, 그런즉 "누가 주께 먼저 드려서 갚으심을 받겠느냐"(롬 11:35) 하는 말이 절로 나오는 것이다.
이렇게 도무지 이해할 수 없는 하나님의 섭리와 영적인 것의 일은 육에 속한 인간의 상식과 경험이 끼어들 틈이 없다. 우리의 부족한 이해를 성령의 영감으로 기록된 성경의 말씀들에 바탕을 두어야 하는 이유가 여기에 있다.

마지막으로, 개혁주의 5대 강령에 대한 내용, 특히 성도의 견인에 대한 내용과 칭의에 대한 내용 때문에 종교개혁자들은 사람들의 방종을 일으킬 우려가 있다고 비난받았고, 종교개혁자들 또한 이를 우려하여 어떻게든 칭의받은 자의 삶을 성화와 연결 지으려 하였다. 이들의 죄와 의에 대한 개념은 필자가 이제까지 설명한 내용과는 다르지만, 필자 또한 이들 못지않게 이러한 공격을 받을 여지가 있다고 생각하여 '개혁주의 성화에 대한 소회'에서 세상에 속하지 않은 자의 방향성에 대해 다룰 것이다. 이 방향성과 사도들이 "육체의 남은 때"(벧전 4:2)에 대하여 권면하는 내용들을 아울러 살펴볼 것이다.

4
율법

율법이 무엇인지 먼저 살펴보아야 아담에게 율법이 주어진 것이 무엇을 의미하는지 알 수 있으므로 이에 대해 살펴보자.

1) 율법의 정의

결론부터 말하자면 율법이란 '하나님이 말씀이 되심'이다. 또한 이는 연합하라는 명령을 담고 있다.

아이러니하게도 '하나님이 말씀이 되심'이란, 곧 로고스와 같아서 율법은 로고스와 같고 또한 예수와 같다.

율법이 예수와 같고 연합해야 할 대상임을 가리켜 바울은 다음과 같이 표현하였다.

> 롬 7:14 "우리가 율법은 신령한(NASB: spiritual) 줄 알거니와 나는 육신에 속하여 죄 아래에 팔렸도다."

여기서 신령하다는 표현은 NASB에서 spiritual이라 번역하였다. 이는 영적인 것이라는 의미로, 율법의 본질이 영에 있다는 것이다.
  한편 예수께서 "내가 너희에게 이른 말은 영이요 생명이라"(요 6:63)라고 하심과 같이 예수의 말씀도 곧 영이다. 이렇게 예수의 말씀과 율법은 그 본질이 영으로서 같게 된다.
  또한 바울은 율법에 대하여 다음과 같이 말하였다.

> 갈 3:19 "그런즉 율법은 무엇이냐 범법하므로 더하여진 것이라 천사들을 통하여 한 중보자의 손으로 베푸신 것인데 약속하신 자손이 오시기까지 있을 것이라."
> 갈 3:20 "그 중보자는 한 편만 위한 자가 아니나 하나님은 한 분이시니라."

  여기서 중보자가 한 편만 위한 자가 아니라 함에서(딤전 2:5), 중보자는 단연 예수를 가리킴을 알 수 있다. 즉 바울은 율법이 예수가 베푸신 것이라 말하고 있다. 예수께서 율법을 주셨다는 것은 무슨 말인가? 예수와 율법의 본질이 같음을 가리키며, 또한 예수께서 주셨은즉 율법의 조문은 복음을 가리킨다는 것이다.
  잠시 할례를 예로 들면, 그는 "할례는 마음에 할지니 영에 있고 율법 조문에 있지 아니한 것이라"(롬 2:29)라고 하였다. 이는 율법의 조문에서 말하는 할례 그 자체가 조문의 본질이 아니라, 율법이 영적인 것처럼(롬 7:14) 그 조문에서 말하는 할례 또한 영적인 것이므로 영에 있다는 것이다.
  그는 또한 이 할례에 관하여 "너희가 손으로 하지 아니한 할례를 받았으니 곧 육의 몸을 벗는 것이요 그리스도의 할례니라"(골 2:11)라고 하였다. 육의 몸을 벗는 것이라 함은, 다름 아닌 예수께서 말씀하신 영을 받았다는 것으로(요 6:63), 이는 바울이 "만일 너희 속에 하나님의 영이 거하시면 너희가 육신에 있지 아니하고 영에 있나니"(롬 8:9)라고 함과 같다.

할례뿐만 아니라 율법의 조문들이 말하는 바는 결국 예수와의 연합을 표상하는 것인데, 이에 관하여는 '모형으로서의 율법과 그 속의 진의'에서 살펴볼 것이다.

율법이 예수와 같고 연합해야 할 대상임에 관해 계속 살펴보자.
성경이 율법에 대해 말하는 것은, 율법과의 연합이 곧 생명에 이르는 것인데, 이 연합을 이루지 못하므로 우리가 사망 가운데 있다고 하는 것이다. 이에 관하여 다음 구절을 살펴보자.

> 신 32:46 "그들에게 이르되 내가 오늘 너희에게 증언한 모든 말을 너희의 마음에 두고 너희의 자녀에게 명령하여 이 율법의 모든 말씀을 지켜 행하게 하라."
> 신 32:47 "이는 너희에게 헛된 일이 아니라 너희의 생명이니 이 일로 말미암아 너희가 요단을 건너가 차지할 그 땅에서 너희의 날이 장구하리라."

요단강을 건너가 차지할 땅은 하나님 나라를 표상하므로 위 말씀은 율법과의 연합을 이루면 하나님 나라에 영원히 거하게 됨을 말하고 있다.

율법이 이렇게 복음에 관한 것을 예표하므로, 히브리서 기자는 이를 가리켜 "율법은 장차 올 좋은 일의 그림자"(히 10:1)라 한 것이다.

그런데 그 믿음이 하나님께로부터 오는 것이라 하였으니 믿음이 오기 전까지는 율법을 마음에 둠으로 율법과의 연합을 이룰 수 없다. 바울이 이를 가리켜 다음과 같이 말하였다.

> 갈 3:23 "믿음이 오기 전에 우리는 율법 아래에 매인 바 되고 계시될 믿음의 때까지 갇혔느니라."

그런즉 인간적 차원에서는 율법과의 연합을 이루는 것이 불가능하므로 다음의 구절처럼 하나님이 직접 율법을 우리 마음에 두겠다고 하셨다.

> 렘 31:33 "그러나 그날 후에 내가 이스라엘 집과 맺을 언약은 이러하니 곧 내가 나의 법을 그들의 속에 두며 그들의 마음에 기록하여 나는 그들의 하나님이 되고 그들은 내 백성이 될 것이라 여호와의 말씀이니라."

또한 다음의 구절과 같이 그의 영(성령)을 우리 속에 둔다고 하셨다.

> 겔 36:27 "또 내 영을 너희 속에 두어 너희로 내 율례를 행하게 하리니 너희가 내 규례를 지켜 행할지라."

성령을 우리 속에 두어 율례를 행하게 하심이란, 성령을 통해 율법이 요구하는 연합을 이루게 할 것을 말씀하시는 것이다.

예레미야 31장 33절에서는 우리 마음에 법을 둔다고 하고, 에스겔 36장 27절에서는 우리 속에 영을 둔다고 하였는데, 여기서 법의 본질이 영(성령)에 있음을 알 수 있다. 이는 앞서 언급한 "율법은 신령한(NASB: spiritual) 줄 알거니와"(롬 7:14)라는 말과 상응한다.

여기서도 율법과 예수는 본질이 영(성령)으로서 같음을 확인할 수 있다.

또한 이는 다윗의 시편을 통해서도 알 수 있다.

예수께서 다윗의 시편을 인용하시며 "다윗이 그리스도를 주라 칭하였은즉 어찌 그의 자손이 되겠느냐 하시니"(마 22:45)라고 하심과 같이, 다윗은 예수를 알고 있었은즉 그가 성령의 충만함을 입고 선포한 "여호와의 율법은 완전하여 영혼을 소성시키며"(시 19:7)라는 구절에서, 율법은 의심의 여지없이 예수를 가리키는 말이 된다.

이외에도 시편에는 율법과 예수를 동일시한 표현들이 많다.

> 시 105:9 "이것은 아브라함과 맺은 언약이고 이삭에게 하신 맹세이며."
> 시 105:10 "야곱에게 세우신 율례 곧 이스라엘에게 하신 영원한 언약이라."

아브라함 언약은 논란의 여지 없이 예수를 가리키는 언약이다. 바울은 이를 다음과 같이 설명한다.

> 갈 3:16 "이 약속들은 아브라함과 그 자손에게 말씀하신 것인데 여럿을 가리켜 그 자손들이라 하지 아니하시고 오직 한 사람을 가리켜 네 자손이라 하셨으니 곧 그리스도라."
> 갈 3:17 "내가 이것을 말하노니 하나님께서 미리 정하신 언약을 사백삼십 년 후에 생긴 율법이 폐기하지 못하고 그 약속을 헛되게 하지 못하리라."

즉 시편 105편 10절에서 야곱에게 세우신 율례란 예수를 가리키는 말이며, 이를 영원한 언약이라고 한 점에서도 알 수 있다.

이와 마찬가지로 시편에 자주 등장하는 "내가 주의 법도들을 사랑함을 보옵소서"(시 119:159) 혹은 "주의 의는 영원한 의요 주의 율법은 진리로소이다"(시 119:142) 등의 성령의 충만함을 입고 선포한 고백은 단순히 장차 올 좋은 것의 그림자에 불과한 조문적 율법을 가리키는 것이 아니다(히 10:1). 이는 성령의 조명하심으로 율법에서 예수를 보았기에 이와 같은 고백을 할 수 있었던 것이다(시 40:7).

야고보는 이러한 예레미야서와 에스겔서, 그리고 시편의 사상을 인용하여 "너희 영혼을 능히 구원할 바 마음에 심어진 말씀을 온유함으로 받으라"(약 1:21)라고 하였다. 마음에 심어진 말씀이란, "나의 법을 그들의 속에 두며"(렘 31:33)라는 말씀을 인용한 것이므로, 그는 예수와의 연합을 율법과의 연합에 빗대어 말하고 있다. 또한 마음에 심어진 말씀이 영혼을 구원한다는 서술은 시편 19편 7절에서 율법이 영혼을 소성시킨다는 서술에 대응한다.

다음의 구절 또한 율법과의 연합을 가리킨다.

> 신 30:12 "하늘에 있는 것이 아니니 네가 이르기를 누가 우리를 위하여 하늘에 올라가 그의 명령을 우리에게로 가지고 와서 우리에게 들려 행하게 하랴 할 것이 아니요."

바울은 이를 인용하여 "믿음으로 말미암는 의는 이같이 말하되 네 마음에 누가 하늘에 올라가겠느냐 하지 말라 하니 올라가겠느냐 함은 그리스도를 모셔 내리려는 것이요"(롬 10:6)라고 함으로 그의 명령, 곧 율법의 말씀과 예수를 동일시하였다. 여기서 믿음으로 말미암는 의라 함은 율법과의 연합을 가리키는데, 이 믿음은 계시의 때까지 가리어졌으므로 우리가 율법 아래 매인 바 되었다고 한 것을 앞서 살펴보았다(갈 3:23).

예수께서 신명기 8장 3절 말씀을 인용하여 "사람이 떡으로만 살 것이 아니요 하나님의 입으로부터 나오는 모든 말씀으로 살 것이라 하였느니라"(마 4:4)라고 하심도 율법과의 연합에 대해 말씀하신 것이다. 신명기 8장 3절은 문맥상 "오늘 명하는 모든 명령을 너희는 지켜 행하라"(신 8:1)는 말씀에 이어서 나온 것으로, 말씀에 대한 순종을 말한다.

 예수께서 이 구절을 인용하심은 율법을 지킴으로 얻는 자력구원에 대해 말씀하심인가? 이는 전혀 그런 말씀이 아니다. 주께서 "진실로 진실로 너희에게 이르노니 인자의 살을 먹지 아니하고 인자의 피를 마시지 아니하면 너희 속에 생명이 없느니라"(요 6:53)라고 하심과 같이, 말씀으로 산다는 것은(신 8:3) 예수를 먹는다는 것이다. 이는 예수께서 신명기 8장 3절의 '말씀'과 자신의 살과 피를 동일시하신 것으로, 그 또한 자신과 율법을 동일시하신 것이고, 또한 자신과의 연합이 율법과의 연합임을 말씀하신 것이다.

 또한 바울은 이러한 연합에 대해 "사랑은 율법의 완성이니라"(롬 13:10)라고 하였다. 여기서 사랑이 오직 하나님께만 속한 것이고 이는 오직 하나님이 주시는 것임에 관해서는(롬 5:5; 요일 4:7), '모형으로서의 율법과 그 속의 진의'에서 다룰 것이다. 참으로 성경이 말하는 사랑은 우리가 사람과의 관계에서 쓰는 그런 유의 사랑이 전혀 아니다. 그런 유의 사랑은 참된 사랑을 입은 자가 나타내는 특성일 수는 있으나, 그 자체로 참된 사랑의 실체는 아니라는 것이다.

 이 사랑이 예수(율법)와의 연합을 뜻하므로 바울은 이 연합을 이룬 것을 가리켜 '율법의 완성'이라고 한 것이다.

 율법이 곧 예수임에 관하여, 예수께서 다음과 같이 말씀하신 것 또한 살펴보자.

> 마 5:17 "내가 율법이나 선지자를 폐하러 온 줄로 생각하지 말라 폐하러 온 것이 아니요 완전하게 하려 함이라."

> 마 5:18 "진실로 너희에게 이르노니 천지가 없어지기 전에는 율법의 일점
> 일획도 결코 없어지지 아니하고 다 이루리라."

천지가 없어지기 전에는 율법의 일점일획도 없어지지 않는다 하심은 천지가 없어지면 율법도 없어질 것을 함의하고 있다.

여기서 예수의 죽음은 곧 로고스의 죽음이자 첫 창조의 멸함이다. 따라서 천지가 없어지면 율법도 없어질 것이라는 것은, 예수께서 십자가에 죽으심이 곧 율법의 폐함임을 가리키는 것이다.

바울은 이러한 예수의 죽음을 가리켜 다음과 같이 말하였다.

> 엡 2:14 "그는 우리의 화평이신지라 둘로 하나를 만드사 원수 된 것 곧
> 중간에 막힌 담을 자기 육체로 허시고."
> 엡 2:15 "법조문으로 된 계명의 율법을 폐하셨으니 이는 이 둘로 자기
> 안에서 한 새 사람을 지어 화평하게 하시고."

중간에 막힌 담과 율법을 폐하시되 자기 육체로 폐하셨다는 것은 율법이 곧 예수와 동일시됨을 말한다. 여기서 중간에 막힌 담은 다름 아닌 첫 창조를 가리킨다. 이를 자기 육체로 허시었다는 것과 이로써 새 사람을 만드셨다는 점에서 알 수 있다.

첫 창조를 입음 자체로 분리됨의 표상임은 '벌거벗음이란'을 다룰 때 서술할 것이다. 예수의 죽음으로 한 새 사람을 만드셨다는 것은 첫 창조의 폐함과 하나님 나라의 완성을 가리키는 것으로 하나님 나라는 연합이라 하였다.

또한 바울은 다음의 구절에서도 예수와 율법을 동일시하여 율법도 십자가에 못 박혔다고 하였다.

> 골 2:14 "우리를 거스르고 불리하게 하는 법조문으로 쓴 증서를 지우시고 제하여 버리사 십자가에 못 박으시고."

신약에서 율법이 폐하여졌다는 말은 이런 의미이니 예수의 죽음을 가리킴과 동시에 종말을 가리킨다.

그의 죽으심이 율법의 폐함임은 다니엘서를 통해서도 알 수 있다.

> 단 9:26 "예순두 이레 후에 기름 부음을 받은 자가 끊어져 없어질 것이며 장차 한 왕의 백성이 와서 그 성읍과 성소를 무너뜨리려니와 그의 마지막은 홍수에 휩쓸림 같을 것이며 또 끝까지 전쟁이 있으리니 황폐할 것이 작정되었느니라."
>
> 단 9:27 "그가 장차 많은 사람들과 더불어 한 이레 동안의 언약을 굳게 맺고 그가 그 이레의 절반에 제사와 예물을 금지할 것이며 또 포악하여 가증한 것이 날개를 의지하여 설 것이며 또 이미 정한 종말까지 진노가 황폐하게 하는 자에게 쏟아지리라 하였느니라 하니라."

이 구절에 관해서는 다룰 논점이 많으나 예수와 율법이 동일시된 측면에서만 간략히 다루고자 한다.

다니엘 9장 27절에서 제사와 예물을 금지한다는 것은 율법의 폐함이고, 이는 다니엘 9장 26절에서의 성소의 파괴로써 이루어진다.

그런데 예수의 육체가 곧 성전이므로(요 2:21) 위 내용은 예수의 죽음으로써 이루어질 것에 관한 예언이다. 즉 다니엘서의 내용이 예수의 죽음과 율법의 폐함을 동일시하고 있음을 알 수 있으며, 이는 그의 육체로 율법을 폐하셨다는 에베소서 2장 14-15절의 내용과 일치한다.

예수께서도 "성소를 무너뜨리려니와 그의 마지막은 홍수에 휩쓸림 같을 것이며"(단 9:26)를 인용하시어, 제자들이 성전이(예수의 육체, 요 2:21) 온전히 파괴될 때의(십자가에서 죽을 때) 징조에 대해 물을 때 "노아의 때와 같이 인자의 임함도 그러하리라"(마 24:37)라고 하셨다.

노아의 홍수는 첫 창조의 폐함을 표상하므로, 이때 제자들에게 "그날 환난 후에 즉시 해가 어두워지며 달이 빛을 내지 아니하며 별들이 하늘에서 떨어지며 하늘의 권능들이 흔들리리라"(마 24:29)라고 하시어, 마치 세상의 종말의 때의 징조에 대해 말씀을 하신 것이다.

노아의 홍수에 관한 내용은 '세례라는 모형'에서 서술된다.

예수께서 자신을 가리켜 다니엘서 말씀을 인용하심을 보아 그의 죽음과 율법의 폐함이 동일시됨이 다시금 확증된다.

율법이 우리가 연합해야 할 대상이고 이것이 예수와 같음을 설명하기 위하여 예수의 죽음과 종말에 관한 것을 설명하였는데, 이에 대한 나머지 부분은 '첫 창조의 폐함'과 '로고스의 죽음과 종말'에서 다룰 것이다.

율법은 하나님이 말씀이 되신 것인즉 예수와 같고 또한 연합하라는 명령을 담고 있다고 하였다.

이에 관하여 살펴본 이유는, 아담 언약을 해석하는 데 있어서 반드시 전제로 알고 있어야 하는 부분이기 때문이다.

위와 같은 율법의 정의가 가지는 의의는, 율법의 조문이 연합하라 명령한다는 것은 우리가 이미 하나님과 분리되었음을 가리키는 것이다.

이제 율법의 내용들이 왜 연합하라는 명령인지 살펴볼 것이며, 이로써 율법이 복음적인 의미를 담고 있음을 같이 살펴볼 것이다.

2) 모형으로서의 율법과 그 속의 진의

율법이 복음적인 의미를 담고 있다고 하였는데, 이는 영적으로 이루어져야 할 진정한 선함을 가리킨다. 그 선함은 연합이라 하여도 좋고 하나님이 우리에게 이루실 구원이라 하여도 좋다.

즉 율법의 조문은 그 자체로 진정한 선함의 실체가 아니라, 그 실체를 표상하는 것이다.

히브리서 기자는 이를 가리켜 "율법은 장차 올 좋은 일의 그림자일 뿐이요"(히 10:1)라고 하였고, 바울은 "이것들은 장래 일의 그림자이나"(골 2:17)라고 하였다.

이제 율법이 가리키는 진정한 선함에 관해 살펴볼 것인데, 성경에서 구약의 율법을 영적으로 푼 몇 가지 사례를 살펴보자.

첫 번째 사례

> 신 25:4 "곡식 떠는 소에게 망을 씌우지 말지니라."

혹자는 이를 포함하여 동물과 관련한 율법을 가리켜 하나님이 동물을 염려하여 두신 계명이라 하기도 한다. 하지만 그렇게 보기엔 의구심이 든다. 그렇다면 이방 민족들의 가축까지 진멸하라 하신 말씀은 어떻게 받아들여야 하는가?

> 수 6:21 "그 성 안에 있는 모든 것을 온전히 바치되 남녀노소와 소와 양과 나귀를 칼날로 멸하니라."

또한 짐승들의 피를 요구하던 제사와 관련한 율법들은 무엇이란 말인가? 성경에 등장하는 사건과 역사는 모형과 예표라 하였고 이는 율법도 마찬가지다.

가나안 땅을 정복할 때 이방 민족과 가축까지 남김없이 멸절시키는 것은, 가나안 땅이 표상하는 하나님 나라에는 세상에 속한 것은 단 하나도 들어갈 수 없고 오직 하나님의 하나님께 속한 자만 가능한 것임을 표상한다(요일 5:19).

스가랴서의 "그날에는 만군의 여호와의 전에 가나안 사람이 다시 있지 아니하리라"(슥 14:21)라는 구절에서 이것이 확증되는데, 그날은 예수께서 이루실 하나님 나라에 관한 예언이다.

거기에 가나안 사람이 있지 아니하리라 함은, 세상에 속한 자들이 하나님 나라에 참여할 수 없음을 가리킨다.

이러한 관점에서 신명기 25장 4절에 "곡식 떠는 소에게 망을 씌우지 말지니라" 하심 또한 영적으로 이루어져야 할 진정한 선함을 가리키는 모형이므로, 이것이 진정으로 가리키는 바를 바울은 다음과 같이 해석하였다.

> 고전 9:9 "모세의 율법에 곡식을 밟아 떠는 소에게 망을 씌우지 말라 기록하였으니 하나님께서 어찌 소들을 위하여 염려하심이냐."
> 고전 9:10 "오로지 우리를 위하여 말씀하심이 아니냐 과연 우리를 위하여 기록된 것이니 밭 가는 자는 소망을 가지고 갈며 곡식 떠는 자는 함께 얻을 소망을 가지고 떠는 것이라."

즉 곡식 떠는 소는 복음을 전하는 우리를 비유로 가리킨다.

위 구절의 문맥상 바울은, 복음의 일꾼이 엄연히 일을 하고 있는 것이므로 그 삯을 받는 것이 마땅함에 대해 말하고 있다. 예수께서도 이를 가리켜 다음과 같이 말씀하셨다.

>눅 10:7 "그 집에 유하며 주는 것을 먹고 마시라 일꾼이 그 삯을 받는 것이 마땅하니라 이 집에서 저 집으로 옮기지 말라."

사실 이 또한 다음의 예수의 말씀에 대한 모형이다.

>요 4:36 "거두는 자가 이미 삯도 받고 영생에 이르는 열매를 모으나니 이는 뿌리는 자와 거두는 자가 함께 즐거워하게 하려 함이라."

뿌리는 자는 예수요, 그가 천국 말씀을 뿌림이고, 정작 그 노력의 결실, 곧 영생을 얻는 자는 우리인즉 주께서 "한 사람이 심고 다른 사람이 거둔다 하는 말이 옳도다"(요 4:37)라고 하신 것이다. 누가복음 10장 7절에서 일꾼이 받는 삯이란 열매를 표상하는데, 요한복음 4장 36절의 내용과 이 열매에 관한 것은 '언약 속의 예수'에서 다룰 것이다.

두 번째 사례

>출 12:15 "너희는 이레 동안 무교병을 먹을지니 그 첫날에 누룩을 너희 집에서 제하라 무릇 첫날부터 일곱째 날까지 유교병을 먹는 자는 이스라엘에서 끊어지리라."

성경에서 말하는 무언가를 먹는다는 것은 그 대상이 우리 몸에 들어와 우리 몸의 살과 피를 이루는 연합을 의미한다. 이에 관하여는 '창조에 관하여'를 다룰 때 서술할 것이다. 예수께서 요한복음 6장

53절에서 "내가 진실로 진실로 너희에게 이르노니 인자의 살을 먹지 아니하고 인자의 피를 마시지 아니하면 너희 속에 생명이 없느니라"라고 하신 것은 이런 의미이다.

이 무교병에 누룩이 없는 것을 가리켜 바울이 다음과 같이 영적으로 해석하였다.

> 고전 5:8 "이러므로 우리가 명절을 지키되 묵은 누룩으로도 말고 악하고 악의에 찬 누룩으로도 말고 누룩이 없이 오직 순전함과 진실함의 떡으로 하자."

이는 우리 마음속에 세상의 것과 섞인 것이 없음을 가리키는 것이다. 예수께서도 이러한 맥락에서 다음과 같이 말씀하셨다.

> 마 16:11 "어찌 내 말한 것이 떡에 관함이 아닌 줄을 깨닫지 못하느냐 오직 바리새인과 사두개인들의 누룩을 주의하라 하시니."
> 마 16:12 "그제서야 제자들이 떡의 누룩이 아니요 바리새인과 사두개인들의 교훈을 삼가라고 말씀하신 줄을 깨달으니라."

이는 무교병에 대한 것이 내포하는 의미를 풀어서 말씀하신 것이다. 신약뿐만 아니라 구약도 율법을 영적으로 풀어서 설명하고 있다.

세 번째 사례

> 출 20:14 "간음하지 말라."

하나님의 형상에 관하여 다룰 때, 하나님은 우리가 연합해야 할 대상인 남편에 해당하고, 우리는 아내에 해당한다고 하였다.

그렇다면 간음이란 무엇인가? 하나님이 아닌 세상과 연합됨을 일컫는 것이다. 바울은 성도들이 세상과 연합하지 않고 하나님과 연합함을 가리켜 "우리가 세상의 영을 받지 아니하고 오직 하나님으로부터 온 영을 받았으니"(고전 2:12)라고 하였다.

예수께서 "내가 세상에 속하지 아니함같이 그들도 세상에 속하지 아니하였사옵나이다"(요 17:16)라고 하심도 이와 같은 맥락에서 하신 말씀이다.

즉 다음의 말씀은 세상과의 연합 곧 세상에 속함을 가리켜 간음이라 하신 것이고, 또한 이를 가리켜 우상과 행음하였다고 하셨다.

> 렘 3:8 "내게 배역한 이스라엘이 간음을 행하였으므로 내가 그를 내쫓고 그에게 이혼서까지 주었으되 그의 반역한 자매 유다가 두려워하지 아니하고 자기도 가서 행음함을 내가 보았노라."
> 렘 3:9 "그가 돌과 나무와 더불어 행음함을 가볍게 여기고 행음하여 이 땅을 더럽혔거늘."
> 겔 16:17 "네가 또 내가 준 금, 은 장식품으로 너를 위하여 남자 우상을 만들어 행음하며."

이처럼 세상과의 연합이 간음이자 다름 아닌 우상숭배인 것으로, 바울은 이를 가리켜 "탐심은 우상 숭배니라"(골 3:5)라고 하였다.

이외에도 도둑질, 살인, 거짓 증언 모두 이에 해당하며, 살인으로 말할 것 같으면 사도 요한이 "그 형제를 미워하는 자마다 살인하는 자니 살인하는 자마다 영생이 그 속에 거하지 아니하는 것을 너희가 아는 바라"(요일 3:15)라고 하여 살인과 형제를 미워함을 동급으로 보았고, 이런 자에게는 영생이 거하지 않는다고 하였다. 그러므로 미워함이란, 예수를 머리로 하여 형제와 한 지체로 연합되지 않은 상태를 가리킨다.

이런 연유로 우리는 날 때부터 간음한 자요, 살인한 자요, 도둑질한 자임을 알 수 있으므로 예수께서 유대인들을 가리켜 "너희는 너희 아비 마귀에게서 났으니 너희 아비의 욕심대로 너희도 행하고자 하느니라 그는 처음부터 살인한 자요"(요 8:44)라고 하심은 이들뿐 아니라 모든 사람이 이와 같음을 말씀하심이다.

소위 인간이 원죄를 가지고 태어났다 함은 이같이 우리가 하나님과 연합되지 않은 상태로 태어난 것을 말하는 것이다(시 51:5).

따라서 '간음하지 말라, 살인하지 말라'는 율법이 말하고자 하는 바를 요약하면, 하나님과 연합하라는 명령인데, 율법을 축약하여 하나님 사랑과 이웃 사랑이라 하신 것도(마 22:37-40) 이와 같은 의미로, 연합에 대해 말씀하신 것이다.

사랑이란 단어 또한 앞서 설명한 영광, 거룩함과 마찬가지로 오직 하나님께만 속한 것이므로, 이는 피조물이 향유할 수 없는 오직 거룩하신 하나님만을 가리키는 속성이다. 이는 요한이 "사랑은 하나님께 속한 것이니"(요일 4:7)라고 함과 같다.

우리가 거룩함을 받을 수 있는 방법은 앞서 설명한 것처럼, 오직 거룩하신 분과 연합하는 방법 외에는 없다고 한즉 사랑을 얻을 방법도 이와 마찬가지이다. 그래서 사도 요한은 다음과 같이 말하였다.

> 요일 4:7 "사랑하는 자들아 우리가 서로 사랑하자 사랑은 하나님께 속한 것이니 사랑하는 자마다 하나님으로부터 나서 하나님을 알고."
>
> 요일 4:8 "사랑하지 아니하는 자는 하나님을 알지 못하나니 이는 하나님은 사랑이심이라."

하나님으로부터 났다는 것은 거듭남을 말하고, 그가 성령을 받아 하나님과 하나가 되었기에 오직 하나님께만 속한 그 사랑이 그 안에도 있음을 가리켜 사랑하는 자마다 하나님으로부터 났다고 한 것이다. 거듭나지 않은 자는 그 안에 오직 하나님께만 속한 그 사랑이 있을 수 없으므로 당연히 하나님을 알지 못한다.

여기서의 사랑은 인간적 사랑이 아님은 매우 자명하다. 인간적 차원의 매 순간 피고 지는 감흥과 같은 사랑이 어찌 하나님을 아는 것이라 할 수 있겠는가?

성경에서 말하는 모든 선한 속성은 오직 하나님께만 속했다 하였으니, 그 단어들의 사전적 의미에 연연할 것이 아님은 인간의 언어로 불가피하게 하나님의 영적인 속성을 설명한 것이라 하였다.

그러므로 예수의 형제 유다는 다음과 같이 그 사랑을 하나님 안에서 얻었다고 하였다.

> 유 1:1 "예수 그리스도의 종이요 야고보의 형제인 유다는 부르심을 받은 자 곧 하나님 아버지 안에서 사랑을 얻고 예수 그리스도를 위하여 지키심을 받은 자들에게 편지하노라."

사도 바울은 성령을 통하여 하나님의 그 사랑이 우리 마음에 부은 바 된 것이라 말하고 있다.

> 롬 5:5 "소망이 우리를 부끄럽게 하지 아니함은 우리에게 주신 성령으로 말미암아 하나님의 사랑이 우리 마음에 부은 바 됨이니."

이렇게 사랑은 오직 하나님과의 연합을 의미하는 것이므로 그가 "사랑은 율법의 완성이니라"(롬 13:10)라고 한 것임을 앞서 살펴보았다.

그런즉 "하나님을 사랑하라"는 것은 하나님과 연합하라는 말이고, "이웃을 사랑하라"는 것은 이웃과 연합하라는 말이므로 하나님과 하나 되고 이웃과 하나 됨을 가리켜 바울이 로마서 12장 5절에 "이와 같이 우리 많은 사람이 그리스도 안에서 한 몸이 되어 서로 지체가 되었느니라"라고 한 것이다.

앞서 에스겔 36장 27절 "또 내 영을 너희 속에 두어 너희로 내 율례를 행하게 하리니 너희가 내 규례를 지켜 행할지라"의 내용을 살펴본 바와 같이 하나님의 율례, 곧 이 연합을 이루게 하시는 주체는 바로 성령이다. 즉 성경이 말하는 사랑은 피조물이 스스로 이루는 것이 아니라 주어지는 것이다.

사실 이웃 사랑에 관하여는 해야 할 말이 있는데, 이는 '진정한 구제'를 다룰 때 상세히 설명하겠다.

지금 결론만 간단히 말하자면, 누가복음 10장 29-37절에서 율법사가 예수께 "내 이웃이 누구니이까?" 물었을 때 예수께서 선한 사마리아인 비유를 말씀하셨는데, 이웃 관계란 생명의 씨가 있는 자와 그 씨가 없는 자의 관계이며, 이는 일차적으로 하나님과 우리 사이를 중재하는 자와 우리의 관계를 말한다.

그런즉 우리의 이웃은 일차적으로 예수이며, 예수와 하나 되어 그의 지체 된 우리의 이웃은 씨 없는 자인 모든 사람들이 된다.

위의 비유에서 제사장과 레위인이 강도 만난 자를 지나쳐 감은 이들이 능히 강도 만난 자, 곧 죄 가운데 있는 자를 하나님과 연합시킬 능력이 없음을 나타낸 것이다. 히브리서 기자는 이런 점을 가리켜 "이는 황소와 염소의 피가 능히 죄를 없이 하지 못함이라"(히 10:4)라고 하였다.

여기까지 율법이 요구하는 바는 '하나님과의 연합'임을 살펴보았다.

율법이 우리에게 연합을 요구하고 있다면 그 율법 아래에 있는 자들은 어떤 상태에 있다는 말인가? 하나님과 분리된 상태에 있음을 율법이 말해주고 있는 것이다.

이는 율법 아래 있는 자들이 죄 가운데 거하고 있음을 가리키며 이미 죽은 것과 같음을 가리킨다.

바울은 이를 가리켜 다음과 같이 말하였다.

> 롬 3:19 "우리가 알거니와 무릇 율법이 말하는 바는 율법 아래에 있는 자들에게 말하는 것이니 이는 모든 입을 막고 온 세상으로 하나님의 심판 아래에 있게 하려 함이라."
>
> 롬 3:20 "그러므로 율법의 행위로 그의 앞에 의롭다 하심을 얻을 육체가 없나니 율법으로는 죄를 깨달음이니라."

또한 다음과 같이 율법이 죽이는 직분을 가졌다고 하였다.

> 고후 3:7 "돌에 써서 새긴 죽게 하는 율법 조문의 직분도 영광이 있어 이스라엘 자손들은 모세의 얼굴의 없어질 영광 때문에도 그 얼굴을 주목하지 못하였거든."

예수와 율법이 같다 하였은즉 예수도 이같이 율법의 역할을 하는 것이니 그가 심판의 주이심은 이를 가리킴이다.

> 요 5:22 "아버지께서 아무도 심판하지 아니하시고 심판을 다 아들에게 맡기셨으니."

이같이 예수와 연합되지 않는다면 죽은 것과 같은데, 다음의 구절들은 이를 가리킨다.

> **마 21:44** "이 돌 위에 떨어지는 자는 깨지겠고 이 돌이 사람 위에 떨어지면 그를 가루로 만들어 흩으리라 하시니."
> **사 11:4** "공의로 가난한 자를 심판하며 정직으로 세상의 겸손한 자를 판단할 것이며 그의 입의 막대기로 세상을 치며 그의 입술의 기운으로 악인을 죽일 것이며."
> **요 12:48** "나를 저버리고 내 말을 받지 아니하는 자를 심판할 이가 있으니 곧 내가 한 그 말이 마지막 날에 그를 심판하리라."
> **고후 2:16** "이 사람에게는 사망으로부터 사망에 이르는 냄새요 저 사람에게는 생명으로부터 생명에 이르는 냄새라 누가 이 일을 감당하리요."

율법의 조문에서도 모든 이가 율법 아래에서 죽은 것과 같음을 가리키는 내용이 있다. 아들이나 딸이나 자식을 낳으면 부정하다는 것은 어떤 말인가?

> **레 12:2** "이스라엘 자손에게 말하여 이르라 여인이 임신하여 남자를 낳으면 그는 이레 동안 부정하리니 곧 월경할 때와 같이 부정할 것이며."
> **레 12:5** "여자를 낳으면 그는 두 이레 동안 부정하리니 월경할 때와 같을 것이며 산혈이 깨끗하게 됨은 육십육 일을 지내야 하리라."

혹자는 출산한 여인을 위한 하나님의 배려라고 하나, 그렇다면 레위기 12장 7절에서 제사장이 여인을 위하여 속죄해야 함은 어찜인가? 하나님이 받으시는 열매는 오직 예수라 함과 같이, 그 여인이 낳은 자녀 곧 열매가 하나님께 받아들여지는 열매가 아님을 가리킨다(시 51:5).

4. 율법

그런즉 바울은 우리가 예수와 합하여 열매 맺는 것을 가리켜 디모데전서 2장 15절에 "그러나 여자들이 만일 정숙함으로써 믿음과 사랑과 거룩함에 거하면 그의 해산함으로 구원을 얻으리라"라고 하는 것이다.

또한 율법은 예수가 우리에게 행할 진정한 선이자 우리가 예수의 지체가 되어 행하게 될 복음에 대해서도 예표하고 있다.

> 레 19:17 "너는 네 형제를 마음으로 미워하지 말며 네 이웃을 반드시 견책하라 그러면 네가 그에 대하여 죄를 담당하지 아니하리라."
> 레 19:18 "원수를 갚지 말며 동포를 원망하지 말며 네 이웃 사랑하기를 네 자신과 같이 사랑하라 나는 여호와이니라."

이웃 관계란 씨를 가진 자와 없는 자의 관계라 하였다. 이웃을 견책하라는 것은, 그 이웃이 죄 가운데 있음을 전제로 하신 말씀인데, 진정으로 그 죄를 없게 하여 진정한 선을 이룰 수 있는 자 곧 하나님과 연합을 이루게 할 능력이 있어 위의 율법을 온전히 행할 수 있는 자가 누구인가?

제사장과 레위인이 이를 가능케 했으면 위에서 언급한 것처럼 강도 만난 자를 지나치지 않았을 것이다.

이와 마찬가지로 사랑은 오직 하나님께만 있는 것이고 인간 차원의 사랑은 아무것도 아닌데, 그렇다면 과연 이웃을 사랑할 능력이 있는 자는 누구란 말인가? 즉 이는 아무도 할 수 없는 것이므로 예수가 할 것임을 예표하는 것이다.

이스라엘 백성이 율법의 수신자였지만 이들은 2차 수신자요 1차 수신자는 영적 이스라엘의 대표이자 하나님의 아들인 예수이다.

예수가 진정한 선을 행하여 율법을 온전히 이루기 위해서는 강도 만난 자 곧 죄 가운데 있는 자가 필요한데, 이들이 율법 아래 있기 위하여 이들도 율법의 수신자이며, 곧 모든 이가 2차 수신자인 것이다.

예수가 율법의 1차 수신자라 함에 관하여는 아담 언약에서 '언약 속의 예수'를 다룰 때 자세히 서술된다.

그런즉 예수께서 "그러므로 무엇이든지 남에게 대접을 받고자 하는 대로 너희도 남을 대접하라 이것이 율법이요 선지자니라"(마 7:12)라고 하심은 무엇인가? 이 말씀의 1차 수신자는 예수 자신이므로 우리의 이웃 되신 예수께서 우리에게 먼저 무엇인가 대접하실 것임을 가리키심이다.

사도 요한은 이를 가리켜 "우리가 사랑함은 그가 먼저 우리를 사랑하셨음이라"(요일 4:19)라고 한 것인데, 이는 예수께서 우리를 사랑하여 구원의 길을 터 놓았으니 이에 마땅한 윤리적 예의로 우리가 그를 사랑한다는 말이 아니다.

사랑이란 것이 오직 하나님께만 있고 이것은 성령을 통해 얻을 수밖에 없는 것이라 하였듯이, 그가 우리를 사랑하셨다는 것은 무조건적으로 성령을 주시어 예수와의 연합을 이룬 것을 가리킨다. 이는 "내 영을 너희 속에 두어 너희로 내 율례를 행하게 하리니"(겔 36:27)라고 하신 말씀과 같다.

다음 구절은 이웃을 견책하라는 것에 대해 조금 더 풀어서 설명한다.

> 겔 3:18 "가령 내가 악인에게 말하기를 너는 꼭 죽으리라 할 때에 네가 깨우치지 아니하거나 말로 악인에게 일러서 그의 악한 길을 떠나 생명을 구원하게 하지 아니하면 그 악인은 그의 죄악 중에서 죽으려니와

내가 그의 핏값을 네 손에서 찾을 것이고."

우리가 견책해야 할 대상이 생명을 구원하여야 할 대상이라 하였는데, 생명은 오직 예수 안에 있으므로(요 1:4) 예수께서 주실 것이므로 이는 예수의 사역에 대해 말하고 있는 것이다.

그러므로 바울이 레위기 19장 17절과 에스겔 3장 18절을 인용하여 사도행전 20장 26절에 "그러므로 오늘 여러분에게 증언하거니와 모든 사람의 피에 대하여 내가 깨끗하니"라고 하였으니, 모든 사람의 피에 대하여 깨끗함은 레위기 19장 17절에서는 "네가 그에 대하여 죄를 담당하지 아니하리라"를 염두에 두고 하는 말이고, 에스겔 3장 18절에서는 "그의 핏값을 네 손에서 찾을 것이고"를 염두에 두고 하는 말이다.

바울은 예수의 지체가 되어 복음을 전함이 이웃을 견책함과 같고 악인을 악한 길에서 떠나게 하여 생명을 구원함과 같음을 말하고 있으므로, 이 또한 레위기 19장 17절과 에스겔 3장 18절의 숨겨진 영적 의미를 풀고 있는 것이다.

또한 레위기 19장 14절 "너는 귀먹은 자를 저주하지 말며 맹인 앞에 장애물을 놓지 말고 네 하나님을 경외하라 나는 여호와이니라"는 말씀도 복음을 예표한다.

모든 사람이 들을 귀가 없고 맹인과 같으나 예수가 이들의 복음이 되시고 참 빛이 되실 것을 가리켜 이사야 35장 5절에 "그때에 맹인의 눈이 밝을 것이며 못 듣는 사람의 귀가 열릴 것이며"라고 예언한 것인데, 이에 관한 것은 '보는 것'에서 다룰 것이다.

이러므로 이웃을 견책함은 오직 예수가 하는 것이어서 예수께서 마태복음 7장 3절에 "어찌하여 형제의 눈 속에 있는 티는 보고 네 눈 속에 있는 들보는 깨닫지 못하느냐"라고 하신 것은, 모든 사람이 견책의 대상이므로 이들이 서로를 견책할 수가 없다는 것이다.

따라서 율법을 조문적으로 지키고자 인위적 이웃 사랑과 견책을 행한 자들을 가리켜 레위기 19장 14절을 어긴 자들임을 말씀하셨으니, 바리새인을 가리켜 "그들은 맹인이 되어 맹인을 인도하는 자로다"(마 15:14)라고 말씀하심이다.

또한 마태복음 7장 5절에 "외식하는 자여 먼저 네 눈 속에서 들보를 빼어라 그 후에야 밝히 보고 형제의 눈 속에서 티를 빼리라"라고 하셨는데, '네 눈 속에서 들보를 빼라' 함은 우리가 이러한 영적인 내용들을 바로 알아야만 진정한 견책을 행할 수 있다고 하심이다.

이는 우리가 예수로부터 복음의 씨를 받아야만 타인에게도 복음의 씨를 줄 수 있는 예수의 지체요 복음의 제사장(롬 15:16)이 될 수 있음을 말씀하심이다.

이같이 율법은 예수에 관해 예표하므로 바울이 이를 가리켜 "하나님의 한 의가 나타났으니 율법과 선지자들에게 증거를 받은 것이라"(롬 3:21)라고 하였다. 성경에서 율법은 율법의 조문이나 구약성경 전체 혹은 모세오경 등을 뜻하는데, 여기서는 문맥상 의에 관해 설명하므로 조문적 율법을 지칭하고 있다.

구약성경뿐만 아니라 조문적 율법에서도 위와 같이 율법의 일차적 수신자 되신 예수의 사역에 대해 예표하고 있으므로, 히브리서 기자가 이를 가리켜 장차 올 좋은 것의 그림자라고 한 것이다(히 10:1).

마지막으로 예수가 행할 복음을 예표하는 중요한 예를 한 가지만 더 살펴보자. 부자와 가난한 자에 대한 비유인데, 이는 성경 전체를 관통하는 비유로 이후로도 자주 등장할 것이므로 매우 중요하다.

신 15:11 "땅에는 언제든지 가난한 자가 그치지 아니하겠으므로 내가 네게 명령하여 이르노니 너는 반드시 네 땅 안에 네 형제 중 곤란한 자와 궁핍한 자에게 네 손을 펼지니라."

성경이 말하는 곤란한 자와 궁핍한 자 곧 가난한 자는 무엇인가? 세상적 양식과 부귀는 아무것도 아니로되 오직 하나님과 연합되지 못한 상태가 진정한 가난이니 이에 대한 것은 다음 시편에 기록되어 있다.

시 49:7 "아무도 자기의 형제를 구원하지 못하며 그를 위한 속전을 하나님께 바치지도 못할 것은."
시 49:8 "그들의 생명을 속량하는 값이 너무 엄청나서 영원히 마련하지 못할 것임이니라."

우리 형제 중 곤란한 자와 궁핍한 자는 시편 49편 7절에서 말함과 같이 구원의 대상이나, 아무도 이들의 구원을 이룰 수 없음은 시편 49편 8절에서 말함과 같이 그 생명을 속량하는 값이 너무 엄청나 도무지 마련하지 못하기 때문이다.
아모스서의 다음 구절도 이 궁핍에 대해 설명한다.

암 8:11 "주 여호와의 말씀이니라 보라 날이 이를지라 내가 기근을 땅에 보내리니 양식이 없어 주림이 아니며 물이 없어 갈함이 아니요 여호와의 말씀을 듣지 못한 기갈이라."

성경은 우리의 궁핍에 대해 단순히 썩을 양식(요 6:27)이 없음을 가리키는 것이 아니라 우리 안에 말씀(율법=예수)이 없음을 가리키고 있으며, 이를 가난, 궁핍한 자라는 비유로 표현한 것이다.

즉 신명기 15장 11절의 율법은 그 누구도 지킬 수 없고, 오직 그 본체가 온전한 하나님이신 예수만이 지킬 수 있는 것이다.

이런 맥락에서 이사야서에 "겸손한 자에게 여호와로 말미암아 기쁨이 더하겠고 사람 중 가난한 자가 이스라엘의 거룩하신 이로 말미암아 즐거워하리니"(사 29:19)라는 예언이 있는데, 가난한 자가 즐거워하게 됨은 세상의 재물을 얻어서 그런 것이 아니라 이스라엘의 거룩하신 이로 말미암아 즐거워한다고 한다.

그런즉 "심령이 가난한 자는 복이 있나니 천국이 그들의 것임이요"(마 5:3)라고 하심은 무슨 말인가? 심령이 가난한 자는 하나님의 말씀이 자기 마음에 없는 줄 알므로, 그는 예수가 완전한 선을 베풀 수 있는 대상이 되는 것이다. 그러므로 예수께서 이러한 구약의 비유적 사상을 인용하여 "가난한 자에게 복음이 전파된다 하라"(마 11:5)라고 하신 것이다.

바울은 이러한 사상을 인용하여 "주께서 모든 사람의 주가 되사 그를 부르는 모든 사람에게 부요하시도다"(롬 10:12)라고 한 것이고, 예수의 형제 야고보도 이러한 부자와 가난한 자에 대한 비유를 계승하여 "가난한 자를 택하사 믿음에 부요하게 하시고"(약 2:5)라고 하였다.

부자와 자기 의

그렇다면 성경이 말하는 부자는 무엇인가? 주께서 "다시 너희에게 말하노니 낙타가 바늘귀로 들어가는 것이 부자가 하나님의 나라에 들어가는 것보다 쉬우니라 하시니"(마 19:24)라고 하였으니 성경이 말하는 부자는 단순히 돈이 많은 자들이겠는가? 아브라함도 부자요 야곱의 아들 요셉도 부자요 다윗은 왕이었으며 다니엘도 부자였는데, 이들이 하나님 나라에 못 들어간다는 말이겠는가? 당연히 그렇지 않음은, 구원은 오직 믿음을 통해 이루어짐을 앞서 설명하였다.

부자에 대해서는 바울이 다음과 같이 말하였다.

롬 10:3 "하나님의 의를 모르고 자기 의를 세우려고 힘써 하나님의 의에 복종하지 아니하였느니라."

우리가 흔히 아는 부자 청년 이야기에서 율법을 어려서부터 다 지켰다는 그 청년이 재물이 많아 근심한 것은 이러한 자기 의를 갖고 있었음을 표상하는 것이다. 바리새인들이 돈을 좋아하는 자들이라 함도(눅 16:14) 이를 가리키는 것이며, 누가복음 16장 14절 말씀에 대하여 예수께서 누가복음 16장 15절에서 설명하시니 "사람 앞에서 스스로 옳다 하는 자들"이 곧 성경이 말하는 부자요 돈을 좋아하는 자이다.

이 부자들은 자신 안에 의로움이 있는 줄로 알고 있으므로 예수의 말씀이 그 안에 거할 수가 없다. 예수께서 이를 가리켜 "나도 너희가 아브라함의 자손인 줄 아노라 그러나 내 말이 너희 안에 있을 곳이 없으므로 나를 죽이려 하는도다"(요 8:37)라고 하신 것이다.

사실 성도의 택하심에 대한 것이 사람에게 달린 것이 아닌, 하나님으로 말미암음에 대해서는(롬 9:16) '믿음에 관하여'에서 설명할 것이다.

이렇게 예수께서 율법이 가리키는 연합을 온전히 행하셨으니, 이러한 일환으로 율법을 완전하게 하였다고 하신 것이다(마 5:17).

    그런즉 율법을 완전케 하였다 함은 율법의 조문적 행위를 낱낱이 수행하였다는 것이 아니다. 율법은 정한 짐승과 부정한 짐승을 나누나 예수께서는 모든 것이 깨끗하다 하셨고(마 7:19), 율법은 난 지 8일 만에 할례를 행할 것을 말하나(창 17:12) 바울은 할례가 영에 있고 율법 조문에 있지 않다고 하지 않았는가?(롬 2:29)

    결론적으로 정리하자면, 오직 율법의 영적 의미인 하나님 사랑과 이웃 사랑을 이루어야 하는데 여기서 사랑은 연합이라 하였다. 하나님과 연합이라 함은 오직 근본이 하나님과 본체가 아니고서는 이룰 수 없는 명령인 것이고(빌 2:6), 이웃 사랑 곧 이웃과 연합하라 함은 완전히 이웃처럼 되지 않는 한 이룰 수 없는 것이다.

    그런즉 이는 일차적으로 완전한 하나님이자 완전한 인간이신 예수께서 이루시는 것이다.

    이같이 율법은 예수께서 우리에게 행하실 일을 표상하므로 예수께서 "나를 가리켜 기록한 것이 두루마리 책에 있나이다"(시 40:7)라고 하신 것이고, "그의 일을 온전히 이루는 이것이니라"(요 4:34)라고 하심은 이와 같은 진의를 이룬다는 것이다.

5
혼 – 네페쉬(נֶפֶשׁ) – 프쉬케(ψυχή)

이제 아담 언약을 해석함에 있어서 필요한 전제가 되는 사항들이 대부분 설명이 되었는데, 마지막으로 아담의 실존을 이해하기 위해서 혼에 대해 다루어야 한다. 왜냐하면 아담은 생령이라 하는데(창 2:7), 이는 혼에 대한 지식이 있어야 이해할 수 있기 때문이다.

여기서 생령의 '령'이란, 히브리어로 'נֶפֶשׁ'(네페쉬)라 하고 헬라어로는 'ψυχή'(프쉬케)라 하여 한글성경에서 '영혼/혼'이라고 번역되었다. 영어성경에서는 'soul'로 번역되었다

반면 영은 히브리어로 'רוח'(루아흐)라 하고 헬라어로 'πνεῦμα'(프뉴마)라 하여 영어성경에서는 'spirit'으로 번역되었다.

인간의 구성을 몇 가지로 구분하느냐에 따라 이분설 혹은 삼분설이라 하는데, 전자의 경우는 인간을 육과 영으로 구분하고, 후자의 경우는 육, 혼, 그리고 영의 세 가지로 구분한다. 이분설은 혼과 영을 동일한 것으로 여기는 반면, 삼분설은 혼을 가리켜 흔히 인간의 정신/마음/얼이라 하고, 영은 하나님과 교통하는 역할을 한다고 설명한다.

대개 이분설은 익숙하나 삼분설은 생소할 것이라 생각한다.

여기서 필자는 혼에 대해 다른 정의를 내릴 것이다. 이런 생소한 개념에 대해 다루는 이유는, 생령이라 하는 아담에 대해 이해하기 위함도 있거니와, 성경이 다음과 같이 우리의 '혼'(네페쉬/프쉬케)의 구원에 대해 말하고 있으므로 구원론의 이해를 위해서도 이에 관한 정리를 해야 하기 때문이다.

> 사 44:20 "그는 재를 먹고 허탄한 마음에 미혹되어 자기의 영혼을 구원하지 못하며 나의 오른손에 거짓 것이 있지 아니하냐 하지도 못하느니라."
>
> 시 6:4 "여호와여 돌아와 나의 영혼을 건지시며 주의 사랑으로 나를 구원하소서."
>
> 벧전 1:9 "믿음의 결국 곧 영혼의 구원을 받음이라."
>
> 약 1:21 "그러므로 모든 더러운 것과 넘치는 악을 내버리고 너희 영혼을 능히 구원할 바 마음에 심어진 말씀을 온유함으로 받으라."

이 혼이란 것이 영과 엄연히 다른 것은, 바울이 고린도전서 15장 44-46절에서 이 둘을 엄격히 대조적으로 구분하기 때문이다.

> 고전 15:44 "육의 몸으로 심고 신령한 몸으로 다시 살아나나니 육의 몸이 있은즉 또 영의 몸도 있느니라."
>
> 고전 15:45 "기록된바 첫 사람 아담은 생령이 되었다 함과 같이 마지막 아담은 살려 주는 영이 되었나니."
>
> 고전 15:46 "그러나 먼저는 신령한 사람이 아니요 육의 사람이요 그다음에 신령한 사람이니라."

고린도전서 15장 45절에서 '생령'의 '령'은 원어로 '프쉬케'가 쓰였고,

'살려 주는 영'에서 '영'은 '프뉴마'가 쓰였다.

44절과 46절의 '신령한'이라는 단어는 '프뉴마'에서 유래된 단어로 NASB와 KJV에서 spiritual로 번역이 되었고, '육의', '육의 사람'이라는 단어는 '프쉬케'에서 유래된 단어로 NASB와 KJV에서 natural로 번역이 되었다. 이 구절들에서 프쉬케와 프뉴마가 같이 쓰여서 구별될 뿐 아니라 문맥상 이 둘이 대조적으로 배열되어 있다.

그 외에도 혼과 영을 구별하는 구절들이 있다.

> 사 57:16 "내가 영원히 다투지 아니하며 내가 끊임없이 노하지 아니할 것은 내가 지은 그의 **영과 혼**이 내 앞에서 피곤할까 함이라."
> 살전 5:23 "평강의 하나님이 친히 너희를 온전히 거룩하게 하시고 또 너희의 온 **영과 혼과 몸**이 우리 주 예수 그리스도께서 강림하실 때에 흠 없게 보전되기를 원하노라."
> 히 4:12 "하나님의 말씀은 살아 있고 활력이 있어 좌우에 날선 어떤 검보다도 예리하여 **혼과 영** 및 관절과 골수를 찔러 쪼개기까지 하며 또 마음의 생각과 뜻을 판단하나니."

개역개정 성경은 혼과 영을 상당히 혼용하여 번역하여 이 둘이 동일한 용어로 이해될 수 있으나, NASB 및 KJV성경에서는 이를 구별하고 있다.

여기서 혼과 영의 관계에 대해 정리하자면, 혼은 앞서 살펴본 바와 같이 구원의 대상인데, '살려 주는 영'(고전 15:45)이라는 표현에서 볼 수 있듯이 영은 혼을 구원하는 것이며, 이는 주께서 "살리는 것은 영이니"(요 6:63)라고 하신 말씀과 일치한다.

그렇다면 네페쉬(혼)는 무엇인가? 네페쉬는 그 기원을 알 수 없는 단어로, 그 의미는 이 단어가 사용된 구절들과 성경의 전체적 문맥을 통해 추론할 수밖에 없다.

결론부터 말하자면, 진정한 생명과 대비되는 '첫 창조를 입은 모형적 생명'이라 할 수 있다. 진정한 생명이라 함은 요한이 로고스를 가리켜 "그 안에 생명이 있었으니"(요 1:4)라고 함과 같이, 그 생명의 본질이 하나님과 동등한 본체에 있는 것이므로 앞서 언급한 사랑, 거룩함 등과 같이 오직 하나님께만 속한 것이라 생각하자.

이제 원어상 네페쉬/프쉬케가 사용된 용례를 살펴보자.

(1) 하나님이 창조하신 각종 생물을 지칭하는 데 쓰였다.

창 1:20 "하나님이 이르시되 물들은 생물을 번성하게 하라 땅 위 하늘의 궁창에는 새가 날으라 하시고."

계 16:3 "둘째 천사가 그 대접을 바다에 쏟으매 바다가 곧 죽은 자의 피같이 되니 바다 가운데 모든 생물이 죽더라."

(2) 사람을 지칭하는 데 쓰였다.

창 46:15 "이들은 레아가 밧단아람에서 야곱에게 난 자손들이라 그 딸 디나를 합하여 남자와 여자가 삼십삼 명이며."

창 46:27 "애굽에서 요셉이 낳은 아들은 두 명이니 야곱의 집 사람으로 애굽에 이른 자가 모두 칠십 명이었더라."

롬 13:1 "각 사람은 위에 있는 권세들에게 복종하라 권세는 하나님으로부터 나지 않음이 없나니 모든 권세는 다 하나님께서 정하신 바라."

행 2:43 "사람마다 두려워하는데 사도들로 말미암아 기사와 표적이 많이 나타나니."

(3) 육체의 목숨을 의미하는 데 쓰였다.

눅 12:22 "또 제자들에게 이르시되 그러므로 내가 너희에게 이르노니 너희 목숨을 위하여 무엇을 먹을까 몸을 위하여 무엇을 입을까 염려하지 말라."
왕하 7:7 "해질 무렵에 일어나서 도망하되 그 장막과 말과 나귀를 버리고 진영을 그대로 두고 목숨을 위하여 도망하였음이라."
에 8:11 "조서에는 왕이 여러 고을에 있는 유다인에게 허락하여 그들이 함께 모여 스스로 생명을 보호하여 각 지방의 백성 중 세력을 가지고 그들을 치려 하는 자들과 그들의 처자를 죽이고 도륙하고 진멸하고 그 재산을 탈취하게 하되."

(4) 육에 속한 것의 의미로 사용되었다. 문맥상 영/성령과 대조되는 의미로 사용되어 네페쉬의 의미를 파악하는 데 있어서 매우 중요한 용례다.

유 1:19 "이 사람들은 분열을 일으키는 자며 육에 속한 자며 성령이 없는 자니라."
고전 2:14 "육에 속한 사람은 하나님의 성령의 일들을 받지 아니하나니 이는 그것들이 그에게는 어리석게 보임이요, 또 그는 그것들을 알 수도 없나니 그러한 일은 영적으로 분별되기 때문이라."
고전 15:44 "육의 몸으로 심고 신령한 몸으로 다시 살아나나니 육의 몸이 있은즉 또 영의 몸도 있느니라."

(5) '죽은'이란 단어의 수식을 받을 경우 '시체'를 의미하게 된다.

민 6:6 "자기의 몸을 구별하여 여호와께 드리는 모든 날 동안은 시체를 가까이하지 말 것이요."
민 19:13 "누구든지 죽은 사람의 시체를 만지고 자신을 정결하게 하지 아니하는 자는 여호와의 성막을 더럽힘이라 그가 이스라엘에서 끊어질 것은 정결하게 하는 물을 그에게 뿌리지 아니하므로 깨끗하게 되지 못하고 그 부정함이 그대로 있음이니라."

위 두 구절에서 시체로 번역된 단어는 원어상 '죽은 네페쉬'이다.

(6) 혼은 피와 일체다.

창 9:4 "그러나 고기를 그 **생명** 되는 피째 먹지 말 것이니라."
레 17:11 "육체의 **생명**은 피에 있음이라 내가 이 피를 너희에게 주어 제단에 뿌려 너희의 **생명**을 위하여 속죄하게 하였나니 **생명**이 피에 있으므로 피가 죄를 속하느니라."
레 17:14 "모든 **생물**은 그 피가 **생명**과 일체라 그러므로 내가 이스라엘 자손에게 이르기를 너희는 어떤 육체의 피든지 먹지 말라 하였나니 모든 육체의 **생명**은 그것의 피인즉 그 피를 먹는 모든 자는 끊어지리라."

여기서 생명, 생물이라는 단어는 네페쉬이다. 모든 네페쉬는 그의 피와 일체라 하는데, 이를 모형적 생명이 피에 있다는 의미로 생각한다면 이는 무슨 말인가?

문자 그대로 피라는 액체 자체가 우리의 생명이라는 것이 아니라, 피는 겉으로는 보이지 않으나 몸속에서 몸에 생명을 주어 살게 하는 것을 표상한다. 우리가 흙으로 지어졌더라도(고전 15:47) 흔히 있는 흙더미와 우리의 다른 점은, 일반 흙과는 다르게 우리 속에는 피라는 것이 있다는 점이다. 몸을 살게 하는 피라는 것은 결국 진정한 생명 되신 성령을 표상한다.

이는 다음 구절들을 살펴봄으로 알 수 있다.

> 히 9:24 "그리스도께서는 참 것의 그림자인 손으로 만든 성소에 들어가지 아니하시고 바로 그 하늘에 들어가사 이제 우리를 위하여 하나님 앞에 나타나시고."
>
> 히 10:19 "그러므로 형제들아 우리가 예수의 피를 힘입어 성소에 들어갈 담력을 얻었나니."

위 두 구절을 비교해 보면 성소는—여기서 말하는 성소는 지성소이다—하늘을 표상함을 알 수 있다. 바울이 "또 함께 일으키사 그리스도 예수 안에서 함께 하늘에 앉히시니"(엡 2:6)라고 함과 같이, 예수께서 우리를 이끌고 하늘에 가심은 그리스도의 영으로(롬 8:9) 이루어진 것이므로, 히브리서 10장 19절에서 "우리가 예수의 피를 힘입어 성소에 들어갈 담력을 얻었다" 함은, 그리스도의 영으로 하나님과 연합함을 가리키는 말이다. 바울이 로마서 8장 9절에서 말하는 그리스도의 영은 단연 성령이다(요 7:39). 즉 피는 성령을 표상한다. 여기서 확인할 수 있는 것은 피, 곧 네페쉬는 참된 것을 표상하는 점에서 그 자체로는 모형적인 생명이라는 점이다.

여기까지 살펴보면 혼은 첫 창조를 입은 육의 생명의 의미로 쓰였다. 그런데 다음의 용례에서 혼란 및 반론의 여지가 있으므로 이에 대해 살펴보고자 하는데, 아담이 생령이라 하는 의미를 설명하는 연장선에 있는 것이 아니므로 이어지는 내용들은 간략히 다루고자 한다.

(7) 하나님/예수께서 당신을 지칭하시는 데 네페쉬/프쉬케가 쓰였는데, 여기서 하나님도 마치 네페쉬를 가진 인간처럼 마음의 감정을 느끼는 것으로 표현되었다.

> 요 12:27 "지금 내 **마음**이 괴로우니 무슨 말을 하리요 아버지여 나를 구원하여 이때를 면하게 하여 주옵소서 그러나 내가 이를 위하여 이 때에 왔나이다."
> 사 42:1 "내가 붙드는 나의 종, 내 **마음**에 기뻐하는 자 곧 내가 택한 사람을 보라 내가 나의 영을 그에게 주었은즉 그가 이방에 정의를 베풀리라."
> 렘 13:17 "너희가 이를 듣지 아니하면 나의 **심령**이 너희 교만으로 말미암아 은밀한 곳에서 울 것이며 여호와의 양 떼가 사로잡힘으로 말미암아 눈물을 흘려 통곡하리라."
> 슥 11:8 "한 달 동안에 내가 그 세 목자를 제거하였으니 이는 내 **마음**에 그들을 싫어하였고 그들의 **마음**에도 나를 미워하였음이라."

이 내용은 적은 분량으로 다루기 힘드나 아담이 생령임을 설명하는 것이 아니므로 되도록 핵심만 간추려서 설명하고자 한다.

네페쉬의 (4), (6) 용례를 살펴보면, 이는 성령과 대조되는 것이며 피 속에 있다 하는데, 하나님은 영이신 즉 당신을 가리켜 네페쉬라 칭하심의 의미는 파악하기 힘들다.

이에 관해서는, 사람들이 네페쉬를 자신의 마음의 의미와 혼용함으로 하나님께서 이런 맥락에서 네페쉬라는 단어를 차용하신 것이라 보인다. 이는 예레미야 13장 17절에서도 찾아볼 수 있는데, 육이 아닌 영이신 하나님께서 눈물을 흘린다는 표현 또한 사람들이 사용하는 표현을 차용하신 것이다.

그러나 여기에는 더욱 근원적인 의미가 있다고 생각한다. '예수의 선재성'에서 다룰 내용인데, "오직 나를 위하여 한 몸을 예비하셨도다"(히 10:5)라는 구절에서 예수의 몸이 예비된 시점은 태초이다. 이같이 하나님께서 인간과 연합되기 위해 온전한 인간이 되심이 곧 네페쉬가 되심이며, 이는 "그도 또한 같은 모양으로 혈과 육을 함께 지니심은"(히 2:14)이라는 구절에서 볼 수 있듯이, 네페쉬가 피에 있으므로 그가 혈을 지니셨음은 네페쉬를 지니심이다.

예레미야 13장 17절에서는 이 네페쉬(예수)가 "은밀한 곳에서 울 것이며"라고 한 것이며, 요한복음 12장 27절에서는 이 예언의 성취로써 그의 네페쉬(생명)의 괴로움이 나타난 것이다.

(8) 흔히 생각하는 유령과 같은 의미로 혼동될 수 있는 구절

> 마 10:28 "몸은 죽여도 영혼은 능히 죽이지 못하는 자들을 두려워하지 말고 오직 몸과 영혼을 능히 지옥에 멸하실 수 있는 이를 두려워하라."
> 계 6:9 "다섯째 인을 떼실 때에 내가 보니 하나님의 말씀과 그들이 가진 증거로 말미암아 죽임을 당한 영혼들이 제단 아래에 있어."

마태복음 10장 28절 말씀을 보면, 몸을 죽이는 것과 혼을 죽이는 것은 마치 다른 것처럼 보인다. 앞서 혼은 구원의 대상임에 대해 말한 것처럼 이 말씀은, 몸은 죽이더라도 구원의 영역까지는 관할할 수 없는 자를 두려워하지 말라는 말씀이다.

계시록 6장 9-10절을 보면, 마치 죽임을 당한 자들이 저승에서 주께 호소하는 것처럼 보인다. 같은 계시록에 다음과 같은 구절이 있다.

> 계 21:22 "성 안에서 내가 성전을 보지 못하였으니 이는 주 하나님 곧 전능하신 이와 및 어린 양이 그 성전이심이라."

우리가 곧 성전인데(고전 3:16) 하나님과 어린 양이 그 성전이라 함은 우리가 하나님과의 연합을 이룬 것을 말하므로, 이는 "주와 합하는 자는 한 영이니라"(고전 6:17)의 내용을 환상으로 본 것이다.

그런즉 제단 아래 있는 프쉬케가 주께 호소하는 환상은 그 자체로 실체가 아니라 어떤 것을 표상하는 모형과 같은 것인데, 이는 다음의 예수의 말씀을 가리키는 것이다.

> 마 23:35 "그러므로 의인 아벨의 피로부터 성전과 제단 사이에서 너희가 죽인 바라갸의 아들 사가랴의 피까지 땅 위에서 흘린 의로운 피가 다 너희에게 돌아가리라."

아벨의 피 또한 속죄제의 피를 표상함은, 히브리서 기자가 "아벨의 피보다 더 나은 것을 말하는 뿌린 피니라"(히 12:24)라고 함과 같이 예수의 피처럼 속죄제의 의미로 언급한 점에 있다.

이 속죄제의 피는 제단 아래 쏟는 것임은 다음의 율법의 내용과 같다.

> 레 5:9 "그 속죄제물의 피를 제단 곁에 뿌리고 그 남은 피는 제단 밑에 흘릴지니 이는 속죄제요."

네페쉬(프쉬케)가 피에 있다고 하므로, 계시록 6장 9절에서 제단 아래 있는 프쉬케가 주께 호소함은 마치 레위기 5장 9절에서 제단 아래 쏟아진 피가 주께 호소함과 같다. 이는 하나님께서 "네 아우의 핏소리가 땅에서부터 내게 호소하느니라"(창 4:10) 하신 말씀을 상기시킨다.

요한은 이와 같은 마태복음 23장 35절의 예수께서 하신 말씀을 시각적으로 본 것이지, 유령과 같은 것을 말함이 아니다.

이제까지 살펴본 바와 같이, 성경이 말하는 네페쉬/프쉬케(영혼)는 첫 창조를 입은 육의 생명을 가리킨다.

흔히 아담이 생령이 되었다 함을 가리켜 사람 안에 있는 영혼(네페쉬)이란 것이 구천을 떠돌기도 하는 귀신, 유령과 같은 것으로 생각할 것이나, 이러한 것은 오로지 인간의 상상의 산물에 불과하며 성경은 전혀 그러한 묘사를 하고 있지 않음을 살펴보았다.

만약 영혼이란 것이 흔히 통용되는 유령과 같은 개념으로 우리 육체 속에 있다면, 우리가 신체 어느 부위가 절단되었을 때, 그 절단 부위에 속한 영혼도 잘려 나오기라도 한단 말인가? 만약 그렇게 영혼이란 것이 물리력의 영향을 받는다면, 우리 몸 속에서 영혼도 추출해 낼 수 있고 만지고 볼 수도 있을 것이다.

그러한 귀신 같은 것이 존재하는 것처럼 보이는 실제 사례들은, 사탄이 우리로 하여금 물리적 물질에 속하는 우리 육신과 유령과 같은 흐물흐물한 어떤 것을 이분화하여 사고하게끔 하는 이원론적 사고를 갖게 하여 우리의 혼란을 조장하는 것이다.

6
원죄에 관하여

"사람이 생령이 되니라"(창 2:7)에서의 생령에 대해 살펴보았으니, 아담 언약을 살펴보기 위해 사전에 필요한 전제들이 대부분 설명되었다. 여기서는 아담의 원죄에 관해 살펴볼 것이다.

아담 언약이란 다음의 두 구절을 가리킨다.

> 창 2:16 "여호와 하나님이 그 사람에게 명하여 이르시되 동산 각종 나무의 열매는 네가 임의로 먹되."
> 창 2:17 "선악을 알게 하는 나무의 열매는 먹지 말라 네가 먹는 날에는 반드시 죽으리라 하시니라."

아담의 범죄라 함은 그가 선악과를 먹은 것을 가리킨다.

우리는 흔히 아담이 선악과를 먹음으로 인해 인간이 타락하였다고 생각하고, 이를 원죄라 생각한다.

물론 바울이 로마서 4장 15절에 "율법은 진노를 이루게 하나니 율법이 없는 곳에는 범법도 없느니라"라고 하였듯이, 선악과를 먹지 말라는 율법이 주어진 다음 아담의 범법으로 죄가 세상에 들어온 것이다(롬 5:12).

그런데 율법이 있기도 전에 죄가 세상에 있었다고 하니(롬 5:13) 이는 무슨 말인가?

로마서 4장 15절에서는 율법이 없는 곳에는 죄도 없는 것처럼 서술하였는데, 로마서 5장 13절에서는 율법이 있기 전에도 세상에 죄가 있다고 서술하여서 마치 대치되는 구절처럼 보인다.

로마서 5장 13절에서 '죄'는 헬라어로 '하마르티아'(ἁμαρτία)인데 영어성경에서 'sin'으로 번역이 되었고, 개역개정에서는 흔히 죄로 번역이 되어 필자가 앞서 다룬 진정한 의미에서의 죄를 가리키는 말이다. 여기서 말하는 죄가 가장 근원적 의미이므로 이를 원죄라 함이 알맞다 생각한다.

로마서 4장 15절에서 '범법'은 헬라어로 '파라바시스'(παράβασις)인데 영어성경에서 'transgression'으로 번역되었고, 개역개정에서는 흔히 범법으로 번역이 되어 법을 위반함을 가리키는 의미가 강하다.

이는 우리가 원죄(하마르티아)로 하나님과 분리됨으로 죄(하마르티아) 가운데 있는 의미보다는, 하나님이 우리에게 율법으로 연합하라 명하셨을 때 우리 차원에서 이를 이루지 못하여 순종하지 못한 것을 가리키는 말이다. 개역개정에서는 파라바시스와 하마르티아 두 단어를 구별하지 않고 죄와 범죄라는 단어를 혼용하여 번역하였는데, NASB와 KJV 성경은 이를 철저히 구별한 것으로 보인다.

창세 전에 구원자로서의 그리스도가 있었고 우리가 그 안에서 택함 받았다고 하였듯이(엡 1:4), 율법이 있기도 전에 원죄(하마르티아)라는 것이 있다고 해도 이상할 것은 없어 보인다.

우리가 계속 죄에 대하여 매우 더럽고 혐오스러운 어떤 실체로 생각하기 때문에 성경을 이해하는 데 제동이 걸리는데, 죄는 '하나님의 밖'을 의미하는 것이다.

죄가 세상에 들어왔다?

로마서 5장 12절을 보면 죄가 세상에 들어왔다고 한다. 원어적으로는 세상 '안에' 들어왔다는 의미인데, NASB와 KJV는 "sin entered into the world"라 하여 죄가 세상 안에 들어왔음을 가리키고 있다.

죄의 삯은 사망이므로(롬 6:23) 죄가 세상에 들어왔다고 함은 첫 창조의 온전한 멸함이며, 이 멸함은 로고스의 죽음으로 이루어진 것인즉 로고스가 죄로 인쳐진 것을 가리킨다. 이에 관하여는 '첫 창조의 멸함'을 다룰 때 상세히 설명할 것이다.

이런 맥락에서 로고스가 육신으로 오신 것을 가리켜 바울이 육신의 죄 있는 모양으로 오셨다고 한 것이며(롬 8:3), 죄를 알지도 못하신 이를 죄로 삼으셨다고 한 것이다(고후 5:21).

베드로는 이를 가리켜 베드로전서 2장 24절에 "친히 나무에 달려 그 몸으로 우리 죄를 담당하셨으니 이는 우리로 죄에 대하여 죽고 의에 대하여 살게 하려 하심이라 그가 채찍에 맞음으로 너희는 나음을 얻었나니"라고 하였는데, 그 몸으로 우리 죄를 담당하심은 예수가 첫 창조의 근원을 표상하므로 첫 창조의 멸함으로 죄를 없이하신 것이고, 우리로 죄에 대하여 죽게 하였다 함은 예수가 십자가에서 죽을 때(첫 창조의 멸함) 그 안에서 우리도 같이 죽었다는 것이다(롬 6:3).

바울은 율법이 있기도 전에 죄가 세상에 있었음에 관하여, 즉 첫 사람 아담이 하마르티아 가운데 있었음에 관하여 다음과 같이 말한다.

> 고전 15:45 "기록된바 첫 사람 아담은 생령이 되었다 함과 같이 마지막 아담은 살려 주는 영이 되었나니."

이같이 생령과 영이 분명히 대조되고 있음을 앞에서 살펴보았다.
혼에 대해 설명하였듯이, 혼이란 첫 창조를 입은 모형적 생명이다.
이를 설명함은, 아담이 지음을 받을 때 하나님의 영을 받은 것이라는 오해를 사전에 방지하기 위함이다. 아담은 하나님의 영을 받지 않은 상태로 창조되었다.
이에 관해 놀랍게 여기지 말 것은 바울이 다음과 같이 설명하기 때문이다.

> 고전 15:46 "그러나 먼저는 신령한 사람이 아니요 육의 사람이요 그다음에 신령한 사람이니라."

여기서 신령한 사람이란 단어는 NASB와 KJV에서 "the spiritual"이라 번역한 것처럼, '영적인 사람'이란 뜻이다. 육의 사람이라는 말은 원어로 '프쉬케'에서 유래한 단어가 쓰였다. 즉 바울은 아담이 영적인 사람이 아닌 '혼의 사람'임을 설명하고 있는데, 이는 그가 영적인 사람이 아니므로 성령을 받지 않았다는 것이다.

고전 15:47 "첫 사람은 땅에서 났으니 흙에 속한 자이거니와 둘째 사람은 하늘에서 나셨느니라."
고전 15:48 "무릇 흙에 속한 자들은 저 흙에 속한 자와 같고 무릇 하늘에 속한 자들은 저 하늘에 속한 이와 같으니."

여기서 흙과 하늘을 대조하고 있다. 둘째 사람 곧 예수는 하늘에서 났다 함은 그 본질이 하나님께 있음을 말한다. 그와 대조되는 격으로 첫 사람은 흙에 속하였다 하였으니 그는 하나님이 창조하셨으나 하나님으로부터 난, 즉 성령을 받아 하나님과 하나 된 상태가 아니라는 것이다.

성경에서 하나님께로부터 났다는 말은 하나님이 창조하셨다는 말과 다른 말이다. 모든 만물과 천사와 사탄도 하나님이 창조하셨지만 하나님께로부터 난 자는 일차적으로 오직 예수를 의미한다. 히브리서 기자가 시편을 인용하여 이를 다음과 같이 말하였다.

히 1:5 "하나님께서 어느 때에 천사 중 누구에게 너는 내 아들이라 오늘 내가 너를 낳았다 하셨으며 또 다시 나는 그에게 아버지가 되고 그는 내게 아들이 되리라 하셨느냐."

이는 예수께서 "하늘에서 내려온 자 곧 인자 외에는 하늘에 올라간 자가 없느니라"(요 3:13)라고 하신 말씀과 같은 맥락인데, 오직 예수께서만 하늘에 올라간 자이시듯, 아담은 하늘로부터 난 것이 아닌 것이다.

고린도전서 15장 46절에서 사용된 '육의 사람'(혼의 사람)과 같은 원어가 쓰인 구절들을 더 살펴보면 다음과 같다.

고전 2:14 "육에 속한 사람은 하나님의 성령의 일들을 받지 아니하나니 이는 그것들이 그에게는 어리석게 보임이요, 또 그는 그것들을 알 수도 없나니 그러한 일은 영적으로 분별되기 때문이라."

유 1:19 "이 사람들은 분열을 일으키는 자며 육에 속한 자며 성령이 없는 자니라."

이같이 혼의 사람이 성령을 받은 적이 없음에 대해서는 성경이 명백히 말하는 바이다.

마지막으로 요한도 이와 부합하는 말을 하였다.

요일 3:9 "하나님께로부터 난 자마다 죄를 짓지 아니하나니 이는 하나님의 씨가 그의 속에 거함이요 그도 범죄하지 못하는 것은 하나님께로부터 났음이라."

이 구절에서 죄는 원어로 하마르티아가 사용되었다. 아담이 선악과를 먹지 말라는 율법을 받고 그 율법 아래 죽게 된 것은, 사탄의 유혹 여부를 떠나 그가 하나님께로부터 나지 않았다는 것을 보여준다.
따라서 바울이 "만일 너희 속에 하나님의 영이 거하시면 너희가 육신에 있지 아니하고 영에 있나니 누구든지 그리스도의 영이 없으면 그리스도의 사람이 아니라"(롬 8:9)라고 함과 같이 그는 그리스도의 사람이 아닌 것이다.

반면 칼빈은 그의 저서에서 아담이 그를 지으신 분과 연합된 상태였다고 말하나(기독교 강요 2. 1. 5), 그렇다면 아담의 행보와 그의 죽음은 요한일서 3장 9절 말씀과 대치된다. 요한일서 3장 9절에 대해서는 '개혁주의 칭의에 대한 소회'에서 다루게 될 것이다. 아담이 하나님과 연합된 상태라고 생각하는 것은, 칼빈이 인간을 이분설의 입장에서 보았기 때문이다. 그는 혼을 영과 동일한 개념으로 생각한 것인데, 혼은 영을 가리키는 개념이 아님은 앞서 살펴보았다.

여기까지 살펴보건대, 아담은 창조 시에 어떤 상태였는가? 죄는 하나님과 연합되지 못한 상태라 하였으니 아담은 처음부터 죄(하마르티아) 가운데 있는 것이고, 이 사실은 그에게 율법, 곧 연합의 대상인 참된 생명이 떨어지기 전까지 숨겨진 것이다.

일반적으로 아담이 선악과를 먹고 그가 타락하여서 그의 모든 생각과 행위가 악하게 되었다고 설명하나, 앞서 죄에 대해 설명한 것처럼 의는 오직 하나님께만 있으므로 아담은 처음부터 그 의를 갖지 못한 상태로 태어났다.

아담이 처음부터 의롭게 태어났다고 생각하는 것은 혼과 영의 구분을 하지 못한 것이 첫 번째 원인이며, 아담의 범죄가 자유의지로 인해 우발적인 것이라 생각한 것 또한 원인인데, 그로 인해 흔히 하나님의 구원 또한 그 순간 즉석에서 생각해낸 것이라 여기게 되었다. 그러나 이는 성경이 말하는 바가 아닌 우리의 상식에 기반한 사고이다.

이를 더욱 확증하기 위해 이제 예수의 선재성에 대해 다룰 것이다. 이는 구원자의 개념으로서의 예수가 아담이 선악과를 먹기 전부터 존재함을 가리킨다.

7
예수의 선재성

흔히 아담이 선악과를 먹은 후에 하나님이 여자의 후손 곧 예수라는 '온전한 인간이자 온전한 하나님이라는 구원의 방도'를 생각해 내셨다고 여길 것이다.

복음이란 것은 단순히 아담이 죄인이 되어서 아담을 멸하려 했는데 하나님이 그 마음을 돌이켜서 구원해 주겠다고 한 것이 아니다.

사실 아담 언약은 아담이 죄인으로 드러나면 예수가 구원을 하는 그림인 것으로, 아브라함 언약이 '하나님 - 예수 - 아브라함' 간의 3자 언약인 것처럼—갈라디아서 3장 16절에서 알 수 있듯, 이 언약은 '하나님-아브라함 - 그 자손' 간에 이루어진 것인데, 그 자손이 그리스도이므로 아브라함 언약은 3자 언약이다—아담 언약 또한 '하나님 - 예수-아담'의 3자 간의 언약인 것이다.

이를 살펴보기 위해서도, 구원자의 개념으로서의 예수가 아담이 선악과를 먹기 전에 존재하였음을 다룰 필요가 있다.

이제 선악과 사건 이전에도 예수라는 개념이 존재함에 대해 살펴보자.

원죄에 관한 내용을 다루며 선악과를 먹지 말라는 율법이 주어지기 전에도 죄라는 개념이 존재함을 가리켜 다음의 구절을 인용하였다.

> 롬 5:13 "죄가 율법 있기 전에도 세상에 있었으나 율법이 없었을 때에는 죄를 죄로 여기지 아니하였느니라."
>
> 엡 1:4 "곧 창세 전에 그리스도 안에서 우리를 택하사 우리로 사랑 안에서 그 앞에 거룩하고 흠이 없게 하시려고."

바울이 말하길, 창세 전에 그리스도 곧 구원자가 있고 택함 받은 자가 있다 함은, 창세 전부터 첫 창조의 멸함과 하나님 나라의 완성이 이미 예정되었다는 것이다.

이사야서는 이를 다음과 같이 말한다.

> 사 46:10 "내가 시초부터 종말을 알리며 아직 이루지 아니한 일을 옛적부터 보이고 이르기를 나의 뜻이 설 것이니 내가 나의 모든 기뻐하는 것을 이루리라 하였노라."

시초부터 종말을 알린다 하심은, 첫 창조가 멸하여질 것을 전제로 창조되었음을 시사한다.

뜻이 설 것이라 하심은, 하늘에서 이루어진 뜻, 곧 창세 전에 예정된 하나님 나라가 역사 속에서 반드시 실현될 것임을 말씀하심이다.

게다가 남자와 여자가 합하여 한 몸 됨이 곧 복음을 가리킨다고 하였으니(창2:24), 바울은 이를 가리켜 그리스도와 교회의 관계라고 하였다(엡 5:32). 예수께서도 이에 관하여 다음과 같이 말씀하셨다.

마 19:6 "그런즉 이제 둘이 아니요 한 몸이니 그러므로 하나님이 짝지어 주신 것을 사람이 나누지 못할지니라 하시니."

마 19:8 "예수께서 이르시되 모세가 너희 마음의 완악함 때문에 아내 버림을 허락하였거니와 본래는 그렇지 아니하니라."

여기서 본래라고 번역된 단어는 시작을 가리키므로 NASB와 KJV에서는 "from the beginning"이라 번역하였다. 문맥상 이 시작의 시점은 창세를 가리키는데, 이는 아담이 선악과를 먹기 전의 시점이다.

예수께서는 창세부터 그리스도와 교회의 관계가 예정되었고, 이것이 결코 나누어지지 않음을 말씀하신 것이다. 마태복음 19장 5-12절에 관한 것은 '로고스와 연합'을 다룰 때 상세하게 설명할 텐데, 이것이 문자 그대로의 의미가 아니라 복음에 대해 비유로 말씀하신 것임을 밝힐 것이다.

또한 하나님은 시간 밖에 있으므로(시 90:4; 벧후 3:8) 그에게는 이 모든 것이 다 이루어진 것과 같다. 다음의 이사야서 말씀은 이를 가리킨다.

사 66:22 "내가 지을 새 하늘과 새 땅이 내 앞에 항상 있는 것같이 너희 자손과 너희 이름이 항상 있으리라."

창세 전에 그리스도 안에서 택함 받았다 함과 같이(엡 1:4) 창세 전에 이미 하나님 나라는 예정된 것이며, 하나님은 시간 밖에 있으므로 한편으로는 이미 이루어진 것과 같다.

주기도문에서 뜻이 하늘에서 이루어졌다 함은(마 6:10), 이사야 66장 22절 말씀과 같이 역사 속에서 이루어질 하나님 나라가 하나님 앞에는 이미 항상 존재함을 가리킨다.

한편 이런 연유로 히브리서 기자는, 유기된 자의 유기가 세상이 창조될 때부터 이루어짐에 대해 말하고 있다.

> 히 4:3 "이미 믿는 우리들은 저 안식에 들어가는도다 그가 말씀하신 바와 같으니 내가 노하여 맹세한 바와 같이 그들이 내 안식에 들어오지 못하리라 하셨다 하였으나 세상을 창조할 때부터 그 일이 이루어졌느니라."

세상이 창조될 때부터라 함은, 아담이 선악과를 먹기 이전의 시점이며, 그 전부터 하나님 나라가 이미 예정된 것에 대해 말하는 것이다. 하나님 나라가 창세 전부터 예정되었은즉, 그리스도라는 구원자의 개념, 혹은 복음에 관한 것은 아담이 선악과를 먹기 전부터 존재하였으니, 다음의 구절들이 이를 가리킨다.

> 롬 16:25 "나의 복음과 예수 그리스도를 전파함은 영세 전부터(KJV: since the world began) 감추어졌다가."
> 고전 2:7 "오직 은밀한 가운데 있는 하나님의 지혜를 말하는 것으로서 곧 감추어졌던 것인데 하나님이 우리의 영광을 위하여 만세 전에(KJV: before the world) 미리 정하신 것이라."
> 엡 3:9 "영원부터(KJV: from the beginning of the world) 만물을 창조하신 하나님 속에 감추어졌던 비밀의 경륜이 어떠한 것을 드러내게 하려 하심이라."
> 엡 3:11 "곧 영원부터(NASV, KJV: enternal) 우리 주 그리스도 예수 안에서 예정하신 뜻대로 하신 것이라."
> 골 1:26 "이 비밀은 만세와 만대로부터(KJV: from ages and from

generations) 감추어졌던 것인데 이제는 그의 성도들에게 나타났고."

살후 2:13 "주께서 사랑하시는 형제들아 우리가 항상 너희에 관하여 마땅히 하나님께 감사할 것은 하나님이 처음부터(NASV: from the beginning) 너희를 택하사 성령의 거룩하게 하심과 진리를 믿음으로 구원을 받게 하심이니."

딛 1:2 "영생의 소망을 위함이라 이 영생은 거짓이 없으신 하나님이 영원 전부터(KJV: before the world began) 약속하신 것인데."

딤후 1:9 "하나님이 우리를 구원하사 거룩하신 소명으로 부르심은 우리의 행위대로 하심이 아니요 오직 자기의 뜻과 영원 전부터(KJV: before the world began) 그리스도 예수 안에서 우리에게 주신 은혜대로 하심이라."

벧전 1:20 "그는 창세 전부터 미리 알린 바 되신 이나(NASB: foreordained before the foundation of the world) 이 말세에 너희를 위하여 나타내신 바 되었으니."

또한 바울이 시편 68편 18절을 인용하여 다음과 같이 말하였다.

엡 4:8 "그러므로 이르기를 그가 위로 올라가실 때에 사로잡혔던 자들을 사로잡으시고 사람들에게 선물을 주셨다 하였도다."

엡 4:9 "올라가셨다 하였은즉 땅 아래 낮은 곳으로 내리셨던 것이 아니면 무엇이냐."

다윗은 시편 68편 18절에서 예수가 인간의 후손으로 오실 것을 가리켜 나중에 예비될 '위로 올라가실 때'를 말한 것이다.

그러면 에베소서 4장 9절에서 말한 바, 그가 땅 아래 낮은 곳으로 내리실 것이 예비된 시점은 언제인가?

이는 그 시점이 아담이 선악과를 먹기 이전인지, 이후인지에 대해 따지는 것이다.

이는 다음 잠언 말씀에 드러난다.

> 잠 8:21 "이는 나를 사랑하는 자가 재물을 얻어서 그 곳간에 채우게 하려 함이니라."
> 잠 8:22 "여호와께서 그 조화의 시작 곧 태초에 일하시기 전에 나를 가지셨으며."
> 잠 8:23 "만세 전부터, 태초부터, 땅이 생기기 전부터 내가 세움을 받았나니."

지혜는 예수를 가리킨다. 그런데 지혜를 사랑하는 자가 재물을 얻는다 함은 무슨 의미인가? 부자와 가난한 자의 비유에서 알 수 있듯이 재물이란 '의'를 가리킨다. 이는 '천국 비유 풀이'에 등장할 불의한 청지기 비유에서도 알 수 있다. 예수께서는 이러한 구약의 사상을 복음적으로 풀어서 다음과 같이 말씀하셨다.

> 마 6:19 "너희를 위하여 보물을 땅에 쌓아 두지 말라 거기는 좀과 동록이 해하며 도둑이 구멍을 뚫고 도둑질하느니라."
> 마 6:20 "오직 너희를 위하여 보물을 하늘에 쌓아 두라 거기는 좀이나 동록이 해하지 못하며 도둑이 구멍을 뚫지도 못하고 도둑질도 못하느니라."

위의 잠언 말씀은 구원을 예표하는 것이고, 이 지혜가 만세 전과 태초부터 세움을 받았다는 것은 아담이 선악과를 먹기 전부터 구원이 예비되었다는 것이다. 에베소서 4장 9절에서 말한 바 그가 땅 아래 낮은 곳으로 내리실 것이 예비된 시점은 잠언 8장 23절에서 말한 것같이 만세 전에 있다. 이는 에베소서 1장 4절에서 말한 바 창세 전에 그리스도가 있다고 함과 상응한다.

사도 요한은 이를 가리켜 요한일서 1장 1절에 "태초부터 있는 생명의 말씀에 관하여는 우리가 들은 바요 눈으로 본 바요 자세히 보고 우리의 손으로 만진 바라"라고 하였다. 생명의 말씀이라 함은 죽은 자와 같은 우리에게 생명을 준다는 것이므로 구원자의 개념을 말한다. 즉 태초부터 생명의 말씀이 있다 함도, 아담이 선악과를 먹기 전부터의 예수의 선재성에 대해 말함이다.

모든 이가 죽은 자와 같은 것은 '세례라는 모형'을 다룰 때 설명할 것이다.

시편 기자는 다음과 같이 하나님이 예수를 낳았다고 표현하였다.

>시 2:7 "내가 여호와의 명령을 전하노라 여호와께서 내게 이르시되 너는 내 아들이라 오늘 내가 너를 낳았도다."

하나님이 예수를 낳은 시점인 '오늘'은 단연 요한일서 1장 1절과 같이 태초를 말하며, 잠언 8장 23절, 에베소서 1장 4절과 같이 만세 전을 말한다고 볼 수도 있다.

그가 근본 하나님과 한 본체시나(빌 2:6) 하나님이 낳은 것으로 표현된 것은, 예수와 연합됨으로 예수와 같이 하나님의 아들로 인쳐질 우리를 위함인 것으로, 히브리서 기자가 이를 인용하여 다음과 같이 말하였다.

> 히 1:5 "하나님께서 어느 때에 천사 중 누구에게 너는 내 아들이라 오늘 내가 너를 낳았다 하셨으며 또 다시 나는 그에게 아버지가 되고 그는 내게 아들이 되리라 하셨느냐."
>
> 히 1:6 "또 그가 맏아들을 이끌어 세상에 다시 들어오게 하실 때에 하나님의 모든 천사들은 그에게 경배할지어다 말씀하시며."

그가 맏아들을 이끄신다는 것은, 우리를 하나님의 맏아들로 만들기 위해 예수께서 우리와 하나가 되심이다. 즉 시편 2편 7절에서 태초부터 예수가 낳음 받았다 표현된 것은 태초부터의 우리의 구원을 예표하는 것이다.

또한 하나님이 예수를 위해 한 몸을 예비하셨다는 내용을 살펴보자.

> 히 10:5 "그러므로 주께서 세상에 임하실 때에 이르시되 하나님이 제사와 예물을 원하지 아니하시고 오직 나를 위하여 한 몸을 예비하셨도다."

여기서 "주께서 세상에 임하실 때"를 마리아에게 잉태된 때로 보게 되면 "한 몸을 예비하셨도다"라는 말을 해석할 수 없다. 한 몸을 예비하셨다는 것은 그 이전부터 예비하여 현재까지의 진행을 말하는 것이므로, 지금도 예비중이라는 의미이기 때문이다.

NASB와 KJV는 '예비하셨도다'를 현재 완료형으로 번역하여 위와 같은 의미를 명확히 파악할 수 있다.

그런즉 "주께서 세상에 임하실 때"란 요한일서 1장 1절과 같이 태초를 가리키는 것이며, 그때 하나님이 예수를 위해 한 몸을 예비하셨다는 것은, 태초부터 인간의 후손으로 오실 것이 예비된 것을 말한다.

아담이 오실 자 곧 예수의 모형(롬 5:14)이라 함과 예수를 가리켜 마지막 아담(고전 15:45)이라 표현한 것에서도 예수의 선재성을 볼 수 있다.

오실 자는 구원자로서의 예수를 말하므로, 아담이 오실 자의 모형이라 함은 아담이 지음 받은 때부터 예수를 모형으로 하고 있었다는 것인데, 선악과를 먹은 뒤에 그가 갑자기 예수를 모형으로 하게 되었다는 것은 사리에 맞지 않다.

흔히 이를 대표성의 원리라 해석하나, 아담에 관한 것들이 예수를 모형으로 함에 대해서는 '오실 자의 모형 아담'에서 다룰 것이다.

그러므로 바울은 다음과 같이 말하였다.

> 엡 3:9 "영원부터 만물을 창조하신 하나님 속에 감추어졌던 비밀의 경륜이 어떠한 것을 드러내게 하려 하심이라."

만물을 창조하신 하나님의 비밀의 경륜이란 그리스도와 복음을 뜻하는데, 이것이 감추어졌던 시점이 아담의 선악과 이후가 아님은 '영원부터'라 하기 때문이다.

그런즉 아담이 예수를 모형으로 하고, 남녀의 한 몸 됨이 교회와 그리스도의 관계인 것처럼(엡 5:32), 창조의 모든 것은 복음을 모형으로 하며, 또한 복음을 위해서 창조된 것이다.

바울은 이에 관하여 다음과 같이 말하였다.

> 행 17:26 "인류의 모든 족속을 한 혈통으로 만드사 온 땅에 살게 하시고 그들의 연대를 정하시며 거주의 경계를 한정하셨으니."
>
> 행 17:27 "이는 사람으로 혹 하나님을 더듬어 찾아 발견하게 하려 하심이로되 그는 우리 각 사람에게서 멀리 계시지 아니하도다."

인류의 모든 족속을 한 혈통으로 만들고 거주의 경계를 한정하심은 아담이 선악과를 먹기 이전에 이루어진 것이다. 바울이 "혹 하나님을 더듬어 찾아 발견하게 하심이로되"라고 함과 같이, 이 자체로도 이미 복음을 가리키고 있던 것이다.

여기까지 하나님 나라가 창세 전에 예정된 것과, 구원자의 개념으로서의 예수가 아담이 선악과를 먹기 전부터 존재하였음을 살펴보았다.

8
창조에 관하여

그렇다면 아담은 왜 처음부터 하나님의 아들이 되지 않은 채 흙에 속한 인간으로 태어난 것인가? 이는 인간이라는 네페쉬, 곧 모형적 생명에게 죄가 무엇인지 알려주기 위해 첫 창조의 무대를 만드신 것이다.

또한 피조물과 하나님이 하나로 연합됨은 첫 창조라는 통로를 통해서 이루어지기 때문인데, 이에 관한 것은 '로고스와 연합'에서 다룰 것이다.

먼저 각종 피조물을 종류대로 지으심은 무엇 때문인가? 이는 언어를 만들기 위함이었다. 이는 하나님이 의도하셨음을 다음 구절에서 알 수 있다.

> 창 2:19 "여호와 하나님이 흙으로 각종 들짐승과 공중의 각종 새를 지으시고 아담이 무엇이라고 부르나 보시려고 그것들을 그에게로 이끌어 가시니 아담이 각 생물을 부르는 것이 곧 그 이름이 되었더라."

이렇게 언어의 시작은 각종 피조물의 이름을 짓는 데서부터 시작한다. 첫 창조의 세상에서 언어가 필요함은 바울이 "그러므로 믿음은 들음에서 나며 들음은 그리스도의 말씀으로 말미암았느니라"(롬 10:17)라고 한 것같이, 예수가 육으로 죽어 세상에 없더라도 그가 전파하신 말씀이 계속 남아 후대에 태어날 인간들에게 전해져서 역사하기 위함이다. 이것이 피조물과 하나님의 연합의 방편인데, 예수께서 "내가 너희에게 이른 말은 영이요"(요 6:63)라고 하심과 같이 그의 말씀이 곧 영인 것은, 하나님이 곧 말씀(로고스)이 되심이다. 이에 관한 것은 '로고스에 관하여'에서 다룰 것이다.

이렇게 언어가 만들어지고, 피조물이 이를 통해 소통하기 위해서는 사전에 합의된 언어 체계를 알아야 하며, 각종 피조물들의 이름 등을 알아야 한다. 그런데 언어는 피조물에 대한 더 구체적인 묘사를 위해 세분화되고 새로 창조되는 것이 필연적이다.

각종 피조물이 다양성과 그 존재 양상의 개성을 갖는 것은, 인간이 이들 각각의 개성을 파악하여 그 모양과 움직임의 특징을 느끼고 묘사하게 하기 위함이다. 이로써 언어가 세분화됨은 의도된 것이다.

이것이 계속되면 많은 개념들이 존재하게 되고 후에는 각종 학문을 비롯한 지식들이 존재하게 된다. 번외로, 성경은 이런 지식들을 가리켜 '세상의 지혜' 혹은 '세상의 초등학문'이라고 한다.

> 고전 2:6 "그러나 우리가 온전한 자들 중에서는 지혜를 말하노니 이는 이 세상의 지혜가 아니요 또 이 세상에서 없어질 통치자들의 지혜도 아니요."
>
> 골 2:8 "누가 철학과 헛된 속임수로 너희를 사로잡을까 주의하라 이것은 사람의 전통과 세상의 초등학문을 따름이요 그리스도를 따름이 아니니라."

첫 창조가 필요한 이유는, 우리라는 흙의 생명에게 죄가 무엇인지 설명하기 위함이라고 하였다. 그 죄를 설명하는 방법으로 하나님이 율법을 주신 것이다. 율법은 예수와 같고 연합의 대상이라 하였다. 이것이 말씀의 형태로 표현되어 주어지기 위해서는 먼저 언어가 만들어져야 하고 세상의 지혜가 생겨야 함은, 이들이 선행되어야 각종 제사에 대한 규례나 대제사장이 입는 의복에 대한 규례, 법궤에 대한 규례 등을 만들 수 있으며, 인간이 이를 이해할 수 있기 때문이다.

그 율법이 말하고자 하는 바는 앞서 설명한 것처럼 하나님 사랑과 이웃 사랑이라 하였는데, 사랑은 오직 하나님께만 있는 것이므로 이는 하나님과 연합하라는 의미라고 하였다. 우리에게 하나님과 연합하라 함은 우리가 하나님과 분리된 상태에 있음을 말하는 것이다.

바울은 이렇게 죄를 깨닫게 하는 율법의 역할에 대해 다음과 같이 말하였다.

> **롬 5:13** "죄가 율법 있기 전에도 세상에 있었으나 율법이 없었을 때에는 죄를 죄로 여기지 아니하였느니라."

죄가 율법이 있기 전에도 세상에 있었다 함은 우리가 하나님과 분리된 상태를 가리키는 것이지, 흔히 생각하는 인간적 윤리, 도덕에 어긋나는 살인, 강도, 간음과 같은 것을 말하는 것이 아니다. 이 분리됨을 죄로 여기지 않다가 율법이 주어져서 비로소 죄로 여기게 된 것이다.

즉 율법은 이를 깨닫게 하는 방편으로 하나님이 각종 세상의 지혜들을 만들게끔 유도하여 죄가 무엇인지 세상의 것들을 가지고 설명하신 것이다. 그러므로 바울이 다음과 같이 말하였다.

롬 7:8 "그러나 죄가 기회를 타서 계명으로 말미암아 내 속에서 온갖 탐심을 이루었나니 이는 율법이 없으면 죄가 죽은 것임이라."

율법이 없으면 죄가 죽은 것이라 함은, 율법이 없더라도 죄는 세상에 있으나 갓 창조된 아담이 죄를 알지 못함으로 죄가 죄로서의 의의를 갖지 못하는 것을 말한다. 탐심이 곧 우상 숭배이므로(골 3:5) 우상 숭배는 세상과의 연합이요, 이것이 곧 간음임은 율법을 다룰 때 살펴보았다.

언어가 율법을 위해 만들어진 바와 같이 사람이 남과 여로 지음 받은 것, 무언가를 먹어야 생명을 연장하는 것 등 하나님이 창조하신 바는 율법의 내용을 위해 만들어졌다. 율법의 내용은 바울이 "이 것들은 장래 일의 그림자이나"(골 2:17)라고 함과 같이 어디까지나 죄와 의에 대해 설명하는 모형이다.

만약 '살인하지 말라, 간음하지 말라, 도둑질하지 말라'는 것이 문자 그대로 영원한 진리라면, 애당초 사람이 어째서 남자와 여자로 지음 받아 세상에 성적인 범죄가 초래되고, 이성 관계로 인해 치정 싸움 등의 괴로움이 생기는가?

혹자는 아담의 타락으로 인해 그런 것이라 생각하나, 원죄(하마르티아)가 선악과 이전에도 존재함은 위에서 설명하였다. 그러기에 아담이 율법 아래 죽은 것이다.

곰팡이나 버섯과 같은 생물은 포자법으로 번식하므로 그 하나의 개체 혼자서 번식이 가능하다. 효모의 경우 출아법이라는 방식으로 번식을 하는데, 자신의 본체에 자신을 닮은 조그마한 혹이 생겨서 그 혹이 점점 커지다가 독립의 시기가 올 때 그 혹이 뚝 떨어져 번식하는 방법이다. 그런데 어째서 사람은 남과 여로 창조되어서 이로 인한 괴로움이 생기는가?

  도둑질에 관한 것도 마찬가지다. 먹고 살기 위해 일을 해야 하다 보니 수고란 것의 가치가 생기게 되고, 그로 인해 각종 가치가 생겨나게 되어 음식을 어떤 가치와 교환하여 얻을 수 있게 되었다. 에서와 야곱이 장자권과 음식을 서로 교환함이 이러한 것이다.

> 창 25:34 "야곱이 떡과 팥죽을 에서에게 주매 에서가 먹으며 마시고 일어나 갔으니 에서가 장자의 명분을 가볍게 여김이었더라."

  하지만 식물들이나 특정 생물들은 광합성을 이용하여 스스로 양분을 만들어 살아가기 때문에 다른 피조물을 먹음으로 목숨을 연명할 필요가 없다. 인간도 이러한 방식으로 생존하도록 지음 받았으면 무언가를 먹기 위해 애쓸 필요가 없지 않겠는가?

  첫 창조가 멸해질 것을 전제로 창조되었다 함과 같이(사 46:10), 인간의 이러한 존재 양상 자체는 궁극적 목표가 아니요 어디까지나 모형이다. 즉 이러한 존재 양상을 바탕으로 한 율법의 조문도 궁극적 목표가 아니요 어디까지나 모형이므로(히 10:1; 골 2:17), 첫 창조의 폐함과 함께(예수의 죽음과 함께) 폐하여지는 것이다(골 2:14; 엡 2:15).

  하나님의 형상을 다루며 창세기의 내용들이 하나님 나라를 모형으로 한다고 하였고, 남녀의 한 몸 됨이 표상하는 바에 대해 살펴보았다. 음식을 먹는 것 또한 마찬가지로 창세 전부터 예정된 하나님 나라를 모형으로 설명하는 것이다(롬 1:20).

  우리가 음식을 먹어야 양분을 얻는 것에 관하여 바울은 다음과 같이 말하였다.

> 고전 6:13 "음식은 배를 위하여 있고 배는 음식을 위하여 있으나 하나님은 이것 저것을 다 폐하시리라 몸은 음란을 위하여 있지 않고 오직 주를 위하여 있으며 주는 몸을 위하여 계시느니라."

　종말에는 이것저것을 다 폐하실 것임에도 음식을 위한 배를 창조하신 것은 예수와 우리 간의 연합을 모형하기 위함이다.
　먹는 것을 통하여 그 대상이 우리 몸 안에서 소화 작용으로 인해 분해되어 우리의 살과 피를 이루게 되므로 우리와 하나로 연합된다. 이에 관하여 예수께서 다음과 같이 말씀하셨다.

> 요 6:53 "예수께서 이르시되 내가 진실로 진실로 너희에게 이르노니 인자의 살을 먹지 아니하고 인자의 피를 마시지 아니하면 너희 속에 생명이 없느니라."
> 요 6:56 "내 살을 먹고 내 피를 마시는 자는 내 안에 거하고 나도 그의 안에 거하나니."

　바울은 다음과 같이 말하였다.

> 고전 10:17 "떡이 하나요 많은 우리가 한 몸이니 이는 우리가 다 한 떡에 참여함이라."

　이는 우리가 그의 말씀을 듣고 그 말씀과 연합됨이 마치 그를 먹은 것과 같아서, 그와 한 몸을 이루어 그의 지체로 이 세상에 존재함을 말하는 것이고, 그가 죽을 때 하나님께 간 것과 같이 우리도 그의 지체이기 때문에 필연적으로 그와 같은 수순을 밟게 됨을 말하는 것이다.

이러한 먹는 것과 연합에 관한 성경적 사상은 베드로가 겪은 사도행전 10장 11-15절의 사례에서 더욱 명백히 드러난다. 여기서 각종 짐승은 이방인을 표상하고 이를 먹는다는 것은 이방인과의 연합을 의미하기 때문이다.

짐승이 이방인을 표상함은 '생육하고 번성하는 피조물에 관하여'에서 다룰 것이다.

이같이 첫 창조는 우리로 하여금 죄를 알게 하고 그리스도와 연합하여 그리스도 안에서 하나님께 가게 하기 위해 창조된 것이므로, 하나님 나라에서는 더 이상 이러한 첫 창조에 속한 모든 것, 곧 세상의 지혜나 먹고 마시는 것이나 육신의 성별이 있을 필요가 없다. 그러므로 예수께서 "부활 때에는 장가도 아니 가고 시집도 아니 가고 하늘에 있는 천사들과 같으니라"(마 22:30) 하신 것이고, 바울은 "하나님의 나라는 먹는 것과 마시는 것이 아니요 오직 성령 안에 있는 의와 평강과 희락이라"(롬 14:17)라고 말한 것이다.

이런 연유로 바울이, 이렇게 폐해질 세상의 각종 지식과 학문들을 가리켜 '세상의 지혜' 혹은 '세상의 초등학문'이라 한 것이며, 그리스도 예수를 아는 지식이 가장 고상하다고 한 것이다.

> 빌 3:8 "또한 모든 것을 해로 여김은 내 주 그리스도 예수를 아는 지식이 가장 고상하기 때문이라 내가 그를 위하여 모든 것을 잃어버리고 배설물로 여김은 그리스도를 얻고."
> 고전 2:2 "내가 너희 중에서 예수 그리스도와 그가 십자가에 못 박히신 것 외에는 아무것도 알지 아니하기로 작정하였음이라."

9
아담 언약

　예수의 선재성을 다루며 하나님의 구원의 경륜이 창세 전부터 예정된 것인즉 첫 창조는 멸해질 것을 전제로 창조되었다고 하였다. 이는 아담 또한 육으로는 죽을 것을 전제로 창조되었다는 말이 된다(히 9:27).
　아담 언약을 살펴보는 이유는 이를 확인하는 데 있으며, 특히 매우 중요하게 살펴볼 점은 구원자로서의 예수 또한 아담 언약의 참여자임을 밝히는 점이다.
　이것이 중요한 이유는 아담 언약에서 예표된 예수를 통한 구원이 그의 의의 전가 개념이 아닌 그가 우리를 먹음으로 우리와 하나로 연합되어 이루어진 것이 드러나기 때문이다.
　먼저 아담에게 율법을 주심으로 무슨 일이 일어난 것인지 살펴보자.

1) 율법을 주심에 관하여

　앞서 바울이 율법이 없었을 때는 죄(하마르티아)를 죄로 여기지 않았고(롬 5:13) 율법이 없으면 죄가 죽은 것(롬 7:8)이라고 함에 대해 설명하였다.

  율법은 죄를 알게 하므로, 이 상태에서 하나님이 율법을 주시는 순간 그 사람은 죄인으로 드러나게 된다.

  율법에 대해 다루며 율법이 곧 예수와 같고 연합의 대상임을 살펴본 것은, 이를 해석하기 위함이었다.

  우리가 날 때부터 이미 살인한 자요 간음한 자요 도둑질한 자임은 율법에 대해 설명할 때 살펴보았듯이, 아담 또한 날 때부터 죄(하마르티아)를 갖고 있으나 율법, 곧 연합의 대상이 주어지기 전까지는 이를 인지하지 못하고 있었을 뿐이다.

  바울은 이러한 것을 가리켜 "곧 율법이 탐내지 말라 하지 아니하였더라면 내가 탐심을 알지 못하였으리라"(롬 7:7)라고 하였다. 그는 탐심(우상 숭배, 골 3:5)이 처음부터 자신 안에 있었으나 율법이 주어지지 않았더라면 자신 안에 있는 탐심을 인지하지 못하였을 것이라 한다. 바울과 마찬가지로, 이 탐심은 율법이 주어지기 전부터 아담 안에 있던 것이다.

  즉 율법은 바울이 "오직 죄가 죄로 드러나기 위하여"(롬 7:13)라고 함과 같이 죄를 알게 하기 위해 주어진 것이다. 죄는 분리됨이라 하였다. 하나님은 왜 분리됨을 죄로 정하시고 연합을 의로 정하셨는가? 이 연합이 창세 전부터 예정된 창조 목적이기 때문이다(엡 1:4, 12). 이러한 구원의 경륜을 시작하기 위해 아담에게 율법이 주어진 것이다.

  그러므로 하나님이 선악을 알게 하는 나무의 열매를 먹지 말라는 율법을 주시는 순간 아담은 죄인으로 드러나게 된다. 이는 한편으로 아담 안의 탐심을 알게 하며, 또 한편으로는 이 율법 또한 하나님과의 연합을 요구하기 때문이다.

선악을 알지 않는다 함은 더 이상 하나님 바깥에 존재하지 않는 것으로 하나님과 하나를 이루어 존재함을 의미하는데, 그곳에는 더 이상 첫 창조가 없고 선도 없고 악도 없는 것임은, 마치 어둠이 오직 빛이란 개념이 존재할 때만 있는 것과 같다.

어둠은 빛의 부재를 의미하기 때문에 빛이란 개념이 존재하지 않으면 어둠이란 개념도 없는 것과 같이, 악이 없으면 더 이상 그 대조격인 선도 없는 것이다.

오직 하나님만이 선하다 하심은(마 19:17) 첫 창조가 창조됨으로 거기에서 피조물이 하나님 밖에 존재함으로 인해 하나님이 기준임을 가리켜 선이라 함이고, 하나님 밖에 있는 존재는 악인 것을 말씀하심이다.

그러기에 그 존재가 하나님과 연합되어 하나가 되고 첫 창조가 모두 멸해지면 더 이상 선이란 개념도, 악이란 개념 곧 죄라는 개념도 없는 것이다.

그런즉 선악을 알지 말라 함은 하나님과 연합하라는 의미이며, 이는 모세의 율법이 말하는 바와 상응한다.

바울의 서신에서 육신과 율법에 대해 줄곧 강조하는 바는 무엇인가? 애석하게도 육신은 율법을 이룰 수 없다고 한다. 그는 이를 가리켜 다음과 같이 말하였다.

> 롬 8:7 "육신의 생각은 하나님과 원수가 되나니 이는 하나님의 법에 굴복하지 아니할 뿐 아니라 할 수도 없음이라."

앞서 아담이 생령이라 함에 대해 살펴보며, 이는 육을 입은 모형적 생명을 의미한다 하였다. 아담이 성령이 아닌 육에 속하였으므로 바울이 이를 가리켜 "먼저는 신령한 사람이 아니요 육의 사람이요"(고전 15:46)라고 하였고, 그 육이 흙으로 만들어진 것이므로 "첫 사람은 땅에서 났으니 흙에 속한 자이거니와"(고전 15:47)라고 하였다.

이런즉 바울이 다음과 같이 말한 것처럼 아담은 하나님과 연합되어 하나님 나라를 이룰 수 없는 것이다.

> 고전 15:50 "형제들아 내가 이것을 말하노니 혈과 육은 하나님 나라를 이어받을 수 없고 또한 썩는 것은 썩지 아니하는 것을 유업으로 받지 못하느니라."

바울은 이렇게 첫 창조를 입은 상태로 피조물 측에서 하나님과의 연합을 이룰 수 없음에 관하여 "피조물이 허무한 데 굴복하는 것은 자기 뜻이 아니요 오직 굴복하게 하시는 이로 말미암음이라"(롬 8:20)라고 담대하게 말한 것이고, 주께서도 이를 가리켜 "또 내가 그들에게 선하지 못한 율례와 능히 지키지 못할 규례를 주었고"(겔 20:25)라고 하신 것이다.

칼빈은 그의 저서에서 아담이 선악과를 먹지 않았다면 그가 하늘의 천사들처럼 되었을 것이고, 예수는 인간의 육으로 올 필요가 없었을 것이라 주장한다(기독교 강요 2. 12. 7). 이는 '율법의 연합'이라는 명령을 계속해서 행위적인 것으로 이해하여 이에서 벗어나지 못한 것이다. 선악과를 먹는 것을 떠나서 율법이 주어졌다는 것 자체로 아담은 율법 아래 있게 된 것이고, 이 율법이 그를 죽게 한 것이다. 바울은 이러한 율법의 직분을 가리켜 "돌에 써서 새긴 죽게 하는 율법 조문의 직분"(고후 3:7)이라 하였다.

율법을 가리켜 '죽게 하는 직분'이라 함은, 이러한 율법의 역할이 하나님의 계획 가운데 필요한 것이므로 직분이라 표현하여 우리를 죽이는 것의 당위성이 하나님께로부터 옴을 말하는 것이다.

바울은 이렇게 피조물이 허무한 데 굴복할 수밖에 없는 것과(롬 8:20), 그렇기 때문에 구원은 전적인 은혜임에 대하여 로마서에서 설파하는데, 이 은혜에 대해서 한마디로 축약하는 구절이 "만일 은혜로 된 것이면 행위로 말미암지 않음이니 그렇지 않으면 은혜가 은혜 되지 못하느니라"(롬 11:6)이다.

하나님이 피조물을 창조하신 목적은 그가 택하신 피조물에게 대가가 없는 온전한 은혜를 주시기 위함이므로, 바울은 이를 가리켜 "상속자가 되는 그것이 은혜에 속하기 위하여"(롬 4:16)라고 하였다. 만일 인간 측에서 선을 행할 능력이 있어서 이를 이루게 되면 은혜가 은혜로 되지 않고 마땅한 보수가 되는 것인즉 바울은 이를 가리켜 "일하는 자에게는 그 삯이 은혜로 여겨지지 아니하고 보수로 여겨지거니와"(롬 4:4)라고 한 것이다.

그런즉 은혜가 온전히 은혜 되기 위하여 죽이는 직분인 율법이 사용된 것이므로 바울은 이러한 하나님의 섭리를 가리켜 다음과 같이 담대하게 말하였다.

> 롬 11:32 "하나님이 모든 사람을 순종하지 아니하는 가운데 가두어 두심은 모든 사람에게 긍휼을 베풀려 하심이로다."
> 갈 3:22 "그러나 성경이 모든 것을 죄 아래에 가두었으니 이는 예수 그리스도를 믿음으로 말미암는 약속을 믿는 자들에게 주려 함이라."

아마 이 대목에서 알미니안주의의 신앙관을 가진 자는 이러한 언급을 가리켜 하나님을 죄의 조성자로 치부하는 오류를 범하고 있다고 생각할지 모른다. 이는 알미니안주의와 개혁주의 간의 논쟁에서도 있던 사항이다.

하나님을 죄의 조성자라 함은, 죄라는 것을 계속해서 행위적으로 생각하고 어떤 끔찍하면서 수치스러운 실체의 것으로 생각하기 때문에 이런 의문을 제기하는 것이다. 성경은 모형과 예표이며 영적인 것이 인간의 언어로 설명된 것이다. 그러므로 인간의 상식과 인과율로 성경을 읽게 되면 하나님의 섭리에 대해 영적인 의미로 해석되는 것이 아닌 인간의 인과율로 해석되는 것이다.

 죄는 앞서 설명한 것처럼 하나님의 안(연합)이 아닌 밖(분리)인 것이다. 오직 하나님만 선하신데 그 하나님과 분리됨을 뜻하는 것이다.
 오직 하나님만 선하심이라 함에서, 첫 창조 밖에 계신 이의 선이라 하는 속성은 우리의 상식으로 판단하길 무언가 좋고 착하고 복을 주시는 개념과는 차원이 다르다.
 모세의 시편에 나오는 "산이 생기기 전, 땅과 세계도 주께서 조성하시기 전 곧 영원부터 영원까지 주는 하나님이시니이다"(시 90:2)라는 내용처럼, 세계를 조성하기 전에 있었다 하심은 인간이 이 땅에 창조되어 언어와 각종 개념들, 사회, 각종 규칙을 만들기 훨씬 이전인 창세 전부터 계심을 말한다.
 창세 전은 첫 창조 세계 안의 시간과 인과율의 굴레를 초월한 곳이므로, 그곳에선 모든 것이 예정된 것과 같음을 예수의 선재성에서 말하였다.
 바울이 에베소서 1장 4절의 "곧 창세 전에 그리스도 안에서 우리를 택하사 우리로 사랑 안에서 그 앞에 거룩하고 흠이 없게 하시려고"라고 한 내용을 살펴본 바와 같이, 아담이 선악과를 먹기 전인 창세 전에 이미 구원자의 개념으로서의 그리스도가 있고 우리라는 집단이 있어서, 우리라는 집단이 그 안에서 택함을 받았다 함이 이러한 말이다.
 첫 창조의 밖에 계셔서 영원에서 영원에 이르며 언제나 한 분이시고 변치 않는 그분의 속성을 인간이 창조한 언어와 개념으로 표현할 수 없어 선이라 정한 것으로, 그 선이라 함은 첫 창조의 인간 간에 일어나는 그 어떠한 상호작용에 비할 수가 없다.

그런즉 그것을 인간의 상식선에서 구제와 봉사 혹은 율법의 조문적 지킴 등에 빗대어 설명할 수가 없는 것이다(롬 7:6).

하나님이 인간에게 죄를 행하도록 조성하였다 아니다를 논하는 것은 우리가 스스로의 힘으로 오직 하나님께 속한 선을 행할 능력이 있다는 생각에서 비롯된 것이다.

원죄에 관해 다루며 바울이 "무릇 흙에 속한 자들은 저 흙에 속한 자와 같고 무릇 하늘에 속한 자들은 저 하늘에 속한 이와 같으니"(고전 15:48)라고 한 내용을 다룬 바와 같이, 첫 사람 아담이 흙에 속하였다 하여 하늘에 속한 이와 대조가 되는 것은, 그가 성령을 받은 일이 없어 성령에 속하지 않았음(하나님 밖에 있음)을 가리킨다.

그러므로 죄라는 것을 어떤 행위적인 것으로 생각하고, 인간이 선을 행할 능력이 있다 생각하여 발생한 반론인 죄의 조성자라 함 자체가 틀린 것임은, 죄는 상태의 개념이기 때문이다.

하나님이 첫 창조를 하심으로 하나님의 밖(분리)이라는 개념이 생긴 것을 가리켜 하나님을 죄의 조성자라 하는 것인가 의문을 품는다면, 하나님은 첫 창조 자체를 하셔서도 안 되는 것이다.

성경이 말하는 바는 사람들이 이 땅에서 선을 행하면 구원받고 그렇지 않으면 스올에 멸하여지는 것이 아닌, 이미 모든 이가 날 때부터 하나님 밖에 있어 스올에 있는 것인데, 그곳에서 긍휼을 입은 자들이 예수를 통하여 끌어올려지는 것이다. 이는 다음 잠언의 말씀과 같다.

잠 15:24 "지혜로운 자는 위로 향한 생명 길로 말미암음으로 그 아래에 있는 스올을 떠나게 되느니라."

이런 연유로 구원이 오직 하나님께만 속하여서 에서와 야곱에 관한 택하심이 그들이 나기 전부터 정해진 것에 대해 바울이 "그 자식들이 아직 나지도 아니하고 무슨 선이나 악을 행하지 아니한 때에 택하심을 따라 되는 하나님의 뜻이 행위로 말미암지 않고 오직 부르시는 이로 말미암아 서게 하려 하사"(롬 9:11)라고 하였고, 또한 다음과 같이 토기장이의 비유를 한 것이다.

롬 9:19 "혹 네가 내게 말하기를 그러면 하나님이 어찌하여 허물하시느냐 누가 그 뜻을 대적하느냐 하리니."
롬 9:20 "이 사람아 네가 누구이기에 감히 하나님께 반문하느냐 지음을 받은 물건이 지은 자에게 어찌 나를 이같이 만들었느냐 말하겠느냐."

이렇게 구원이란 완전히 하나님의 전속 관할이므로 요나가 "구원은 여호와께 속하였나이다"(욘 2:9) 함의 진정한 의미는, 구원은 오직 그의 택하심에(롬 9:11) 따른 것이지 스올 가운데 있는 인간이 인간 측에서의 구원의 조건을 달성하여 성취하는 것이 아니다. 바울은 이를 가리켜 "그런즉 원하는 자로 말미암음도 아니요 달음박질하는 자로 말미암음도 아니요 오직 긍휼히 여기시는 하나님으로 말미암음이니라"(롬 9:16)라고 하였다.

우리는 흔히 "지성(至誠)이면 감천(感天)이다"라는 말을 한다. 우리의 지극한 정성이면 하늘도 감동한다는 의미의 말에 익숙하여 하나님으로부터 원하는 것을 얻기 위해서는 우리도 하나님께 일정 한도의 성의는 보여주어야 한다고 생각하기 쉽다. 그러나 성경이 말하는 구원이란 것이 원하는 자로 말미암음도 아니요 달음박질하는 자로 말미암음도 아니란 것은 신인협력설을 극구 부정하는 말이므로, 이러한 우리의 인본주의적 상식을 성경에 적용해서는 안 되는 것이다.

과거부터 있어 왔던 인간의 자유의지에 대한 논쟁은 궁극적으로 아담이 선악과를 먹은 것을 해석하기 위함이다. 또한 자유의지 논쟁이 궁극적으로 던지는 질문은 이것이다. 참으로 모든 만물은 선하신 하나님이 지으신 것일진대, 그렇다면 세상에 존재하는 죄(악)는 도대체 왜, 혹은 어디서 생겨난 것인가?

과거 마니교를 비롯하여 세상을 선(하나님)과 악(마귀)의 대립구도로 해석하던 이단들은 모두 악의 출처를 이해하기 위한 시도였다. 선하신 하나님이 창조하신 모든 피조물은 하나님과 마찬가지로 선해야 할 것인데, 세상에 악이 존재함에 대해 이해할 수가 없었던 것이다. 하나님이 만물을 창조하셨다면 세상에 존재하는 악 또한 하나님이 창조하신 산물이라는 것인데, 하나님이 그러시 않았다는 것을 옹호하기 위해 세상을 하나님과 마귀의 대립구도로 해석하였던 것이다.

인간의 자유의지 논쟁 또한 이를 설명하기 위함이었다. 하나님이 악을 유도한 것이 아님을 옹호하기 위해 인간에게 선과 악을 행할 수 있는 자유의지가 주어졌다고 주장하는 측과, 이 모든 것이 예정된 것으로 그런 유의 자유의지는 성경에 쓰여 있지 않다고 하는 측이 있다.

대체적인 통념은 전자의 입장으로, 이들은 인간이 주어진 자유의지를 악하게 활용하여 타락하였다고 생각한다. 이 타락에 관해서도 알미니안주의의 부분적 타락인지, 개혁주의의 전적인 타락인지에 관한 입장이 나뉘게 된다.

이 모든 논쟁은 선과 악을 어떻게 해석하느냐에 따라 입장이 천차만별이 되는데, 만일 자유의지라는 것이 선과 악을 택할 수 있는 의지를 가리킨다면, 앞서 설명한 바와 같이 성경은 그러한 자유의지의 존재를 부정하고 있다.

아담이 선악과 언약을 받을 때 이러한 율법과 구속의 경륜에 대한 것은 이때에는 비밀로 감추어졌기에(엡 3:9), 아담이 스스로 하나님의 영광에 이를 수 없음을(롬 3:23) 확증시키는 일환으로 그들이 실제로 율법을 어기는 행위가 연출된 것인즉, 죄가 죄로 드러나기 위해(롬 7:13) 이러한 범법 행위가 실제로 이루어질 필요가 있는 것이다.

율법은 이 범법행위를 위해 주어진 것으로, 바울은 이러한 율법의 역할을 가리켜 다음과 같이 말하였다.

> 갈 3:19 "그런즉 율법은 무엇이냐 범법하므로 더하여진 것이라 천사들을 통하여 한 중보자의 손으로 베푸신 것인데 약속하신 자손이 오시기까지 있을 것이라."

남녀가 합하여 한 몸을 이룸이 복음을 예표한다고 하였듯이, 성경은 처음부터 구약이 아닌 신약이었음에 관해 말하였다. 이는 '그렇다면 율법은 왜 등장한 것인가?' 하는 의문에 관해 바울이 풀어주는 내용이다.

이 구절에서 원어상 '범법하므로'에서 '하므로'라는 단어는 없고, '범법 때문에' 혹은 '범법을 이유로'라는 의미가 강하다. NASB와 KJV는 이 부분을 "because of transgressions"라고 번역하여 이와 같은 의미를 드러내었다.

위 구절에서 다음과 같이 이어지는 문맥상 '범법 때문에'는 '범법을 위하여'의 의미로 보는 것이 적절하다.

> 갈 3:21 "그러면 율법이 하나님의 약속들과 반대되는 것이냐 결코 그럴 수 없느니라 만일 능히 살게 하는 율법을 주셨더라면 의가 반드시 율법으로 말미암았으리라."
> 갈 3:22 "그러나 성경이 모든 것을 죄 아래에 가두었으니 이는 예수 그리스도를 믿음으로 말미암는 약속을 믿는 자들에게 주려 함이라."

문맥상 바울은 하나님이 능히 살게 하는 율법을 주신 것이 아닌, 모든 것을 죄 아래에 가두는 율법을 주셨다고 말한다. 만약 능히 살게 하는 율법을 주셨더라면, 율법으로 의가 말미암게 되므로 하나님의 약속들(복음)과 반대되기 때문이다.

그런즉 죄가 죄로 드러나게 하기 위하여(롬 7:13), 율법은 '범법을 위해' 주어진 것이다.

또한 바울은 "율법은 진노를 이루게 하나니 율법이 없는 곳에는 범법도 없느니라"(롬 4:15)라고 하였다. 율법이 없는 곳에 범법도 없다 함은, 여기서 율법은 하나님과의 언약에 가까운 의미라고 생각해 보면 언약이 없다면 언약을 깨는 행위도 없다는 말이 된다. 언약을 깨는 행위가 없다면 예수의 선재성에서 살펴본 바와 같이, 창세 전부터 예정된 구원자로서의 예수가 구원해야 할 대상이 없게 되므로, 창세 전부터 예정된 첫 창조의 멸함과 하나님 나라의 완성도 없게 된다.

하나님은 이를 이루실 당위성을 위해 아담과 깨질 것이 전제된 언약을 하신 것이다.

2) 첫 창조의 폐함

그렇다면 아담이 언약을 어길 시, 곧 선악과를 먹을 시 "네가 반드시 죽으리라" 하신 말씀은 무엇을 의미하는가? 흔히 이를 가리켜 아담에게 주어진 성령의 소멸이라 생각한다. 그러나 앞서 아담에게는 성령이 주어진 적이 없음을 살펴보았다.

그렇다면 하나님이 "네가 반드시 죽으리라" 하신 말씀은 육의 죽음을 의미하며, 이뿐 아니라 이 말씀은 첫 창조의 온전한 폐함을 함의하고 있다. 즉 노아의 홍수 때와 같이 첫 창조의 폐함과 함께 죽는다는 의미이다.

육의 죽음에 관해서는 베드로가 "육체로는 사람으로 심판을 받으나"(벧전 4:6)라고 한 것과, 히브리서 기자가 "한번 죽는 것은 사람에게 정해진 것이요"(히 9:27)라고 한 것이 이를 가리킨다.

첫 창조는 반드시 폐할 것을 전제로 창조된 것이라 하였다(사 46:10). 그 목적은 육으로는 범법하여 연합을 이룰 수 없음을 깨닫게 하고(갈 3:19), 첫 창조의 폐함과 함께 육으로는 죽으나 영으로는 생명을 얻게 하기 위한 하나님의 계획이다(벧전 4:6).

이를 이루기 위해 하나님이 아담과 언약을 한 것인데, 아담이 선악과를 먹을 시 "네가 반드시 죽으리라" 하신 것은 마지막 아담(고전 15:45)인 예수의 죽음을 이루기 위해 하신 말씀이다.

예수가 온전한 하나님이지만 온전한 인간이므로 아담의 후손으로서 아담과 같이 범죄한 것과 같게 되고, 이로 인해 예수 또한 죽게 된 것으로 이로써 로고스의 죽음 곧 첫 창조의 온전한 폐함을 이룬 것이다.

성경이 예수의 죽음과 첫 창조의 폐함을 동일하게 묘사한 것에 대해서는 율법에 관해 다룰 때 약간 살펴보았으며, '로고스의 죽음과 종말'에서 다룰 것이다.

여기서는 예수 또한 아담과 같은 범죄를 저지른 것으로 인쳐짐으로 인해 "네가 반드시 죽으리라" 하신 말씀에는 예수도 포함되어 이 말씀이 첫 창조의 폐함을 함의하고 있음을 살펴볼 것이다.

예수 또한 아담과 같이 범죄한 것과 같이 되었다 한 말이 혹자에게는 납득하기 어렵고 불경스럽게 느껴질 것임을 필자도 충분히 인지한다.

그러나 이 말이 그리 생소한 것이 아님은 흔히 그가 우리의 죄를 짊어졌다는 말과 다를 바 없는 것으로, 예수께서 "내가 너희에게 말하노니 기록된바 그는 불법자의 동류로 여김을 받았다 한 말이 내게 이루어져야 하리니 내게 관한 일이 이루어져 감이니라"(눅 22:37) 하신 말씀이 이를 가리킨다.

이런 연유로 그가 율법의 저주를 받았으니 바울이 이를 가리켜 "그리스도께서 우리를 위하여 저주를 받은 바 되사 율법의 저주에서 우리를 속량하셨으니 기록된바 나무에 달린 자마다 저주 아래에 있는 자라 하였음이라"(갈 3:13)라고 한 것이다.

이제 예수가 아담과 같이 범죄한 것처럼 되었다는 것을 성경의 사상을 통해 살펴보자.

히브리서 기자는 아브라함이 멜기세덱에게 노략물의 십분의 일을 줄 때 레위도 같이 주었다고 한다. 그 이유는 레위 또한 아브라함의 허리에 있었기 때문이라고 한다.

> 히 7:9 "또한 십분의 일을 받는 레위도 아브라함으로 말미암아 십분의 일을 바쳤다고 할 수 있나니."
> 히 7:10 "이는 멜기세덱이 아브라함을 만날 때에 레위는 이미 자기 조상의 허리에 있었음이라."

여기서 '조상'이라고 번역된 단어는 원어로 '아버지'를 의미하는데, NASB와 KJV는 이를 'father'라 번역하였으며, 이는 대부분의 구절에서 아버지의 의미로 쓰였다.

레위가 사라의 허리에 있다 하지 않고 아브라함의 허리에 있다고 한 것을 보면, 혼의 근원은 남자 쪽에서 오는 것으로 보여진다.

필자가 무언가를 주장할 때는, 그 내용이 다수 구절에서 언급됨과 동시에 성경 전체적인 사상과 합치됨을 제시한다. 그러나 혼의 근원이 남녀 중 어느 쪽에서 오는가에 대한 것은 심증은 있으나 소수의 구절에서 추론되는 것이므로 '그렇게 보여진다'는 식으로 표현하였다.

만약 그렇다면 정자와 난자가 각각 절반의 염색체를 갖고 있는 것과는 별개의 현상인 듯하다.

그때 레위와 아브라함이 한 몸 된 시점인데, 이러한 한 몸 됨에 관하여는 인간이 하나님의 형상으로 지음 받은 것을 설명할 때 서술하였다.

예수께서도 이와 동일한 맥락으로 "그러면 너희가 선지자를 죽인 자의 자손임을 스스로 증명함이로다"(마 23:31)라고 하셨다. 우리 상식으로는 바리새인들과 그들의 조상은 다른 사람이나, 바리새인을 가리켜 '선지자를 죽인 자의 자손'이라 하심은, 그들의 조상이 선지자를 죽일 때 바리새인도 조상의 허리 안에 있어 그들도 선지자를 죽인 자와 같음을 말씀하심이다.

그런즉 예수께서 자신을 인자(사람의 아들)라 칭하심은 그가 곧 우리의 열매임을 말씀하시기도 하거니와, 그 또한 선악과를 먹은 인간과 같음을 말씀하신 것이다.

'예수의 선재성'에서 살펴보았듯이 구원자의 개념으로서의 예수는 아담의 선악과 범죄 이전에도 존재하였고, 성육신하여 오실 것이 그 이전에 예정된 것임을 살펴보았다(히 10:5).

그러므로 그는 아담의 창조 시부터 여자의 후손으로(창 3:15) 올 것으로 예정되었는데, 마리아가 아담의 허리에서 선악과를 먹은 것과 같이 그 또한 마리아의 후손이 됨으로 선악과를 먹은 것과 같게 된 것이다.

이처럼 예수가 범죄자로 인쳐짐으로 그 또한 죽게 된 것이다. 예수 곧 로고스의 죽음이 첫 창조의 온전한 폐함이므로 아담의 범죄 때문에 죄가 세상에 들어왔고(롬 5:12), 땅이 아담으로 말미암아 저주를 받았다(창 3:17) 함은, 인간의 후손으로 올 것이 예정된 로고스가 죄로 인쳐졌으며, 이로 인해 첫 창조가 폐해졌음과 같음을 가리키는 말이다.

여기서 들 수 있는 의문은, '예수가 세상에 나오기까지 그의 족보에 있는 이들은 모두 예수와 한 몸을 이루어서 구원받은 것과 같다고 할 수 있는 것인가?'이다.

히브리서 기자의 서술에 비추어 혼의 근원이 남자 쪽에서 온다고 가정하면 이는 그렇지 않다.

예수는 마리아가 남자를 알지 않은 채 잉태된 것이기에, 예수가 윗대 부친들의 허리에는 있지 않았으므로 그들이 예수와 한 몸이었다고 할 수 없는 것이다.

또한 혼의 근원이 남자 쪽에서 온다면 마리아가 예수의 말씀을 듣고 구원받음과는 별개로 그가 예수와 처음부터 한 몸을 이루었다고 할 수도 없다.

그가 아담과 같은 범죄를 저지른 자로 인쳐진 것은 마리아를 통해 잉태됨으로 사람의 후손이 됨으로 인한 것인즉, 로마서 8장 3절에서의 '죄 있는 육신의 모양'이라는 표현과 '육신에 죄를 정하였다'는 표현은 참으로 걸맞은 것이다.

바울은 이러한 그의 인성(人性)을 가리켜 로마서 1장 3절에 "그의 아들에 관하여 말하면 육신으로는 다윗의 혈통에서 나셨고"라고 하였고, 또한 인간의 죄성을 강조하여 로마서 8장 3절에 "율법이 육신으로 말미암아 연약하여 할 수 없는 그것을 하나님은 하시나니 곧 죄로 말미암아 자기 아들을 죄 있는 육신의 모양으로 보내어 육신에 죄를 정하사"라고 하였다.

히브리서 기자는 이를 가리켜 다음과 같이 말하였다.

> 히 2:10 "그러므로 만물이 그를 위하고 또한 그로 말미암은 이가 많은 아들들을 이끌어 영광에 들어가게 하시는 일에 그들의 구원의 창시자를 고난을 통하여 온전하게 하심이 합당하도다."
> 히 5:8 "그가 아들이시면서도 받으신 고난으로 순종함을 배워서."
> 히 5:9 "온전하게 되셨은즉 자기에게 순종하는 모든 자에게 영원한 구원의 근원이 되시고."

그가 받으신 고난이란 바울이 말한 죄 있는 육신의 모양으로 오심과 죽으심을 말하는데, 이를 통해 온전하게 되셨다 함은, 마치 그가 고난 이전에는 온전치 않았다 하는 것과 같다.

온전치 않았다 하는 것이 가리키는 바는 그가 본래 하나님과 한 본체이시므로 그 본질이 창세 전부터 온전하나 사람의 후손으로 오심으로 죄 있는 육신의 모양을 입으심을 말하는 것이다.

온전하게 하심이란, 그가 입은 육신이 첫 창조의 멸함과 함께 멸하여짐으로 그의 본질인 하나님과 한 본체 됨이 드러난 것을 가리키는 말이다.

또한 예수께서 요한의 세례를 받으신 것이 인간과 똑같은 죄를 입은 것을 표상한다. 세례는 첫 창조의 멸함과 함께 죽고 영으로는 생명을 얻는 거듭남을 모형으로 하는데, 노아의 홍수가 이를 표상한다.

이에 관한 자세한 내용은 '세례라는 모형'에 대해 다룰 때 설명할 것이다.

그런즉 하나님이 아담에게 "네가 반드시 죽으리라" 하신 말씀은 인간의 후손으로 오실 예수의 죽음 또한 함의하는 것이므로 첫 창조의 폐함을 함의하고 있다.

또한 이를 확증하는 것이 아담이 선악과를 먹은 날 죄가 세상에 들어온 것과(롬 5:12) "땅이 너로 인해 저주를 받았다"(창 3:17) 하심이다. 이는 로고스가 죄로 인쳐진 것이라 하였다. 다음의 구절들 또한 이를 가리킨다.

> 사 24:1 "보라 여호와께서 땅을 공허하게 하시며 황폐하게 하시며 지면을 뒤집어엎으시고 그 주민을 흩으시니."
> 사 24:2 "백성과 제사장이 같을 것이며 종과 상전이 같을 것이며 여종과 여주인이 같을 것이며 사는 자와 파는 자가 같을 것이며 빌려 주는 자와 빌리는 자가 같을 것이며 이자를 받는 자와 이자를 내는 자가 같을 것이라."
> 사 24:5 "땅이 또한 그 주민 아래서 더럽게 되었으니 이는 그들이 율법을 범하며 율례를 어기며 영원한 언약을 깨뜨렸음이라."

이사야서 24장 5절에 율법을 범하는 것과 땅이 더럽게 됨은 어떤 관련이 있는가? 로고스가 죄로 인쳐짐인즉 첫 창조의 멸함을 가리킨다. 이는 이사야서 24장 2절에서 더욱 확증되는데, 이 구절은 복음을 예표하기 때문이다. 이사야서 24장 1절과 5절은 이를 이루기 위한 첫 창조를 폐함, 곧 예수의 죽음에 관한 예언이다. 이사야서 24장 2절이 복음을 예표함은 '로고스의 죽음과 종말'에서 다룰 것이다. 그리고 첫 창조는 땅이 저주를 받은 그때(창 3:17) 이미 폐하여진 것과 같다.

하나님이 아담에게 "네가 먹는 날에는 반드시 죽으리라" 하셨으므로 아담이 죽은 시점은 선악과를 먹은 그때여야 한다. 혹자는 아담이 그 이후로 930세까지 산 것을 가리켜 그때 죽은 것이 영의 죽음이라 하나, 아담은 흙에서 난 자이므로 당초 성령을 받은 일이 없음은 앞서 설명하였다.

그렇다면 아담은 그때 이미 죽은 것과 다를 바 없다는 말이다. 그가 이미 죽은 것과 같다 함은, 그 안의 모든 이가 그때 이미 죽은 것이며, 이는 인간의 후손으로 오실 예수께서도(롬 1:3) 이미 죽은 것과 같다는 것이 된다. 그리고 예수께서 이미 죽은 것과 같다 함은 그때 첫 창조가 이미 온전히 폐하여진 것과 같다는 것이다(뜻이 하늘에서 이루어진 것같이, 마 6:10).

즉 그때 첫 창조가 멸하여짐으로 아담과 그 안의 모든 이는 이미 죽은 자와 같은 것이 되었다.

예수께서 실제로 십자가에 죽으심은 이 종말을 보이신 것으로, 이 종말은 역사 속에서 반드시 실현될 것이다(땅에서도 이루어지이다, 마 6:10).

계시록에서 사도 요한이 첫 창조의 멸함을 표상하는 일곱 인, 일곱 나팔, 일곱 대접의 환상을 연이어 본 것은 첫 창조의 멸함이 역사 속에서 반드시 이루어질 것이 예정된 것을 의미한다.

종말과 666

하나님이 바로 왕에게 꿈으로 대흉년이 올 것을 연이어 두 번 보여준 것을 요셉이 해석하길 하나님이 정하신 것이라 하였다(창 41:32). 그렇다면 일곱 인의 여섯 재앙(6)과 일곱 나팔의 여섯 재앙(6)과 일곱 대접의 여섯 재앙(6)을 세 번 연이어 보여 주심은 첫 창조가 온전히 폐하여질 것이 굉장히 엄숙하고 단단히 예정되었음을 나타내는 것이다.

그래서 온전히 멸하여질 것의 정체성을 가리켜 666이라 한 것으로, 이것은 베리칩을 가리킴도 아니요, 바코드를 가리킴도 아니요, 특정 인물의 이름을 파자하여 그 획수를 세어 666과 일치되는 자를 가리킴도 아닌 것은, 이들도 다 첫 창조에 속한 일부분에 불과하기 때문이다.

이들도 첫 창조와 같이 멸하여질 것들인즉 666이란 첫 창조와 함께 온전히 폐하여질 것을 상징한다. 성경이 이러한 것을 말할진대 육으로 죽지 않고 영생한다고 주장하는 자가 있으니 참으로 양심에 화인 맞은 자이다(딤전 4:2).

그 멸함이 역사 속에서 실현될 날에 관하여는 "인자의 날"(눅 17:22)이라 하였고, 신약의 서신서에는 "주의 날"(벧후 3:10) 등으로 일컬었다. 그날이 역사 속에서 언제 이루어지는가에 대해 베드로는 "사랑하는 자들아 주께는 하루가 천 년 같고 천 년이 하루 같다는 이 한 가지를 잊지 말라"(벧후 3:8) 하였으니, 시간 밖에 있는 하나님께는 아담이 선악과를 먹는 시점이 곧 첫 창조의 온전한 폐함과 같고, 예수의 십자가 죽음의 때도 종말과 같은 것이다.

정리하면, 아담은 선악과를 먹을 때 이미 죽은 것과 다를 바 없고, 인간의 후손으로 오실 것이 예정된 예수께서도(히 10:5) 그때 이미 죽은 것과 같으므로, 그때 이미 첫 창조가 폐해진 것과 같다. 아담과 모든 사람은 이 종말과 함께 죽은 것이다.

3) 벌거벗음이란?

이제 선악과를 먹은 후의 변화에 대해 살펴보자.

> 창 3:7 "이에 그들의 눈이 밝아져 자기들이 벗은 줄을 알고 무화과나무 잎을 엮어 치마로 삼았더라."

무화과나무 잎으로 만든 치마는 NASB에서 "loin coverings"이라 번역되었는데, loin은 허리, 엉덩이, 음부를 가리키는 말로 그들의 생식기를 가렸다는 말이다.

그들이 벗은 것을 알고 생식기를 가린 것은 우리가 아는 부끄러움으로 인한 것이 아니다. 우리는 어려서부터 사회의 구성원으로 교육받아 그 사회의 통용되는 문화를 체득하여 벗은 것이 부끄러운 것임을 아는 것이다. 그러므로 우리가 노출을 부끄러워함은 교육된 것이고, 그 부끄러움이 유발되는 상황은 사람 앞에 노출되어 부끄럽다고 하는 것이다.

이와 달리 아담과 하와는 다음과 같이 하나님 앞에 벗은 것으로 드러남을 두려워하였다.

> 창 3:10 "이르되 내가 동산에서 하나님의 소리를 듣고 내가 벗었으므

로 두려워하여 숨었나이다."

자신들이 벗은 채로 드러난 것은 사람 앞이 아니요 하나님 앞이므로, 이는 그들의 눈이 밝아져 하나님과 연합되지 못한 것을 발견한 것이다.

이 벌거벗었다는 것이 하나님과 연합되지 못한 상태를 표상하므로 바울이 이를 가리켜 "이렇게 입음은 우리가 벗은 자들로 발견되지 않으려 함이라"(고후 5:3) 한 것이며, 그리스도와 연합되는 것을 가리켜 옷 입는 것에 비유하여 "누구든지 그리스도와 합하기 위하여 세례를 받은 자는 그리스도로 옷 입었느니라"(갈 3:27)라고 하였다.

결국 벌거벗었다는 것은 육체를 지녔다 함이며, 이는 혼의 사람(고전 15:46)을 가리키므로 원죄에 관하여 설명함과 같이 아담은 하나님께로부터 난 것이 아닌―하나님께로부터 난 이는 일차적으로 오직 예수이다―흙에서 난 자이므로(고전 15:47) 성령이 그 안에 없음을 가리킨다(고전 2:14).

이 상태에서 하나님과 연합하라는 율법이 내려지기 전까지는 죄가 무엇인지 연합이 무엇인지 알지 못하므로, 창세기 2장 25절에 "아담과 그의 아내 두 사람이 벌거벗었으나 부끄러워하지 아니하니라"라는 서술이 있는 것이다.

이렇게 벌거벗음, 혹은 육을 입은 존재 자체가 분리됨의 표상이다. 바울은 우리가 육으로 존재함에 대해 다음과 같이 말하였다.

> 고후 5:6 "그러므로 우리가 항상 담대하여 몸으로 있을 때에는 주와 따로 있는 줄을 아노니."
> 고후 5:8 "우리가 담대하여 원하는 바는 차라리 몸을 떠나 주와 함께

있는 그것이라."

빌 1:23 "내가 그 둘 사이에 끼었으니 차라리 세상을 떠나서 그리스도와 함께 있는 것이 훨씬 더 좋은 일이라 그렇게 하고 싶으나."

어째서 그가 주와 따로 있는 줄을 안다 하며, 몸을 떠나 주와 함께 있음을 원하는가? 이는 다름 아닌 육으로 존재함 자체가 분리됨의 표상이기 때문이다. 그렇다면 성령을 받은 성도들은 더 이상 육에 속한 자가 아닐진대, 과연 이에 관하여 바울이 다음과 같이 말한다.

롬 8:9 "만일 너희 속에 하나님의 영이 거하시면 너희가 육신에 있지 아니하고 영에 있나니 누구든지 그리스도의 영이 없으면 그리스도의 사람이 아니라."

골 2:11 "또 그 안에서 너희가 손으로 하지 아니한 할례를 받았으니 곧 육의 몸을 벗는 것이요 그리스도의 할례니라."

성령을 받았으면 우리가 육신에 있지 않고 영에 있다 하고, 또한 육의 몸을 벗는 그리스도의 할례를 받았다고 한다. 우리가 영에 있으며 육을 벗었다 할진대, 지금의 육체로 존재함은 무엇인가? 바울도 이에 번민하며 몸을 떠나 그리스도께 가고 싶다고 하는 것이 아닌가? 우리에게는 이 모든 것이 이루어져 가는 과정에 있으나, 하나님께는 이미 이루어진 것과 같음은 '세례라는 모형'에서 다룰 것이다.

육을 입은 자체로 분리됨의 표상임을 더욱 확증하는 구절은 다니엘 9장 26절인데, 이에 관한 것은 '개혁주의 성화에 대한 소회'에서 다룰 것이다.

4) 오실 자의 모형 아담

바울은 아담을 '오실 자의 모형'이라 하였다(롬 5:14).
아담이 선악과를 먹기 전부터 오실 자를 모형으로 함이 예수의 선재성의 근거가 되므로 이를 또한 살펴보고자 한다.
흔히 이를 가리켜 아담 한 사람으로 말미암아 모든 이가 죄 가운데 거한 것처럼, 예수 한 사람으로 말미암아 많은 이가 의인이 된 것과 같은 '대표성의 원리'를 가리킨다고 해석한다.
이는 아담이 예수를 모형으로 함에 따라 생긴 현상이지 이 현상 자체가 아담이 예수를 모형으로 하는 것을 의미하지 않는다.

아담이 예수를 모형으로 함은 첫 번째로, 하나님의 형상(창 1:27)을 모형으로 하고 있음이다.
'하나님의 형상'을 다룰 때 설명하였는데, 남자가 하나님의 형상과 영광이라 함은 그 안에 많은 씨가 있는 것이 마치 그리스도 안에 하나님의 아들들이 있어 이들과 연합되어 하나를 이룬 형상을 모형하기 때문이라 하였다.
하나님의 아들들이 예수와 한 몸이듯, 아담에게서 태어난 모든 인간은 아담과 한 몸인 것을 성경이 말하는 바이다.
그런즉 창세기 2장 7절의 "여호와 하나님이 땅의 흙으로 사람을 지으시고 생기를 그 코에 불어넣으시니 사람이 생령이 되니라"에서 사람이란 일차적으로 아담을 가리키며 또한 그에게서 태어날 모든 인류가 한 몸으로 연합되어 존재하는 것을 가리킨다. 사람이 하나님의 형상을 따라 창조되었다고 하는 것이 이를 가리킴이다.
히브리서 기자도 이러한 연유로 다음과 같이 서술한 것을 앞서 살펴보았다.

히 7:9 "또한 십분의 일을 받는 레위도 아브라함으로 말미암아 십분의 일을 바쳤다고 할 수 있나니."

히 7:10 "이는 멜기세덱이 아브라함을 만날 때에 레위는 이미 자기 조상의 허리에 있었음이라."

예수께서도 이와 동일한 취지로 말씀하셨음을 같이 살펴보았다.

마 23:31 "그러면 너희가 선지자를 죽인 자의 자손임을 스스로 증명함이로다."

흔히 바울이 "한 사람이 순종하지 아니함으로 많은 사람이 죄인 된 것같이"(롬 5:19)라고 한 것을 가리켜 원죄가 유전된다고 말한다. 이와 같은 맥락에서 하나님은 "조상의 죄로 말미암아 그 조상같이 쇠잔하리라"(레 26:39)라고 하셨고, 예레미야애가에는 "우리의 조상들은 범죄하고 없어졌으며 우리는 그들의 죄악을 담당하였나이다"(애 5:7)와 같은 내용들이 있어서 이는 마치 무죄한 자가 벌을 받는 연좌제를 상기시킨다.

실제로 이스라엘 백성은 이러한 처우에 불만을 품고 "너희가 이스라엘 땅에 관한 속담에 이르기를 아버지가 신 포도를 먹었으므로 그의 아들의 이가 시다고 함은 어찌 됨이냐"(겔 18:2) 하는 말씀 속의 속담을 사용하였다.

이는 바울이 말한 바 "인류의 모든 족속을 한 혈통으로 만드사"(행 17:26)와 같이 모든 인류가 아담의 범죄하여 죽은 네페쉬(피, 레 17:11)를 이어받은 자임을 가리키는 내용이다.

두 번째로, 하나님이 인간으로 하여금 각종 피조물을 다스리게 하심이 예수를 모형으로 한다.

> 창 1:26 "하나님이 이르시되 우리의 형상을 따라 우리의 모양대로 우리가 사람(아담)을 만들고 그들로 바다의 물고기와 하늘의 새와 가축과 온 땅과 땅에 기는 모든 것을 다스리게 하자 하시고."

예수 또한 이와 같은 취지로 만유의 상속자라 하였고, 하나님이 만물을 그에게 복종케 하셨다고 한다.

> 히 1:2 "이 모든 날 마지막에는 아들을 통하여 우리에게 말씀하셨으니 이 아들을 만유의 상속자로 세우시고 또 그로 말미암아 모든 세계를 지으셨느니라."
>
> 엡 1:22 "또 만물을 그의 발 아래에 복종하게 하시고 그를 만물 위에 교회의 머리로 삼으셨느니라."

세 번째로, 하나님이 아담에게 생육하고 번성하여 땅에 충만하라 하였는데,

> 창 1:28 "하나님이 그들에게 복을 주시며 하나님이 그들에게 이르시되 생육하고 번성하여 땅에 충만하라, 땅을 정복하라, 바다의 물고기와 하늘의 새와 땅에 움직이는 모든 생물을 다스리라 하시니라."

예수 또한 이와 대응되는 말씀으로 제자들에게 땅끝까지 '내 증인이 되리라' 하셨다.

> 행 1:8 "오직 성령이 너희에게 임하시면 너희가 권능을 받고 예루살렘과

온 유대와 사마리아와 땅끝까지 이르러 내 증인이 되리라 하시니라."
눅 24:47 "또 그의 이름으로 죄 사함을 받게 하는 회개가 예루살렘에서 시작하여 모든 족속에게 전파될 것이 기록되었으니."

이것이 곧 "생육하여 땅에 충만하라"는 의미이므로 신약에서 거듭남을 가리켜 열매 맺음과(고전 16:15) 해산에 비유함이 이런 이유이다(갈 4:19). 창세기 1장 28절에 관한 것은 '생육하고 번성하는 피조물에 관하여'에서 더 다룰 것이다.

네 번째로, 아담은 에덴동산의 밭을 경작하는 사람인데,

창 2:15 "여호와 하나님이 그 사람을 이끌어 에덴 동산에 두어 그것을 경작하며 지키게 하시고."

예수 또한 밭에 씨를 뿌림으로 밭을 경작하는 자로 비유되었다.

마 13:36 "이에 예수께서 무리를 떠나사 집에 들어가시니 제자들이 나아와 이르되 밭의 가라지의 비유를 우리에게 설명하여 주소서."
마 13:37 "대답하여 이르시되 좋은 씨를 뿌리는 이는 인자요."
마 13:38 "밭은 세상이요 좋은 씨는 천국의 아들들이요 가라지는 악한 자의 아들들이요."

밭을 경작한다는 것은 하나님 나라를 세우는 것을 모형으로 하므로, 이는 앞서 말한 생육하고 번성하라는 말과 같은 의미이다. 밭을 경작함에 관하여는 '천국 비유 풀이'에서 겨자씨 비유를 참고하면 될 것이다.

다섯 번째로, 가장 어려운 부분인데, 하나님이 아담에게 "각종 나무의 열매는 임의로 먹되"(창 2:16)라고 하신 말씀이 인간의 후손으로 오신 예수께도 적용되어 그의 구원을 표상하기 때문이다. 이는 '언약 속의 예수'에서 상세히 설명할 것이다.

여섯 번째로, 바울이 "기록된바 첫 사람 아담은 생령이 되었다 함과 같이 마지막 아담은 살려 주는 영이 되었나니"(고전 15:45)라고 한 내용을 살펴보면, '생령'과 '살리는 영'이 대조를 이루면서도 바울이 단순히 혼(soul)이라 하지 않고 생령(living soul)이라 하고, 영이라 하지 않고 살리는 영이라 한 것은 '생령'이 '살리는 영'을 표상하기 때문이다.

혼의 근원은 남자 쪽에서 오는 것으로 보여진다 하였는데, 이는 마치 아담 한 사람이 모든 사람에게 혼을 나눠준 역할을 한 것과 같다. 이는 예수가 모든 성도에게 성령을 나눠준 것을 표상하는 것이다.

일곱 번째로, 남자가 그의 아내와 합하여 한 몸을 이룬다 하였는데,

> 창 2:24 "이러므로 남자가 부모를 떠나 그의 아내와 합하여 둘이 한 몸을 이룰지로다."

예수 또한 우리 믿는 자와 합하여 한 몸을 이루었다(롬 12:5).
이런 맥락에서 바울이 남자와 여자가 한 몸 됨을 교회와 그리스도의 관계로 풀고 있음을 앞서 언급하였다.

> 엡 5:31 "그러므로 사람이 부모를 떠나 그의 아내와 합하여 그 둘이 한 육체가 될지니."
> 엡 5:32 "이 비밀이 크도다 나는 그리스도와 교회에 대하여 말하노라."

즉 창세기 2장 24절에서 성도들은 복음의 씨앗을 받아 생명(열매/해산)을 얻는 여자에 비유된 것이고 남자, 곧 아담은 예수를 모형으로 한다.

이상으로 아담이 예수를 모형으로 하는 점을 살펴보았다. 바울이 서신서에서 남자와 여자의 관계에 대해 말하는 내용은 이와 같은 맥락에서 그리스도와 교회의 관계를 지칭하는 비유적인 표현이다. 이런 관점에서 고린도전서 11장 8-10절을 살펴보자.

> 고전 11:8 "남자가 여자에게서 난 것이 아니요 여자가 남자에게서 났으며."

남자는 씨를 가진 자라고 하였듯이 일차적으로 예수를 가리킴이요, 여자는 피조물인 우리를 말한다.

> 고전 11:9 "또 남자가 여자를 위하여 지음을 받지 아니하고 여자가 남자를 위하여 지음을 받은 것이니."

이는 여자가 돕는 배필로(창 2:18) 지음 받은 것을 가리키는데, 여자로 표상된 우리가 예수와 한 지체를 이루어 그가 하신 일을 우리도 할 것을 말한다(요 14:12). 바울은 이를 가리켜 '우리가 하나님의 동역자'라고 하였다(고전 3:9). 이에 대한 것은 '진정한 구제'에서 다룰 것이다.

> 고전 11:10 "그러므로 여자는 천사들로 말미암아 권세 아래에 있는 표를 그 머리 위에 둘지니라."

천사는 우리 구원받을 자들을 섬기는 영으로 창조되었다(히 1:14).

천사가 하나님의 구원의 경륜에 동참한 일 중 가장 두드러진 점은 인간에게 율법을 전달하였다는 점이다. 바울은 이를 다음과 같이 말하였다.

> 갈 3:19 "그런즉 율법은 무엇이냐 범법하므로 더하여진 것이라 천사들을 통하여 한 중보자의 손으로 베푸신 것인데 약속하신 자손이 오시기까지 있을 것이라."

스데반은 이를 가리켜 "너희는 천사가 전한 율법을 받고도 지키지 아니하였도다"(행 7:53)라고 하였다.

권세 아래에 있는 표라 함은 언약 아래에 있는 표를 말하는 것으로, 다음의 구절에서 가리키는 할례로 대표되는 하나님과 이스라엘 자손 사이의 표징을 말한다.

> 롬 4:11 "그가 할례의 표를 받은 것은 무할례시에 믿음으로 된 의를 인친 것이니 이는 무할례자로서 믿는 모든 자의 조상이 되어 그들도 의로 여기심을 얻게 하려 하심이라."

여자에게 할례와 같은 표를 받으라 함은 그리스도의 할례를 받으라는 것이다(골 2:11).

바울이 창세기에서 인용하여 여자가 남자의 돕는 배필로 창조되었다 한 것을 미루어 보아, 그는 여기서 새 언약을 옛 언약에 빗대어 천사를 통해 주어진 율법과 그 언약의 표를 머리에 두라 한 것으로 보인다. 여자가 이러한 권면을 받는 것으로 보아 여기서 여자는 초신자, 혹은 세상 사람을 가리키는 것으로 보인다.

그런즉 다음의 구절은 무엇을 말하는가?

고전 11:5 "무릇 여자로서 머리에 쓴 것을 벗고 기도나 예언을 하는 자는 그 머리를 욕되게 하는 것이니 이는 머리를 민 것과 다름이 없음이라."

여자가 기도할 때는 머리에 무언가를 써야 함을 말하는 것인가? 대부분의 개신교회에서는 예배할 때 여자가 머리에 무언가를 쓰는 일이 없다.

혹자는 이를 시대상에 따라 달리 받아들인 것이라 생각할지 모르나, 사실 성도들은 은연중에 이 구절의 진의가 문자 그대로의 의미가 아님을 직감한다.

머리에 무언가를 쓴다 함은 남자의 머리가 그리스도인 것처럼(고전 11:3), 여자에게 그리스도의 머리를 쓰라 함이요(마 8:20), 이를 행하지 않고 기도하거나 예언하는 것은 마치 믿지 않는 자가 성도들에게 믿음의 도에 관하여 주관하는 것과 같으므로(딤전 2:12) 자기 머리 된 남자(성도들)를 부끄럽게 하는 것이라 함이다.

이것이 머리를 민 것과 같다 함이니 마땅히 성도(머리)가 세상 사람(여자)에게 믿음에 관해 가르칠 것이나 이것이 역전되었음을 비유로 가리키는 것이다. 바울은 성도들이 세상 사람들의 머리임에 관해 다음과 같이 말하며, 고린도전서 11장 5절은 다음과 같은 맥락에서 한 말이다.

고전 6:2 "성도가 세상을 판단할 것을 너희가 알지 못하느냐 세상도 너희에게 판단을 받겠거든 지극히 작은 일 판단하기를 감당하지 못하겠느냐."

고전 6:4 "그런즉 너희가 세상 사건이 있을 때에 교회에서 경히 여김을 받는 자들을 세우느냐."

하나님의 형상을 다루며 성도들을 가리켜 '하나님의 아들들'이라 함은 이들이 씨를 얻어 씨를 가진 남자와 같이 되었다는 것을 가리킨다 하였다.

참으로 모든 성도가 그리스도와 한 지체이므로(고전 12:27) 모든 성도가 하나님의 아들이자 모든 성도의 머리가 그리스도인 것이지(엡 5:23), 단순히 육적 남자의 머리만 그리스도일 리가 없지 않은가? 바울은 비유의 말을 하고 있는 것이다.

이러한 비유를 확증할 수 있는 것은 에베소서 5장 31-32절이 가장 명백하고, 디모데전서 2장 13-15절에서도 확인할 수 있다. 여기서 바울은 아담이 속은 것이 아니라 여자가 속아 죄에 빠졌다고 한다. 여기서 죄는 '하마르티아'가 아닌 '파라바시스'(παράβασις)가 쓰였다. 하마르티아로 따지자면 이들은 처음부터 하나님과 분리된 상태에 있었음을 살펴보았다.

> 딤전 2:13 "이는 아담이 먼저 지음을 받고 하와가 그 후며."
> 딤전 2:14 "아담이 속은 것이 아니고 여자가 속아 죄에 빠졌음이라."

바울이 아담 또한 선악과를 먹었음을 모를 리 없지 않은가? 그렇다면 이 말은 그가 "아담은 오실 자의 모형이라"(롬 5:14)라고 함과 같이 이들의 행적 또한 모형이자 비유임을 전제로 하는 말이다.

다음 구절에서 그가 비유의 말을 하고 있음이 확증된다.

> 딤전 2:15 "그러나 여자들이 만일 정숙함으로써 믿음과 사랑과 거룩함에 거하면 그의 해산함으로 구원을 얻으리라."

9. 아담 언약

하나님의 형상에서 살펴본 바와 같이, 모든 이가 복음의 씨를 받아야 할 여자이며, 이들이 생명을 얻게 됨은 열매를 맺는 것과 해산하는 것에 비유되었다고 하였다. 여자가 해산함으로 구원을 얻는다는 표현이 그가 비유의 말을 하고 있음을 확증하는 것이다.

그런즉 여자가 속아 죄에 빠졌다 함은 피조물인 모든 인간이 죄에 빠진 것을 말하며, 창세기에 아담 또한 선악과를 먹은 것이 서술된 것은 예수가 우리 죄를 위해 우리와 같이 죄인이 됨을 표상하는 것이다. 이는 바울이 고린도후서 5장 21절에 "하나님이 죄를 알지도 못하신 이를 우리를 대신하여 죄로 삼으신 것은 우리로 하여금 그 안에서 하나님의 의가 되게 하려 하심이라"라고 함과 같다.

바울은 사라와 하갈의 경우도 다음과 같이 비유로 풀고 있은즉 남자와 여자가 비유적 표현임은 오히려 더 명확하다.

> 갈 4:24 "이것은 비유니 이 여자들은 두 언약이라 하나는 시내 산으로부터 종을 낳은 자니 곧 하갈이라."

여기서 의문이 드는 것은 바울이 왜 이를 명백히 설명하지 않고 어려운 비유로 숨기되 에베소서 5장 31-32절과 같은 힌트를 남겨둔 것인가이다.

남자와 여자의 한 몸 됨이 가리키는 창세부터 숨겨진 비밀이(엡 3:9) 지극히 크므로(엡 5:32) 이는 그가 "누가 나를 보는 바와 내게 듣는 바에 지나치게 생각할까 두려워하여 그만두노라"(고후 12:6)라고 함과 같고, 히브리서 기자가 "기드온, 바락, 삼손, 입다, 다윗 및 사무엘과 선지자들의 일을 말하려면 내게 시간이 부족하리로다"(히 11:32)라고 함과 같이 당시 시대상을 미루어 보았을 때, 이에 관하여 낱낱이 풀 수가 없기 때문인 것으로 보인다.

그러나 바울이 이러한 남자와 여자의 비유에 관하여 "너희가 알기를 원하노니"(고전 11:3)라고 한 것은, 이것이 성도들이 마땅히 알아야 할 복음에 관한 것이지 단순히 육에 속한 남자와 여자의 머리 길이와 머리에 써야 할 것에 관해 말함이 아니기 때문이다.

이러한 것에 얽매이게 되는 것은 그가 "성령으로 시작하였다가 이제는 육체로 마치겠느냐"(갈 3:3) 함과 같이 율법으로 돌아감이다.

그가 셋째 하늘에서(고후 12:2) 본 것은 그리스도와 하나 됨으로 완성된 하나님 나라인데(롬 12:5), 이는 남자와 여자의 한 몸 됨이 표상하는 우리와 그리스도와의 연합으로 이루어진 것인즉, 이러한 연합의 신비를 육신을 입은 이에게 어찌 설명하겠는가? 그러므로 이 계시가 지극히 크다고 한 것이다(고후 12:7).

바울은 이를 밝히 드러내기 어렵더라도 지속적으로 설명하기 위해 노력하였으니, 그가 서신서에 우리와 그리스도가 한 몸 됨(롬 12:5), 그와 하나의 성전으로 지어짐(엡 2:21) 등 연합에 관한 내용을 거듭 서술한 것이다.

5) 생육하고 번성하는 피조물에 관하여

이제 원시복음이라 불리는 창세기 3장 15절의 뿌리에 대해 살펴보고자 한다.

하나님이 아담에게 "네가 먹는 날에는 반드시 죽으리라"(창 2:17) 하심에는 첫 창조의 폐함을 함의하고 있다고 하였다. 창세기 3장 15절의 뿌리라 함은, 첫 창조를 즉석에서 폐하여 그것으로 모든 것이 끝나지 않고 육으로는 죽게 되나 영으로 구원을 얻을 자를 위해(벧전 4:6) 예수를 보내심도 아담 언약 내용 가운데 있음을 말한다.

이를 설명하기 위해서는 먼저 생육하고 번성하는 피조물들이 무엇을 표상으로 하는지를 살펴보아야 한다. 여기서 이들이 열매를 맺어야 할 모든 사람을 표상함을 보일 것이다.

이어서 '언약 속의 예수'에서는 하나님이 인간에게 "열매 맺는 모든 나무를 너희에게 주노니 너희의 먹을거리가 되리라"(창 1:29)라고 하심이 온전한 인간인 예수에게도 하신 것이므로 그가 이 계명을 받으셨고, 이로 인해 그가 우리를 먹음으로 우리와 하나 된 것임을 보일 것이다.

이제 다음 창세기의 말씀을 살펴보자.

> 창 1:28 "하나님이 그들에게 복을 주시며 하나님이 그들에게 이르시되 생육(NASB: Be fruitful)하고 번성하여 땅에 충만하라, 땅을 정복하라, 바다의 물고기와 하늘의 새와 땅에 움직이는 모든 생물을 다스리라 하시니라."

여기서 생육하고 번성하라 함에 대해 앞서 설명하였듯이, 이웃들에게 복음의 씨를 심어 우리와 하나로 연합되게 하는 것을 가리킨다고 하였고, 또한 그리스도로 열매 맺는 것을 가리키는 것이라 하였다.

마치 이를 드러내는 것처럼, 위 구절에서 '생육'으로 번역된 히브리어 단어는 구약에서 열매 맺는다는 용례로 사용되는 단어이다.

NASB와 KJV에서는 이를 직역하여 개역개정에서 생육이라 번역된 것을 'be fruitful'이라 번역하였는데, 이는 나무의 소출이 많은 것을 가리킨다.

위 생육으로 번역된 히브리어 단어가 사용된 구절들을 찾아보면 열매 맺는 것을 가리키는 용례로 사용됨을 알 수 있다.

겔 19:10 "네 피의 어머니는 물 가에 심겨진 포도나무 같아서 물이 많으므로 **열매가 많고**(NASB: It was fruitful) 가지가 무성하며."

사 32:12 "그들은 좋은 밭으로 인하여 **열매 많은**(NASB: fruitful) 포도나무로 인하여 가슴을 치게 될 것이니라."

사 45:8 "하늘이여 위로부터 공의를 뿌리며 구름이여 의를 부을지어다 땅이여 열려서 구원을 **싹트게**(NASB: bear fruit) 하고 공의도 함께 움 돋게 할지어다 나 여호와가 이 일을 창조하였느니라."

사 17:6 "그러나 그 안에 주울 것이 남으리니 감람나무를 흔들 때에 가장 높은 가지 꼭대기에 과일 두세 개가 남음 같겠고 **무성한**(NASB: fruitful) 나무의 가장 먼 가지에 네다섯 개가 남음 같으리라 이스라엘의 하나님 여호와의 말씀이니라."

그런즉 "생육하고 번성하라" 하심은 열매를 맺으라는 것이고, "바다의 물고기와 하늘의 새와 땅에 움직이는 모든 생물을 다스리라" 하심은 이들로 하여금 열매 맺게 하라는 것인즉, 각종 번성하는 피조물들은 열매를 맺어야 할 대상인 모든 인간을 가리킨다(마 21:43). 한편 짐승 혹은 부정한 짐승의 경우는 주로 이방인을 가리키는데, 이들은 하나님의 백성이 아님을 표상하므로 유기된 자(히 4:3)를 가리키는 경우도 있다.

이에 관하여 베드로가 겪은 사도행전 10장 11-15절의 사례를 먼저 살펴보자.

행 10:11 "하늘이 열리며 한 그릇이 내려오는 것을 보니 큰 보자기 같고 네 귀를 매어 땅에 드리웠더라."

행 10:12 "그 안에는 땅에 있는 각종 네 발 가진 짐승과 기는 것과 공중에 나는 것들이 있더라."

행 10:13 "또 소리가 있으되 베드로야 일어나 잡아 먹어라 하거늘."

행 10:14 "베드로가 이르되 주여 그럴 수 없나이다 속되고 깨끗하지 아니한 것을 내가 결코 먹지 아니하였나이다 한대."

행 10:15 "또 두 번째 소리가 있으되 하나님께서 깨끗하게 하신 것을 네가 속되다 하지 말라 하더라."

구약 율법에서 정결한 짐승과 부정한 짐승을 나눈 것은 흔히 알 것이고, 특히나 돼지고기를 먹지 말라 함에 대해서도 잘 알 것이다 (신 14:8).

그런데 우리는 돼지고기를 한치의 거리낌도 없이 매우 익숙하게 먹어 왔던 대로 먹지 않는가? 이는 우리가 은연중에 돼지고기를 먹지 말라 하는 계명의 진의가 문자 그대로의 의미가 아님을 알고 있는 것이다. 예수께서도 마가복음 7장 19절에 "이는 마음으로 들어가지 아니하고 배로 들어가 뒤로 나감이라 이러므로 모든 음식물을 깨끗하다" 하셨고, 바울도 "음식으로 말미암아 하나님의 사업을 무너지게 하지 말라 만물이 다 깨끗하되"(롬 14:20)라고 함과 같이 위 계명은 문자 그대로의 의미가 아닌 것이다.

혹자는 이를 가리켜 당시 시대상의 위생과 관련되어 있을 것이라 추측하기도 하나, 먹는 행위라 함은 앞서 먹는 대상과의 연합이라 설명하였다. 즉 부정한 짐승을 먹지 말라 함은 부정한 것과 연합되지 말라는 의미이며, 이것이 곧 이방인을 가리키는 말임은 베드로의 사례를 통해 알 수 있다.

하나님이 베드로 하여금 이방인에게 복음을 전하게 하여 이방인도 그리스도의 몸에 연합될 것을 가리켜 그릇 안의 부정한 짐승들을 먹으라 한 것이기 때문이다.

또한 다음 선지서의 예언에서 말하는 각종 짐승도 이방인을 표상하고 있다.

> 겔 39:17 "주 여호와께서 이같이 말씀하셨느니라 너 인자야 너는 각종 새와 들의 각종 짐승에게 이르기를 너희는 모여 오라 내가 너희를 위한 잔치 곧 이스라엘 산 위에 예비한 큰 잔치로 너희는 사방에서 모여 살을 먹으며 피를 마실지어다."
>
> 겔 39:28 "전에는 내가 그들이 사로잡혀 여러 나라에 이르게 하였거니와 후에는 내가 그들을 모아 고국 땅으로 돌아오게 하고 그 한 사람도 이방에 남기지 아니하리니 그들이 내가 여호와 자기들의 하나님인 줄을 알리라."

이는 그리스도에 관한 예언이므로 여기서 각종 새와 들의 각종 짐승은 구원받을 이방인을 가리킨다. 이에 대한 것은 다음의 이사야서의 예언에서 확증할 수 있다.

> 사 56:3 "여호와께 연합한 이방인은 말하기를 여호와께서 나를 그의 백성 중에서 반드시 갈라내시리라 하지 말며 고자도 말하기를 나는 마른 나무라 하지 말라."
>
> 사 56:8 "이스라엘의 쫓겨난 자를 모으시는 주 여호와가 말하노니 내가 이미 모은 백성 외에 또 모아 그에게 속하게 하리라 하셨느니라."
>
> 사 56:9 "들의 모든 짐승들아 숲 가운데의 모든 짐승들아 와서 먹으라."
>
> 사 56:10 "이스라엘의 파수꾼들은 맹인이요 다 무지하며 벙어리 개들이라 짖지 못하며 다 꿈꾸는 자들이요 누워 있는 자들이요 잠자기를 좋아하는 자들이니."

이사야 56장 8절에서 이미 모은 백성 외에 또 모아 그에게 속하게 하심은 곧 이사야 56장 3절에서 말한 이방인을 가리킨다. 들과 숲 가운데 짐승들에게 와서 먹으라 하심은, 이방인들을 표상하는 이들이 에스겔 39장 17절과 같이 하나님의 성산에 와서 먹고 마시는 것을 가리키며, 이사야 56장 10절의 내용은 정작 육적 이스라엘은 하나님 나라에 참여하지 못함을 가리키는 것이다.

혹자는 이를 가리켜 바벨론과 같은 이방 민족의 침략으로 추측하나, 이에 관하여는 예수께서도 이 예언의 비유를 계승하는 취지로 다음과 같은 말씀을 하셨다.

> 눅 13:28 "너희가 아브라함과 이삭과 야곱과 모든 선지자는 하나님 나라에 있고 오직 너희는 밖에 쫓겨난 것을 볼 때에 거기서 슬피 울며 이를 갈리라."
>
> 눅 13:29 "사람들이 동서남북으로부터 와서 하나님의 나라 잔치에 참여하리니."
>
> 눅 13:30 "보라 나중 된 자로서 먼저 될 자도 있고 먼저 된 자로서 나중 될 자도 있느니라 하시더라."

이는 이사야 56장 3-10절의 예언을 설명하시는 말씀이다. 사람들이 동서남북으로부터 와서 하나님 나라의 잔치에 참여함은 이방 민족들의 구원을 가리키고, 먼저 된 자로서 나중 될 자가 있다 하심은 이사야 56장 10절에서 가리키듯이 육적인 이스라엘이 맹인이고 무지하며 벙어리라 함으로 먼저 된 자로서 나중 됨을 말하는 것이다.

짐승이 이방인을 표상함은, 한편으로는 택함 받지 못한 자를 표상하므로 베드로가 다음과 같이 말하였다.

> 벧후 2:12 "그러나 이 사람들은 본래 잡혀 죽기 위하여 난 이성 없는 짐승 같아서 그 알지 못하는 것을 비방하고 그들의 멸망 가운데서 멸망을 당하며."

이에 관해서는 잠언 기자도 다음과 같이 말하였다.

> 잠 12:1 "훈계를 좋아하는 자는 지식을 좋아하거니와 징계를 싫어하는 자는 짐승과 같으니라."
> 잠 30:2 "나는 다른 사람에게 비하면 짐승이라 내게는 사람의 총명이 있지 아니하니라."
> 잠 30:3 "나는 지혜를 배우지 못하였고 또 거룩하신 자를 아는 지식이 없거니와."
> 잠 30:4 "하늘에 올라갔다가 내려온 자가 누구인지, 바람을 그 장중에 모은 자가 누구인지, 물을 옷에 싼 자가 누구인지, 땅의 모든 끝을 정한 자가 누구인지, 그의 이름이 무엇인지, 그의 아들의 이름이 무엇인지 너는 아느냐."

하늘에 올라갔다 내려온 자는 예수를 가리키는 말이므로(엡 4:9) 예수에 대한 지식이 없는 것은 짐승과 같다 함이다. 그런즉 사실 모든 이가 짐승과 같으나 은혜로 구원을 받은 것이므로 솔로몬이 이를 가리켜 다음과 같이 말하였다.

> 전 3:18 "내가 내 마음속으로 이르기를 인생들의 일에 대하여 하나님이 그들을 시험하시리니 그들이 자기가 짐승과 다름이 없는 줄을 깨닫게 하려 하심이라 하였노라."

계시록에도 파멸 받을 원수가 용, 짐승과 옛 뱀으로 묘사된 것은 이러한 사상을 반영하여 환상을 보여주신 것이다.

이번에는 물고기에 관한 사례를 살펴보자.
물고기는 노아의 홍수 때 사람들이 물에 잠겨 죽은 것처럼 원죄를 갖고 태어나 이미 죽은 것과 같은 모든 이를 표상한다.

> 눅 5:4 "말씀을 마치시고 시몬에게 이르시되 깊은 데로 가서 그물을 내려 고기를 잡으라."
> 눅 5:5 "시몬이 대답하여 이르되 선생님 우리들이 밤이 새도록 수고하였으되 잡은 것이 없지마는 말씀에 의지하여 내가 그물을 내리리이다 하고."
> 눅 5:6 "그렇게 하니 고기를 잡은 것이 심히 많아 그물이 찢어지는지라."

예수의 말씀을 의지하여 깊은 곳으로 가서 고기를 잡으니 심히 많이 잡음은 "이와 같이 주의 말씀이 힘이 있어 흥왕하여 세력을 얻으니라"(행 19:20)라는 구절과 같이, 그 누구도 스스로는 진정한 이웃 사랑을 할 수 없으나 예수로 열매 맺어 작은 예수가 된 자는 죽은 자들에게 생명을 줄 수 있음을 가리킨 것이다.

예수께서 베드로에게 "나를 따라오라 내가 너희를 사람을 낚는 어부가 되게 하리라"(마 4:19) 하심이 이를 가리킨다. 또한 이는 다음의 메시아에 관한 예언을 시각적으로 보여주는 것으로 예수께서 메시아임을 증거하는 일화이다.

> 겔 47:10 "또 이 강가에 어부가 설 것이니 엔게디에서부터 에네글라임까지 그물 치는 곳이 될 것이라 그 고기가 각기 종류를 따라 큰 바다의

고기같이 심히 많으려니와."

다음의 사례도 이와 같은 복음을 표상한다.

> 마 17:27 "그러나 우리가 그들이 실족하지 않게 하기 위하여 네가 바다에 가서 낚시를 던져 먼저 오르는 고기를 가져 입을 열면 돈 한 세겔을 얻을 것이니 가져다가 나와 너를 위하여 주라 하시니라."

낚아 올린 물고기는 예수의 씨로 생명을 얻은 자요, 그가 입에서 돈을 내는 것은 복음의 일꾼이 받는 삯을 표상하는 것인즉 이는 다음의 말씀과 같다.

> 눅 10:7 "그 집에 유하며 주는 것을 먹고 마시라 일꾼이 그 삯을 받는 것이 마땅하니라 이 집에서 저 집으로 옮기지 말라."

사실 이 또한 요한복음 4장 36절의 내용을 모형으로 함은 앞서 언급하였다.

나무 혹은 가지들도 생명을 맺어야 할 인간들을 표상한다.

> 렘 5:10 "너희는 그 성벽에 올라가 무너뜨리되 다 무너뜨리지 말고 그 가지만 꺾어 버리라 여호와의 것이 아님이니라."

뿌리는 예수요 꺾인 가지는 육적 이스라엘이요 접붙임 받을 가지는 영적 이스라엘이다. 이는 곧이어 나올 로마서 11장 16-18절에서 설명하고 있다.

에스겔서에서는 다음과 같이 이스라엘을 에덴동산의 나무로 비유하였다.

> 겔 31:8 "하나님의 동산의 백향목이 능히 그를 가리지 못하며 잣나무가 그 굵은 가지만 못하며 단풍나무가 그 가는 가지만 못하며 하나님의 동산의 어떤 나무도 그 아름다운 모양과 같지 못하였도다."
> 겔 31:9 "내가 그 가지를 많게 하여 모양이 아름답게 하였더니 하나님의 동산 에덴에 있는 모든 나무가 다 시기하였느니라."

또한 다음과 같이 사람들과 나라들을 가리켜 나무로 비유하기도 한다.

> 겔 17:24 "들의 모든 나무가 나 여호와는 높은 나무를 낮추고 낮은 나무를 높이며 푸른 나무를 말리고 마른 나무를 무성하게 하는 줄 알리라 나 여호와는 말하고 이루느니라 하라."

예수께서는 이러한 비유를 계승하여 그와 연합함에 관하여 다음의 포도나무 비유를 하신 것이다.

> 요 15:2 "무릇 내게 붙어 있어 열매를 맺지 아니하는 가지는 아버지께서 그것을 제거해 버리시고 무릇 열매를 맺는 가지는 더 열매를 맺게 하려 하여 그것을 깨끗하게 하시느니라."

바울은 이러한 비유를 계승하여 다음과 같이 이 비유를 복음적으로 풀고 있다.

롬 11:16 "제사하는 처음 익은 곡식 가루가 거룩한즉 떡덩이도 그러하고 뿌리가 거룩한즉 가지도 그러하니라."
롬 11:17 "또한 가지 얼마가 꺾이었는데 돌감람나무인 네가 그들 중에 접붙임이 되어 참감람나무 뿌리의 진액을 함께 받는 자가 되었은즉."
롬 11:18 "그 가지들을 향하여 자랑하지 말라 자랑할지라도 네가 뿌리를 보전하는 것이 아니요 뿌리가 너를 보전하는 것이니라."

히브리서 기자도 이러한 비유를 계승하여 다음과 같이 말하였다.

히 6:7 "땅이 그 위에 자주 내리는 비를 흡수하여 밭 가는 자들이 쓰기에 합당한 채소를 내면 하나님께 복을 받고."
히 6:8 "만일 가시와 엉겅퀴를 내면 버림을 당하고 저주함에 가까워 그 마지막은 불사름이 되리라."

'합당한 채소'는 그리스도와 합히어 그리스도의 열매를 맺음이요 '엉겅퀴를 냄'은 그렇지 못한 것을 말한다.

그러므로 신약에서 그리스도로 열매를 맺고, 그리스도를 해산한다는 말은 창세기 1장 28절의 "생육(NASB: Be fruitful)하고 번성하라"는 명령에서 유래된 것이며, 생육하고 번성해야 할 대상인 각종 피조물은 열매가 없는 모든 이를 가리킨다. 이들에게 "생육하고 번성하라" 하심은 열매 없는 이들이 예수로 열매 맺게 될 것을 표상하는 것이다.

6) 언약 속의 예수

아담이 예수를 모형으로 함과(롬 5:14), 예수가 마지막 아담이라 함에(고전 15:45) 관해서 '오실 자의 모형 아담'에서 살펴보았다. 아담이 예수를 모형으로 하는 핵심적 이유는 하나님이 아담에게 "각종 나무의 열매는 네가 임의로 먹되"(창 2:16)라고 하신 말씀이 예수가 행할 구원을 표상한다는 점이다.

이는 예수께서 땅에 내리셨을 때(엡 4:9), 각종 나무와 피조물로 비유된 인간들 사이에서 하나님이 예수에게 "네가 원하는 자들을 임의로 먹되"라고 말씀하신 것과 같게 되기 때문이다.

'예수의 선재성'에서 살펴보았듯이, 예수께서는 아담이 선악과를 먹기 전부터 구원자로서 존재하시고 여자의 후손으로 올 것이 예정되었다고 하였다. 그런즉 하나님께서 "내가 온 지면의 씨 맺는 모든 채소와 씨 가진 열매 맺는 모든 나무를 너희에게 주노니 너희의 먹을거리가 되리라"(창 1:29)라고 하심과 "동산 각종 나무의 열매는 네가 임의로 먹되"(창 2:16)라고 하심은 아담에게 한 말이기도 하거니와 땅에 내리실(엡 4:9) 예수에게도 하신 말씀이다.

동산의 각종 열매 맺는 나무와 씨 맺는 채소는 모든 인간들을 표상하므로, 이를 임의로 먹으라 하심은 예수의 뜻대로(곧 하나님의 뜻대로) 자신과 연합될 자를 취하여 연합하라는 말씀이다. 이처럼 하나님께서 인간에게 하신 모든 말씀은 온전한 인간으로 오실 예수에게도 해당되는 말이므로 예수께서 율법의 일차적 수신자라 함이 이런 의미이다.

더구나 갈라디아서 3장 19-20절에서 살펴본 바와 같이, 율법은 예수께서 주셨은즉 그 율법을 주신 이가 "남에게 대접을 받고자 하는 대로 너희도 남을 대접하라 이것이 율법이요 선지자니라"(마 7:12) 하신 말씀을 이루실 것임이 명백하다. 이는 요한이 "우리가 사랑함은 그가 먼저 우리를 사랑하셨음이라"(요일 4:19)라고 한 말에서 확인된 바다.

그렇다면 창세기 9장 3절의 "모든 산 동물은 너희의 먹을 것이 될지라 채소같이 내가 이것을 다 너희에게 주노라" 하심은 무슨 말씀인가? '산 동물'이란 '움직이는 것'을 가리키는 말로 NASB는 'moving thing'이라 번역하였다. 짐승은 흔히 이방인을 가리킴을 살펴보았는데, 모든 인간이 영적 이방인과 같으므로 이는 모든 인간을 가리킨다고 하여도 좋다.

이로써 모든 인간이 예수의 양식이 될 것임이 드러난다.

그러므로 예수께서 제자들에게 말씀하시길 자기에게 먹을 양식이 있다 하셨다.

> 요 4:32 "이르시되 내게는 너희가 알지 못하는 먹을 양식이 있느니라."
> 요 4:33 "제자들이 서로 말하되 누가 잡수실 것을 갖다 드렸는가 하니."
> 요 4:34 "예수께서 이르시되 나의 양식은 나를 보내신 이의 뜻을 행하며 그의 일을 온전히 이루는 것이니라."
> 요 4:35 "너희는 넉 달이 지나야 추수할 때가 이르겠다 하지 아니하느냐 그러나 나는 너희에게 이르노니 너희 눈을 들어 밭을 보라 희어져 추수하게 되었도다."

그의 양식은 그를 보내신 이의 뜻을 행하며 이루는 것이라 하였는데, 그 뜻이란 다음의 말씀으로 귀결된다.

> 요 6:40 "아버지의 뜻은 아들을 보고 믿는 자마다 영생을 얻는 이것이니."

또한 다음 말씀을 보면 요한복음 6장 40절의 내용이 요한복음 4장 35절에서 말씀하신 추수와 같음을 알 수 있다.

> 요 4:36 "거두는 자가 이미 삯도 받고 영생에 이르는 열매를 모으나니 이는 뿌리는 자와 거두는 자가 함께 즐거워하게 하려 함이라."

앞서 주께서 밭이 희어져 추수하게 되었다고 하심은 우리를 가리키신 말이다. 즉 요한복음 4장 36절에서 문맥상 열매는 우리의 모형적 생명이자 구원의 대상인 네페쉬를 가리킨다. 여기서 추수란, 영생에 이르는 열매를 모으는 것인데, 이 말의 정확한 의미는 '열매를 영생에 모은다'는 것이다. 즉 영생이 열매를 모으는 곳간과 같은 의미로 사용되었다.

KJV에서는 이 부분을 "gathereth fruit unto life eternal", 즉 영생에 모은다는 의미로 번역하였다.

영생이란, 바울이 "하나님의 은사는 그리스도 예수 우리 주 안에 있는 영생이니라"(롬 6:23)라고 함과 같이 단연 예수를 가리키므로, 열매가 영생에 들어간다는 것은 예수께서 열매를 먹음으로 열매와 하나를 이룬다는 말이다.

이것이 바로 주께서 먹을 양식이 있다 하심의 의미이다.

여기서 뿌린다 함은 말씀(로고스)을 뿌림이고, 거둔다 함은 이들이 믿음을 통해 말씀과 연합한 것을 가리킨다. 예수께서 이 연합을 가리켜 추수하여 양식을 먹는 것에 비유하신 것이다. 이 연합에 관한 것은 '로고스와 연합'에서 다루겠다.

거두는 자가 이미 삯을 받았다 함은 이들이 말씀과의 연합으로 영생을 얻었음을 가리키는 것이며, 이렇게 예수의 지체 된 자(거두는 자)들이 열매를 영생에 모은다는 것은, 그들이 복음의 제사장 직분을 행한다는 것으로, 이는 다음의 바울의 말과 같다.

> 롬 15:16 "이 은혜는 곧 나로 이방인을 위하여 그리스도 예수의 일꾼이 되어 하나님의 복음의 제사장 직분을 하게 하사 이방인을 제물로 드리는 것이 성령 안에서 거룩하게 되어 받으실 만하게 하려 하심이라."

예수께서 물고기에 대한 천국 비유를 하심도 우리를 먹는다는 내용이다.

> 마 13:47 "또 천국은 마치 바다에 치고 각종 물고기를 모는 그물과 같으니."
> 마 13:48 "그물에 가득하매 물가로 끌어내고 앉아서 좋은 것은 그릇에 담고 못된 것은 내버리느니라."

주께서 택하신 물고기, 곧 창세 전부티 택함 받은 자는(엡 1:4) 그가 먹음으로 그와 연합을 이루고, 창세부터 유기된 자는(히 4:3) 내버린다는 말씀이다.

이런 관점에서 예수의 다음 말씀이 풀어진다.

> 마 26:29 "그러나 너희에게 이르노니 내가 포도나무에서 난 것을 이제부터 내 아버지의 나라에서 새것으로 너희와 함께 마시는 날까지 마시지 아니하리라 하시니라."

흔히 이를 문자 그대로 해석하여 하나님 나라의 도래를 몹시 기대하여 그날까지 포도나무에서 난 것을 마시지 않겠다 하는 서원 같은 것이라고 해석하기도 한다.

그러나 하나님 나라는 이미 완성된 것과 같고(사 66:22), 바울이 "또 함께 일으키사 그리스도 예수 안에서 함께 하늘에 앉히시니"(엡 2:6)라고 함과 같이, 그가 아버지께 가심으로 우리도 이미 예수 안에서 함께 하늘에 앉아 있는 것과 같은즉 시간 밖에 계신 하나님께는 모든 것이 이미 이루어진 것과 같다.

포도나무에서 난 것을 새것으로 마신다 함에서 이 말씀이 비유임을 알 수 있다. 배는 음식을 위하여 있으나 이것들이 다 폐하여질 것이라 함과 같이(고전 6:13) 하나님 나라는 먹고 마시는 것이 아니기 때문이다(롬 14:17).

새것이라 함은 새 포도즙을 말하는데, 이는 구약에서 메시아를 예언하는 단어이다(신 33:28; 슥 9:17; 욜 2:24 등). 대표적으로 잠언을 살펴보자.

> 잠 3:9 "네 재물과 네 소산물의 처음 익은 열매로 여호와를 공경하라."
> 잠 3:10 "그리하면 네 창고가 가득히 차고 네 포도즙 틀에 새 포도즙이 넘치리라."

여기서 처음 익은 열매는 부활의 첫 열매 되신(고전 15:20; 약 1:18) 그리스도를 가리킴이요 새 포도즙은 성령을 가리키는 것으로, 하나님 나라에서 새것으로 함께 마신다 함은 성령과의 연합을 가리킨다. 이 연합이 곧 하나님 나라이다(롬 14:17).

주께서 포도나무에서 난 것을 먹었다 하심은 그가 우리를 먹으심으로 우리와 연합된 것을 가리킨다. 아버지의 나라에서 새것으로 마시는 날까지 다시 마시지 아니하리라 하심은, 그때 이미 예수 안에는 후대에 태어날 모든 성도들까지 함께 있던 것으로, 모든 이가 예수와 하나로 합한 지체가 된 것을 말씀하심이다. 예수의 죽음으로 첫 창조가 멸하여졌다 하였는데, 첫 창조가 멸하기 전에는 그의 안에 모든 성도들이 함께 있었음은 당연하다. 이는 "다시 마시지 아니하리라" 하신 말씀의 첫 번째 의미로, 좀 더 본질적인 의미는 두 번째 의미에 있다. 이는 곧 설명된다.

> 눅 22:16 "내가 너희에게 이르노니 이 유월절이 하나님의 나라에서 이루기까지 다시 먹지 아니하리라 하시고."

이 말씀도 동일한 의미인데, 주께서 유월절을 먹었다 하심은 무슨 말인가?

우리는 유월절 어린 양 되신 예수를 먹었고 주께서는 우리를 먹은 것이니, 그가 먹은 것은 유월절에 먹는 무교병이다(신 16:3). 이 무교병은 소제물을 표상하는데, 이는 식물의 열매로 만든 것이기에 결국 우리를 표상한다. 이에 관해서는 '무교병과 소제물'의 항목을 참고하라.

무교병과 소제물

유월절은 어린 양 되신 예수의 살과 피로 성도들이 장자의 재앙에서 생명을 보존하였음을 표상하는 사건이다. 이는 곧 노아의 홍수와 같은 의미를 지니게 되므로 세례의 의미를 갖는다. 세례는 첫 창조의 멸함과 하나님 나라의 드러남이라는 의미를 가지는데, 이에 관하여는 '세례라는 모형'에서 다룰 것이다.

그런즉 유월절은 예수와 십자가에 죽고 부활하는 세례를 말함이다(롬 6:3-5). 이 내용이 하나님께서 유월절의 연장선에서 처음 태어난 자 대신 레위인을 취하신 내용인 민수기 8장 6-20절에 드러나므로 이를 살펴보자.

하나님께서 처음 태어난 자 대신 레위인을 취하였음은(민 8:18) 레위인이 첫 열매 되신(약 1:18) 예수와 연합되어 하나님께 취해짐을 말하는 것이므로, 레위인은 예수 안에서 장자 된 모든 성도를 표상한다.

그들에게 속죄의 물을 뿌림이 요한의 세례를 표상함이다(민 8:7).

레위인들이 수송아지의 머리에 안수함은(민 8:12) 제물이 곧 예수인즉 예수와의 연합을 말하고, 이들이 예수와 함께 하나님께 바쳐지는 것이므로 그들이 제물로 바쳐진다고 한 것이다(민 8:11). 이것이 우리가 예수 안에서 같이 십자가에 못 박혀 죽었다는 의미이다(롬 6:3).

레위인을 아론과 그의 아들들에게 주어 회막에서 봉사하게 함은(민 8:19), 성도들을 예수에게 주어 예수와 함께 성전으로 지어짐을 가리킨다(엡 2:22).

특히 레위인으로 하여금 소제물을 가져오게 한다는 부분이 중요한데(민 8:8), 이 소제물은 식물에서 난 열매로 만든 것이므로 이는 이를 가져온 레위인 자신을 가리키며 결국 우리를 표상한다. 이는 다음 세 가지 규례에서 확인할 수 있다.

1) 소금은 언약을 표상한다(레 2:13; 대하 13:5). 모든 소제물에는 소금을 쳐야 하는 점과(레 2:13) 예수께서 우리를 가리켜 세상의 소금이라(마 5:13) 하신 점을 보건대, 소제물은 곧 우리를 표상한다.

2) 모든 소제물에는 누룩을 넣어서는 안 된다(레 2:11). 바울이 "너희는 누룩 없는 자"(고전 5:7)라고 한 것을 보아 소제물은 우리

를 표상한다.

　3) 소제물의 남은 것을 제사장의 몫으로 주셨다(레 2:3). 이는 1) 및 2)의 내용을 확증하는 것으로, 예수가 우리를 먹음을 표상한다.

　결국 유월절에 먹는 무교병(신 16:3)은 소제물을 가리키고, 이 소제물은 우리를 표상한다.

　주께서 "다시 먹지 아니하리라" 하심은 이미 모든 택함 받은 자를 먹었다는 말씀이다. 그러므로 그가 하늘에 오르셨을 때 이미 후대에 태어날 모든 성도들까지도 이끌고 올라가서 그와 함께 모든 성도가 보좌에 앉은 것과 같다. 또한 이 말씀에는 두 번째 의미가 있다. 유월절은 세례를 표상하므로 주께서 유월절을 드심은 세례를 받으심을 의미한다. 한편 주께서 십자가를 가리켜 세례라고 하셨으므로(눅 12:5), 유월절과 십자가는 세례라는 점에서 같은 의미이다. 이 세례를 다시 받지 않는다 하심은 영 단번의 제사로 우리를 온전케 하심을 말한다(히 9:26). 하나님 나라에서 다시 먹는다 하심은 성령세례를 가리킨다.
　앞서 포도나무에서 난 것을 다시 마시지 않겠다 하심도 이와 같은 의미로, 우리와 예수가 합하여 첫 열매로 하나님께 드려진 것이(약 1:18) 영 단번에 된 것임을 가리킨다.

　한편 주께서 떡을 떼사 제자들에게 주시며 자신의 몸이라 하시고(마 26:26), 제자들이 이를 먹은 것은 우리도 예수를 먹고 예수와 연합하여 한 지체가 됨을 보여준다. 예수께서 이를 가리켜 "인자의 살을 먹지 아니하고 인자의 피를 마시지 아니하면 너희 속에 생명이 없느니라"(요 6:53)라고 하셨으며, 바울은 이를 가리켜 "떡이 하나요 많은 우리가 한 몸이니 이는 우리가 다 한 떡에 참여함이라"(고전 10:17)라고 하였다.

그런즉 예수께서 우리를 먹고 또한 우리도 예수를 먹음과 같은 것인데, 주께서 요한복음 14장 20절에 "그날에는 내가 아버지 안에, 너희가 내 안에, 내가 너희 안에 있는 것을 너희가 알리라"라고 하심과 같이 상호 내재가 표상하는 연합의 신비가 이러한 것이다.

이렇게 서로 한 지체를 이룰 것이므로 주께서 "그들이 말하되 할 수 있나이다 예수께서 이르시되 너희는 내가 마시는 잔을 마시며 내가 받는 세례를 받으려니와"(막 10:39)라고 하심은 무엇인가?

그가 마시는 잔을 우리도 마실 것이라 하심은, 그가 십자가에서 죽을 때 우리도 그와 한 몸 되어 같이 죽을 것을 말씀하신 것이고, 그가 받는 세례를 우리도 받는다 하심은, 우리가 그 안에서 같이 거듭남을 가리킴이니 바울이 이를 다음과 같이 말하였다.

> 롬 6:3 "무릇 그리스도 예수와 합하여 세례를 받은 우리는 그의 죽으심과 합하여 세례를 받은 줄을 알지 못하느냐."
> 롬 6:5 "만일 우리가 그의 죽으심과 같은 모양으로 연합한 자가 되었으면 또한 그의 부활과 같은 모양으로 연합한 자도 되리라."

예수께서 이렇게 우리를 먹기 위해 온전한 인간이 되셨고, 아담의 후손으로 온즉 죽게 되셨는데, 이를 가리켜 '아버지께 받은 계명'이라 하셨다.

> 요 10:17 "내가 내 목숨을 버리는 것은 그것을 내가 다시 얻기 위함이니

이로 말미암아 아버지께서 나를 사랑하시느니라."

요 10:18 "이를 내게서 빼앗는 자가 있는 것이 아니라 내가 스스로 버리노라 나는 버릴 권세도 있고 다시 얻을 권세도 있으니 이 계명은 내 아버지에게서 받았노라 하시니라."

이 계명이 바로 창세기 2장 16절 및 창세기 9장 3절에서 "각종 나무의 열매를 임의로 먹으라" 하심이다. 하나님께서 예수에게 판단을 맡기심으로 예수님이 심판의 주체가 되는 것인즉 주께서 이를 가리켜 "심판을 다 아들에게 맡기셨으니"(요 5:22)라고 하셨다.

예수께서 그의 임의적 선택으로 사람들이 참된 생명을 얻는 것을 열매에 비유하신 것은(마 21:43), 씨앗 되신 그가 본질이 흙인(창 3:19) 인간에게 심기어 연합되고 열매 맺는 것이 생육하고(NASB: be fruitful) 번성하라 하신 말씀의 진의를 이루는 것이기 때문이다.

이런 맥락에서 예수로 열매 맺지 못함은 그의 밖에 있음을 가리킴이고, 이는 그와 연합되지 못한 것이므로 열매 맺지 못하는 나무를 심판하시는 것이다(마 21:19; 눅 3:17).

세례 요한도 이와 같은 의미로 "이미 도끼가 나무 뿌리에 놓였으니 좋은 열매를 맺지 아니하는 나무마다 찍혀 불에 던져지리라"(마 3:10)라고 한 것이다.

이런 맥락에서 추수 행위가 심판에 비유되었다(마 13:30). 추수 행위의 주체는 예수이고, 이는 어떤 이에게는 생명으로, 어떤 이에게는 사망에 이르는 것으로, 바울이 이를 가리켜 "이 사람에게는 사망으로부터 사망에 이르는 냄새요 저 사람에게는 생명으로부터 생명에 이르는 냄새라 누가 이 일을 감당하리요"(고후 2:16)라고 한 것이다.

여기까지 창세기 3장 15절의 뿌리가 창세기 2장 16절에 있음을 살펴보았다.

이것으로 아담 언약에 대한 설명을 마치고자 한다.
이로써 우리 구원은 전가 교리가 아닌 예수가 우리를 먹음, 곧 연합으로 이루어진 것임을 설명하는 초석을 살펴보았다.
이에 대한 것은 '개혁주의 칭의에 대한 소회'에서 더 다룰 것이다.
이제 구원론을 설명하기 위한 여정을 가고자 한다. 여기서 어떻게 우리가 그리스도와 연합되어 한 지체를 이룬 것인지, 믿음은 무엇인지에 관해 설명하고자 한다. 이를 위한 일부 전제들은 지금까지 설명하였고, 남은 부분들을 더 살펴보아야 구원론에 대해 이해할 수 있다.

10
세례라는 모형

세례는 거듭남과 동일한 의미를 가지는데, 이에 관하여 다루는 것은 거듭남이 이미 이루어졌음을 살펴보기 위함이다. 첫 창조가 하나님께는 이미 폐하여진 것과 다름없으니 모든 사람도 마찬가지로 이미 죽은 자와 다름없고, 이로써 하나님 나라도 이미 완성된 것과 같다. 이것이 거듭남이 이미 이루어졌다는 말의 의미이다. 이는 앞서 '첫 창조의 폐함'에 대해 다룬 내용의 연장선이 되며 후에 칭의에 관하여 설명하는 초석이 된다.

요한의 세례는 첫 창조의 폐함으로 모든 이가 죽을 때, 예수와 합하여 죽는 죽음을 가리킨다. 또한 이는 하나님께서 아담에게 "네가 반드시 죽으리라"(창 2:17) 하셨듯이, 모든 사람이 아담과 같이 이미 죽었음을 보여주며, 이 죽음은 그때 땅이 저주를 받고(창 3:17) 세상에 죄가 들어온즉(롬 5:12) 첫 창조가 이미 폐해진 것과 같으므로 모든 이가 종말과 함께 죽었음을 가리킨다.

예수께서도 요한의 세례를 받으셨음은, 그가 인간의 후손으로 오심으로 그 또한 첫 창조의 폐함과 함께 죽음을 맞이하였음을 보여준다. 한편 그의 죽음이 곧 첫 창조의 폐함이다.

모든 사람이 이렇게 이미 죽은 것과 같으나, 그중에는 영원히 죽을 사람도 있고 혹은 예수와 합하여 죽은즉 함께 부활하여 영원한 삶을 얻을 사람도 있는데, 성령세례는 후자의 경우를 가리킨다. 이제 이에 관한 내용을 살펴보자.

1) 거듭남의 상징 - 종말과 하나님 나라

먼저 세례의 기본적인 의미부터 살펴보자.

세례의 의미가 무엇인지는 주께서 십자가를 가리켜 세례라 표현하신 점에서 알 수 있다(눅 12:50). 예수의 십자가와 부활이 종말이자 하나님 나라의 드러남인데, 주께서 이를 가리켜 세례라 하셨으므로, 세례는 첫 창조의 멸함과 함께 육으로는 죽으나 영으로는 살리심을 얻고 하나님과 연합함을 가리키는 말이다. 이 내용이 베드로의 다음과 같은 말에 정리되어 있다.

> 벧전 4:6 "이는 육체로는 사람으로 심판을 받으나 영으로는 하나님을 따라 살게 하려 함이라."

주께서 요한에게 세례를 받고 성령이 임한 것은 이를 가리키는 것으로, 그가 십자가에 죽고 성령으로 부활함을 표상한다.
베드로가 다음과 같이 노아의 홍수를 가리켜 세례라고 표현한 것도 이 사건이 종말과 하나님 나라의 드러남, 곧 십자가를 표상하기 때문이다.

> 벧전 3:20 "그들은 전에 노아의 날 방주를 준비할 동안 하나님이 오래

참고 기다리실 때에 복종하지 아니하던 자들이라 방주에서 물로 말미암아 구원을 얻은 자가 몇 명뿐이니 겨우 여덟 명이라."
벧전 3:21 "물은 예수 그리스도께서 부활하심으로 말미암아 이제 너희를 구원하는 표니 곧 세례라 이는 육체의 더러운 것을 제하여 버림이 아니요 하나님을 향한 선한 양심의 간구니라."

베드로전서 3장 20절에서 베드로는 노아 일행이 홍수의 물로 말미암아 구원을 얻었다고 서술한다. 그리고 21절에서 이 홍수의 물은 구원하는 표이자 곧 세례라고 한다. 21절의 원문은 여러 번역의 가능성을 가지므로 NASB와 KJV의 번역이 약간 다르며, 이들 번역과 개역개정의 번역은 많이 다른 편이다. 이 번역본들 가운데 필자는 개역개정의 번역을 기준으로 설명해 보고자 한다. 개역개정은 '세례'를 원문의 문장 전체와 동격의 자리에 놓고 번역한 것으로 보인다. 즉 세례는 물 자체를 가리키는 것이 아닌, '홍수의 물을 통한 구원'으로 이해함이 적절하다. 그리고 '표'는 원어상 '예표', '모형'이라는 의미이다.

21절을 정리하면, 이 홍수의 물은 예표 혹은 모형이며 이를 통한 구원이 세례라는 것인데, 이는 무슨 말인가?

물은 말씀(로고스)을 표상한다(암 8:11; 욜 2:23; 고전 10:4). 노아 일행이 물로 말미암아 구원을 얻었다 함은, 바울이 "이 사람에게는 사망으로부터 사망에 이르는 냄새요 저 사람에게는 생명으로부터 생명에 이르는 냄새라"(고후 2:16)라고 함과 같이 방주 밖에 있는 자들은 그 물로 인해 사망에 이르렀으나 방주 안에 있는 이들은 이를 마심으로(로고스와 연합함으로) 생명에 이르렀다는 말이다.

예수께서 사마리아 여인에게 "그가 생수를 네게 주었으리라"(요 4:10)라고 하심도 말씀(로고스)이신 당신을 가리켜 '생수'라 하심이다.

한편 이 물이 '성령'을 가리키기도 하는 것은(요 7:39), 예수께서 "내가 너희에게 이른 말은 영이요"(요 6:63)라고 하심과 같이 그 본질이 영(성령)에 있기 때문이다.

이는 요한이 다음과 같이 말한 바와 같다.

> 요일 5:8 "성령과 물과 피라 또한 이 셋은 합하여 하나이니라."

물이 말씀을 표상함에 관하여, 베드로가 다음과 같이 말한 것을 살펴보자.

> 벧후 3:5 "이는 하늘이 옛적부터 있는 것과 땅이 물에서 나와 물로 성립된 것도 하나님의 말씀으로 된 것을 그들이 일부러 잊으려 함이로다."

땅이 물에서 나왔을 뿐만 아니라 물로 성립되었다고 한다. 이는 물이 땅을 존재케 하는 근원임을 가리키는 말이다. 즉 베드로는 물을 만물을 붙드는 로고스(히 1:3; 골 3:11)와 동일시하고 있다.

홍수의 물이 곧 로고스인즉, 노아의 홍수는 물(로고스)이 방주 밖의 사람들을 심판하나 방주 안의 사람들에게는 생명을 주는 모습을 모형으로 보여주는 예표적인 사건이다. 또한 예수께서 "내가 한 그 말이 마지막 날에 그를 심판하리라"(요 12:48)라고 하심과 같이 노아의 홍수는 '마지막 날' 곧 종말을 모형으로 한다. 그래서 베드로가 홍수의 물을 '예표', '모형'이라 하며 이를 통한 구원을 가리켜 '세례'라고 하는 것이다.

여기서 성경은 세례를 가리킬 때 다음과 같이 요한의 세례와 성령세례를 나누어 설명한다.

> 행 1:5 "요한은 물로 세례를 베풀었으나 너희는 몇 날이 못 되어 성령으로 세례를 받으리라 하셨느니라."
>
> 행 18:25 "그가 일찍이 주의 도를 배워 열심으로 예수에 관한 것을 자세히 말하며 가르치나 요한의 세례만 알 따름이라."

예수께서도 세례에 관하여 물과 성령을 나누어 말씀하셨다.

> 요 3:5 "예수께서 대답하시되 진실로 진실로 네게 이르노니 사람이 물과 성령으로 나지 아니하면 하나님의 나라에 들어갈 수 없느니라."

이 구절을 "사람이 거듭나지 아니하면 하나님의 나라를 볼 수 없느니라"(요 3:3) 하신 말씀과 같이 보면, 예수께서 거듭남과 세례를 동일한 의미로 말씀하셨음을 알 수 있다.

즉 거듭나기 위해서는 '물'이라는 것이 필수적으로 동반되어야 하며, 이는 사도행전 1장 5절에서 요한이 물로 세례를 베풀었다 함과 같이 요한의 세례를 의미한다.

앞서 요한의 세례는 예수와 합하여 죽는 것을 의미한다고 하였는데, 이는 바울의 말을 종합하여 알 수 있다. 바울은 이 거듭남에 대해 다음과 같이 말하였다.

> 고전 15:46 "그러나 먼저는 신령한 사람이 아니요 육의 사람이요 그다음에 신령한 사람이니라."
>
> 고전 15:47 "첫 사람은 땅에서 났으니 흙에 속한 자이거니와 둘째 사람은 하늘에서 나셨느니라."

우리가 먼저는 신령한 자가 아닌 육의 사람이고 흙에 속한 자인데, 이러한 자가 거듭난다는 것은 신령한 자가 되고 하늘에서 난 자가 된다는 말이다.

신령한 사람이 되기 위해서 먼저는 흙에 속한 자의 수순을 밟고 한 번은 반드시 죽어야 한다. 그가 "네가 뿌리는 씨가 죽지 않으면 살아나지 못하겠고"(고전 15:36)라고 함은, 우리의 육의 죽음이 거듭남을 위해 필연적임을 말하는 것이다. 하나님의 구속사 가운데 우리가 먼저는 흙의 사람으로 창조될 필요가 있음은 '로고스와 연합'에서 다룰 것이다.

이 죽음이 바로 십자가에서 그리스도와 연합되어 함께 죽는, 즉 거듭남을 위한 전 단계로서 반드시 예수와 함께 겪어야 하는 과정이며, 예수께서 우리를 품고 이미 죽으셨으므로 이미 겪은 과정이다. 이는 바울이 "우리는 그의 죽으심과 합하여 세례를 받은 줄을 알지 못하느냐"(롬 6:3)라고 함과 같다.

바울이 이 죽음을 가리켜 세례라고 하였으므로, 이는 성령세례와 대조되는 요한의 세례를 말하는 것이다.

번외로, 요한의 세례를 가리켜 흔히 회개의 세례라고 하며(눅 3:3), 죄 사함을 받게 한다고 서술하기도 한다(마 1:4). 이는 예수와 합하여 죽었은즉 예수가 부활할 때 같이 합하여 부활하는 것이 정해진 것이므로, 이를 가리켜 죄 사함을 받는다고 한 것이다.

그렇다면 성령세례는 바울이 "성결의 영으로는 죽은 자들 가운데서 부활하사"(롬 1:4)라고 함과 같이, 육으로 죽은 것으로 끝난 것이 아니라 영으로 살리심 받음을 가리킨다.

바울은 또한 이 거듭남에 대해 다음과 같이 말한다.

롬 8:9 "만일 너희 속에 하나님의 영이 거하시면 너희가 육신에 있지 아니하고 영에 있나니 누구든지 그리스도의 영이 없으면 그리스도의 사람이 아니라."

여기서 중요한 논점이 생긴다. 바울의 말을 보면 우리의 거듭남은 이미 이루어졌다는 점이다.

우리가 육신에 있지 않다 함은 이미 육신을 벗었다는 것인데(골 2:11), 이는 육으로는 이미 죽었다는 말이다(롬 6:6, 8:10). 또한 우리가 영에 있다 함은 영으로 이미 살리심을 받았다는 것이다(골 1:13; 엡 2:6).

이는 우리의 거듭남이 역사 속에서 실현될 종말과 하나님 나라가 드러날 때에 이루어질 것이 아닌, 이미 이루어졌음을 말한다. 바울은 "곧 이것을 우리에게 이루게 하시고 보증으로 성령을 우리에게 주신 이는 하나님이시니라"(고후 5:5)라고 하여 이를 이미 우리에게 이루게 하셨고, 그에 대한 보증으로 성령을 주셨다고 하였다. 이는 하나님께는 첫 창조가 이미 예하여진 것과 같다고 한 내용의 연장선이 된다.

마지막으로, 세례는 거듭남의 모형일 뿐임에도 모형으로서의 세례가 구원에 영향을 끼친다 하는 곳도 있으니, 이에 대해 필자의 의견을 남김으로 마무리한다.

초대교회 당시 할례가 구원의 필수 요소라고 생각하던 유대인에게 바울이 논박하길, 아브라함이 의롭게 여겨진 때가 할례를 받은 후인가 그 전인가 따져보며, 무할례 시에 믿음으로 의롭게 된 것임을 설파하였다.

롬 4:9 "그런즉 이 복이 할례자에게냐 혹은 무할례자에게도냐 무릇 우리가 말하기를 아브라함에게는 그 믿음이 의로 여겨졌다 하노라."
롬 4:10 "그런즉 그것이 어떻게 여겨졌느냐 할례시냐 무할례시냐 할례시
가 아니요 무할례시니라."

이와 같은 논리로, 고넬료와 함께 베드로의 설교를 듣던 자들에게 성령이 임한 때는 세례라는 모형을 받기 이전이다.

행 10:44 "베드로가 이 말을 할 때에 성령이 말씀 듣는 모든 사람에게 내려오시니."
행 10:45 "베드로와 함께 온 할례 받은 신자들이 이방인들에게도 성령 부어 주심으로 말미암아 놀라니."
행 10:46 "이는 방언을 말하며 하나님 높임을 들음이러라."
행 10:47 "이에 베드로가 이르되 이 사람들이 우리와 같이 성령을 받았으니 누가 능히 물로 세례 베풂을 금하리요 하고."

이런즉 세례는 거듭남을 표상하는 모형으로, 교회에서 세례를 받는 것은 교인들 앞에 자신이 '이미' 거듭났음을 공적으로 시각화하여 신앙고백을 하는 것으로 보아야 하지, 모형으로서의 세례가 구원의 필수 요소라 함은 적절치 않다.

그러므로 바울이 다음과 같이 말한 것이다.

고전 1:17 "그리스도께서 나를 보내심은 세례를 베풀게 하려 하심이 아니요 오직 복음을 전하게 하려 하심이로되 말의 지혜로 하지 아니함은 그리스도의 십자가가 헛되지 않게 하려 함이라."

참고로 다음 구절은 요한의 세례와 성령세례를 구별한 것이지, 세

례를 받아야만 성령이 임한다는 것을 말하는 내용이 아니다.

> 행 19:2 "이르되 너희가 믿을 때에 성령을 받았느냐 이르되 아니라 우리는 성령이 계심도 듣지 못하였노라."
> 행 19:3 "바울이 이르되 그러면 너희가 무슨 세례를 받았느냐 대답하되 요한의 세례니라."
> 행 19:4 "바울이 이르되 요한이 회개의 세례를 베풀며 백성에게 말하되 내 뒤에 오시는 이를 믿으라 하였으니 이는 곧 예수라 하거늘."
> 행 19:5 "그들이 듣고 주 예수의 이름으로 세례를 받으니."
> 행 19:6 "바울이 그들에게 안수하매 성령이 그들에게 임하시므로 방언도 하고 예언도 하니."

2) 모든 사람이 이미 죽은 자인 것에 관하여

앞서 거듭남을 위해서는 먼저 육으로는 죽어야 한다고 하였다. 이 죽음은 첫 창조의 멸함 가운데 예수와 함께 죽는 것이고, 이것이 요한의 세례라 하였다.

그런데 이 멸함이 아직 역사 속에서 이루어지지 않았고, 우리가 그로 인한 육적인 죽음을 맞이하지 않았음에도 성경은 사람들을 가리켜 '죽은 자'라고 칭하고 있다.

하나님께서는 이미 하나님 나라가 완성이 되었다고 한 것처럼(사 66:22), 첫 창조의 폐함 또한 하나님께서는 죄가 세상에 들어온 순간(롬 5:12) 이미 이루어진 것과 다름없고, 하나님이 아담에게 "네가 먹는 날에는 반드시 죽으리라"(창 2:17)라고 하심과 같이, 아담이 930세까지 산 것과 별개로 아담의 죽음은 선악과를 먹을 때 이루어진 것과 같다.

우리가 아직 종말과 하나님 나라의 드러남을 겪지 않았음에도 성경이 다음과 같이 우리가 이미 하나님 나라에 있음을 말하고 있는 것도 이와 같은 것이다.

> 골 1:13 "그가 우리를 흑암의 권세에서 건져내사 그의 사랑의 아들의 나라로 옮기셨으니."
> 엡 2:6 "또 함께 일으키사 그리스도 예수 안에서 함께 하늘에 앉히시니."

주께서 "사람이 거듭나지 아니하면 하나님의 나라를 볼 수 없느니라"(요 3:3)라고 하신 말씀을 미루어 보건대, 우리가 이미 하나님 나라에 있다는 것은 우리는 이미 거듭난 자이고 새 피조물이라는 것이다(고후 5:17).

여기서 모든 이가 이미 죽은 자임을 다루는 것은, 종말과 하나님 나라의 완성이 아직 땅에서 이루어지지 않았을지라도, 이미 완성된 것과 다름없음에 대해 말하는 성경의 사상을 살펴보기 위함이다. 이를 통해 앞서 아담이 선악과를 먹었을 때 첫 창조가 폐하여졌다는 내용이 더욱 확증된다.

또한 추후 믿음도 하나님이 주시는 것임을 살필 것인데, 이같이 구원에 필요한 모든 것들은 하나님이 하시는 것인즉, 이미 죽은 자와 같은 인간 측에서는 무엇 하나 이루는 것이 아님을 뒷받침하기 위함이다.

이제 성경에서 우리를 가리켜 '죽은 자'라고 하는 표현을 살펴보자.

> 요 5:24 "내가 진실로 진실로 너희에게 이르노니 내 말을 듣고 또 나 보내신 이를 믿는 자는 영생을 얻었고 심판에 이르지 아니하나니 사망에서 생명으로 옮겼느니라."

사망에서 생명으로 옮겼다는 말은 우리가 생명으로 옮겨지기 전에는 사망 가운데 있었다는 말이다.

> 요 5:25 "진실로 진실로 너희에게 이르노니 죽은 자들이 하나님의 아들의 음성을 들을 때가 오나니 곧 이때라 듣는 자는 살아나리라."
> 골 2:13 "또 범죄와 육체의 무할례로 **죽었던 너희를** 하나님이 그와 함께 살리시고 우리의 모든 죄를 사하시고."
> 엡 2:5 "허물로 죽은 우리를 그리스도와 함께 살리셨고 (너희는 은혜로 구원을 받은 것이라)."
> 골 3:3 "이는 **너희가 죽었고** 너희 생명이 그리스도와 함께 하나님 안에 감추어졌음이라."
> 갈 6:14 "그러나 내게는 우리 주 예수 그리스도의 십자가 외에 결코 자랑할 것이 없으니 그리스도로 말미암아 세상이 나를 대하여 십자가에 못 박히고 내가 또한 세상을 대하여 그러하니라."

여기서 '세상이 나를 대하여 십자가에 못 박혔다' 함은 예수의 죽음으로 첫 창조가 온전히 폐함이요, '내가 세상을 대하여 그러함이라' 함은 자신이 예수에 속하여 같이 십자가에 죽은 자라는 의미이다(롬 6:3).

이런 맥락에서 다음의 구절을 살펴보자.

> 롬 5:12 "그러므로 한 사람으로 말미암아 죄가 세상에 들어오고 죄로 말미암아 사망이 들어왔나니 이와 같이 모든 사람이 죄를 지었으므로 사망이 모든 사람에게 이르렀느니라."

성경은 모든 사람이 죄를 지었으므로 사망이 모든 사람에게 이르렀다고 말한다. 이에 관해서는 흔히 영적인 죽음이라 하거나 혹은 사람이 실제로 수명이 다하여 죽기도 하니 영적인 죽음과 육적인 죽음을 동시에 가리킨다고 할 것이다.

사람이 영적으로 죽었다 함은 선악과를 먹기 전엔 영적으로 살았다 함과 같은데, 그렇지 않음은 아담은 생령이 되었다 함을 설명하며 살펴보았다.

여기서 '죄'는 하마르티아가 쓰였다. 모든 사람이 죄를 지었다 함은 모든 이가 하나님과 분리되어 세상에 속하였음을 가리킨다(요 8:47).

앞서 하나님께서는 죄가 세상에 들어왔을 때 첫 창조가 폐하여진 것과 같다고 함과 같이, 바울이 말하는 사망과 하나님께서 "반드시 죽으리라"(창 2:17)라고 하심은 첫 창조의 온전한 폐함으로 인한 육체의 죽음을 가리키는 것이다.

노아의 홍수가 이를 표상하는 것으로, 홍수는 첫 창조의 멸함 속에 모든 이가 죽은 것임을 보인 것이고, 방주는 세상에 속하지 않음으로(요 17:16) 종말과 무관하게 생명을 이어나감을 가리킨다.

여기까지 첫 창조가 이미 폐해진 것과 같으므로 모든 사람이 아직 육적인 생명을 지니고 있음을 떠나 성경이 모든 사람을 가리켜 '죽은 자'라고 함을 살펴보았다.

또한 이렇게도 볼 수 있는데, 생명 또한 앞서 설명한 영광, 선함, 거룩함 등과 같이 오직 하나님께만 속한 것이므로 이 생명을 얻지 못한 우리는 '죽은 자'가 되는 것이다.

인간이 이미 죽은 자와 같음에도 육체의 남은 때(벧전 4:2)를 가지며, 첫 창조의 폐함이 하나님께는 이미 이루어진 것과 같으나 역사 속에서는 아직 이루어지지 않은 것은 어떤 이유에서인가?

노아의 시대에 사람들에게 회개의 기회로써 120년을 준 것과 같이, 우리의 경우도 마찬가지로 예수와 연합될 수 있는 기회로써 수명이 주어진 것이다.

> 창 6:3 "여호와께서 이르시되 나의 영이 영원히 사람과 함께하지 아니하리니 이는 그들이 육신이 됨이라 그러나 그들의 날은 백이십 년이 되리라 하시니라."

바울도 인류의 연대를 정하심이 하나님을 더듬어 찾아 발견하게 함이라고 하였다.

> 행 17:26 "인류의 모든 족속을 한 혈통으로 만드사 온 땅에 살게 하시고 그들의 연대를 정하시며 거주의 경계를 한정하셨으니."
> 행 17:27 "이는 사람으로 혹 하나님을 더듬어 찾아 발견하게 하려 하심이로되 그는 우리 각 사람에게서 멀리 계시지 아니하도다."

또한 종말이 역사 속에서 아직 이루어지지 않음은 택함 받은 자의 충만한 수가 차기까지(롬 11:25) 유보된 것으로, 베드로가 이에 관하여 다음과 같이 말하였다.

> 벧후 3:9 "주의 약속은 어떤 이들이 더디다고 생각하는 것같이 더딘 것이 아니라 오직 주께서는 너희를 대하여 오래 참으사 아무도 멸망하지 아니하고 다 회개하기에 이르기를 원하시느니라."

예수께서도 다음과 같이 말씀하셨다.

> 마 24:22 "그날들을 감하지 아니하면 모든 육체가 구원을 얻지 못할

것이나 그러나 택하신 자들을 위하여 그날들을 감하시리라."

그날들을 감하심은 우리가 육적인 수명을 갖고 살아있는 동안 구원을 얻게 하시기 위함이다. 택하신 자들을 위하여 그날들을 감하심은 구원은 오직 하나님께 속한 것임을 가리킴이며 믿음조차도 하나님이 택하신 자에게 주시는 것임을 추후 상세히 서술하겠다.

11
지식과 감각의 모든 것은 모형이다

 우리가 이미 죽은 자임을 살펴본 바와 같이, 믿음은 죽은 자인 우리가 짜낼 수 있는 것이 아니라 하나님이 주심을 살펴보고자 한다.
 그에 앞서 우리의 육에서 일어나는 지식과 감각의 것들은 모형이고, 이는 진정으로 보아야 할 것을 보지 못하고 진정으로 알아야 할 것을 알지 못함을 표상하고 있음을 살펴볼 것이며, 이들이 모형인즉 이에 기반하여 만들어낸 믿음 또한 모형일 수밖에 없음을 살펴볼 것이다.

 알미니안주의의 다섯 항변 중에 다섯 번째 조항에는 '탈락 가능성'이라는 항목이 있다. 이는 구원을 받은 사람이 나중에 믿음을 잃는 등의 연유로 구원을 잃어버릴 수 있다는 것이다.
 지금까지 필자가 서술한 내용에 비추어 보았을 때 이 부분이 어떠한가? 성경은 이미 우리가 그리스도와 연합되어 죽고 같이 부활함으로 이 모든 것이 완료되었으며, 이 일들은 창세 전에 예정되었음을 말하고 있다고 하였다(엡 1:4).
 구원을 받은 사람이 다시 구원을 잃어버릴 수도 있다는 생각은 우리가 이 첫 창조의 세상에 살고 있기 때문에 비롯되는 것인데, 여기서는 무엇이든 영원한 것이 없고 변화하기 때문에 시간과 변화에 관한 인간적 사고를 성경이 말하는 믿음에도 적용하여 이해하기 때문이다.

우리가 하루에도 시시각각 기분이 달라질 수 있고, 몇 년 단위의 세월이 지나면 사람의 성격이나 흥미도 달라질 수 있다.

그러나 이런 우리의 육에 속한 감각을 바탕으로 성경이 말하는 믿음이나 행위, 은혜를 이해하다 보니, 이 영원에 속한 은사들을 우리의 인간적 수준의 감각으로 격하시켜 신앙이 감흥적이게 되고, 무분별한 은사주의에 빠지는 문제가 발생하게 되었다.

특히 성경에서 말하는 믿음을 우리의 상식의 변화하는 유한한 믿음으로 이해하기에, 우리의 구원 또한 그러한 것으로 이해하는 것이다. 이런 연유로 필자가 '성경은 오직 성경을 통하여 풀어야 함'을 강조하며, 계속해서 성경의 구절들을 근거로 하여 내용을 이어가는 것이다.

성경은 우리의 구원에 대하여 어떻게 말하는가?

> 엡 2:5 "허물로 죽은 우리를 그리스도와 함께 살리셨고 (너희는 은혜로 구원을 받은 것이라)."
> 엡 2:6 "또 함께 일으키사 그리스도 예수 안에서 함께 하늘에 앉히시니."

에베소서 2장 6절의 "함께 일으키사"는 NASB에서 "raised us up with Him"으로 과거 형태로 번역이 되었다. 우리가 구원받은 시점은 우리가 믿은 때라고 생각할지 모르나, 성경은 그리스도가 부활할 때 이미 우리를 그와 함께 일으키셨다고 하는 것이다. 그리고 "함께 하늘에 앉히시니"는 NASB에서 "seated us with Him in the heavenly places"로서 이 또한 과거 형태로 번역되었다. 이는 예수가 부활하여 하늘에 앉을 때 이미 우리도 예수 안에서 하늘에 앉아 있다는 말이다.

간혹 소수 교파에서 구원받은 시점의 정확한 날짜와 시간을 매우 중요시 여기는 경우가 있으나, 사실 우리가 구원받은 시점은 예수와 함께 하늘에 앉은 시점이다. 또한 우리가 택함 받은 시점은 바울이 "창세 전에 그리스도 안에서 우리를 택하사"(엡 1:4)라고 함과 같이 창세 전에 이미 그리스도 '안에서' 우리를 택한 이상, 또한 하나님의 부르심에는 후회가 없는 이상(롬 11:29), 우리가 구원받은 시점은 영원이라는 하나님이 거하시는 시점에 있다고 할 수도 있다.

인간의 경험칙과 상식으로 이것이 말이 되는가? 그러나 성경은 그렇다 하고 있으니, 성경은 인간이 만든 상식과 경험에 대해 말하고 있는 것이 아니며, 그런 것과도 아득히 무관한 것이다.

이는 창세 전부터 영원히 계신 하나님에 관련한 영적인 책이므로 육에 속한 인간은 오직 성경을 바탕으로 성경을 풀어야 할 것이다.

만일 우리가 믿음이란 것을 짜내어 구원을 받고, 후에 그 믿음을 잃어버림으로 구원이 취소될 수 있다고 한다면, 사람이 하루에도 매 순간 결정의 기로에서 번뇌할진대, 그 매 순간 그의 믿음은 마치 불빛이 점멸하는 모양으로 없어졌다가 생겼다가 할 것이다.

이것은 마치 우리가 예수 안에서 하늘에 앉아 있다가 다시 내려와서 죽은 자와 같이 되었다가를 반복하는 웃지 못할 일이 일어나고 있는 것과 같다.

참으로 우리의 힘으로 믿음을 짜내어 구원을 얻는다면, 우리의 유한한 지식으로 어디까지 알아서 믿어야 한단 것인가? 또한 충분한 지식은 있더라도 이를 어느 정도까지 강하게 믿어야 한단 말인가? 베드로가 물 위로 걸어서 예수께 가다가 빠져 죽을 뻔한 사건을 기억할 것이다.

11. 지식과 감각의 모든 것은 모형이다

마 14:28 "베드로가 대답하여 이르되 주여 만일 주님이시거든 나를 명하사 물 위로 오라 하소서 하니."

마 14:29 "오라 하시니 베드로가 배에서 내려 물 위로 걸어서 예수께로 가되."

마 14:30 "바람을 보고 무서워 빠져 가는지라 소리 질러 이르되 주여 나를 구원하소서."

마 14:31 "예수께서 즉시 손을 내밀어 그를 붙잡으시며 이르시되 믿음이 작은 자여 왜 의심하였느냐 하시고."

주께서는 그와 동고동락하며 목숨까지 내걸겠다고 한 베드로에게 '믿음이 작은 자'라고 하셨다. 또한 그가 닭이 울기 전 주를 세 번 부인하였음을 잘 알 터이다.

예수께서는 겨자씨만한 믿음으로 산을 옮긴다 하셨으니(마 17:20)-물론 이는 문자 그대로의 의미가 아니며 이 구절에 관한 것은 겨자씨 비유에서 다룰 것이다-이러한 베드로의 믿음은 겨자씨에조차 훨씬 미치지 못한다는 것이다. 그런데 누가 능히 겨자씨만한 믿음이라도 짜내어 구원을 얻을 수 있단 말인가?

예수께서 우리를 죄 가운데서 구원하심을 믿어야 한다고 할진대, 죄에 관하여 어느 정도 깊이까지 통달해야 하며 구원론에 관하여 어느 정도까지 통달해야 한단 것인가? 애당초 우리가 알고 믿는다는 하나님이 창세 전부터 영원히 계시며, 오직 한 분이신 그 하나님과 온전히 동일하다고 할 수가 있는가?

단언컨대 결코 동일하지 않다. 사도 요한이 "하나님의 아들이 이르러 우리에게 지각을 주사 우리로 참된 자를 알게 하신 것과"(요일 5:20)라고 함과 같이 오직 하나님의 아들이, 또한 그리스도의 영이(롬 8:9), 곧 성령이 우리로 하여금 지각을 주시지 않는 한 우리 스스로는 결코 알 수 없는 것이다.

여기서 '안다'는 것의 의미도 엄밀히 말하자면, 우리가 어떤 것을 지식적으로 안다는 의미가 아닌 '연합'의 의미이다. 우리가 육을 입은 지금의 시점에는 무엇 하나 영이신 하나님에 대해 안다고 할 수 있는 것이 없다.

바울이 이를 가리켜 "지금은 내가 부분적으로 아나 그때에는 주께서 나를 아신 것같이 내가 온전히 알리라"(고전 13:12)라고 하였다. 지금 상태에서 부분적으로나마 알 수 있다는 것은 하나님의 연합이라는 속성을 첫 창조의 언어로 표현할 수 있는 만큼만 안다는 것이지, 그 연합의 실체에 관해서는, 지금의 유한한 첫 창조를 입은 상태로는 도무지 무엇 하나 알 수 없는 것이다.

예수께서 사마리아 여인에게 "너희는 알지 못하는 것을 예배하고"(요 4:22)라고 하심은, 위와 같이 하나님의 아들이 지각을 주시지 않은 상태를 말하는 것이므로, 소위 613개의 율법의 조문을 항시 지키기 위해 모든 노력을 쏟아부었던 바리새인도 마찬가지로 알지 못하는 것을 예배하고 있었던 것이다.

예수께서 이들에게 "너희는 너희 아비 마귀에게서 났으니"(요 8:44)라고 하심이 이를 가리킨다.

그런즉 하나님의 아들이 우리에게 지각을 주시기 전까지는 그 누구도 참된 자를 알 수 없으므로, 모든 이가 예배한다고 애쓴들 알지 못하는 것을 예배함과 같으니, 이는 하나님이 아닌 자들에게 종 노릇 함과 같다.

바울이 이를 가리켜 "너희가 그때에는 하나님을 알지 못하여 본질상 하나님이 아닌 자들에게 종노릇 하였더니"(갈 4:8)라고 한 것인즉, 이는 단순히 우상숭배에 대한 것뿐만이 아닌 율법에 열성적이었던 바리새인을 포함하는 말이다.

그러므로 우리가 안다고 하는 것, 믿는다고 하는 모든 지식은 사실 첫 창조의 개념들로 설명된 불완전한 것들이고, 우리는 그 어떠한 사물의 본질에 대해서 전혀 알지 못하고 있는 것이다. 이제부터 이에 대해 살펴보고자 한다.

인간이 사물을 인식하는 데 있어 가장 주된 기관은 시각인데, 우리가 사물을 본다 함은 가시광선이 사물에 반사되어 우리 눈에 들어옴으로써 우리가 사물을 보게 되어 인식하게 된다. 반면 뱀의 경우는 적외선을 인식하여 대상들의 체온을 인식하는 방식으로 어둠 속에서도 먹잇감을 사냥할 수 있다. 박쥐는 어두운 동굴 속에서도 초음파를 날려 사물들에 반사되어 돌아온 초음파를 감지함으로써 사물들의 위치를 파악하여 동굴 속을 날아다닌다.

인간이 가시광선을 통해 사물의 또렷한 색상과 형태를 파악하는 방식으로 사물을 인지하는 것은 그 사물의 본질을 보는 것이 아니요, 위의 예시와 같이 사물을 인식하는 여러 가지 방법의 가짓수 중 하나일 뿐으로, 이는 인간 고유의 한계를 갖는 방식으로 사물을 파악하는 것에 불과하다.

인간이 무언가를 안다고 함에 대해서도 마찬가지다. 인간의 두뇌가 첫 창조의 것으로 만들어졌으며 일정 크기의 용적이라는 한계를 갖고 있는 이상 그에 상응하는 정도의 판단, 분별, 지식의 범위를 벗어나는 것을 얻을 수가 없다.

이 또한 바울이 다음과 같이 말한 것과 같다.

> 고전 15:47 "첫 사람은 땅에서 났으니 흙에 속한 자이거니와 둘째 사람은 하늘에서 나셨느니라."
>
> 고전 15:48 "무릇 흙에 속한 자들은 저 흙에 속한 자와 같고 무릇 하늘에 속한 자들은 저 하늘에 속한 이와 같으니."

첫 창조는 우리에게 죄가 무엇인지 의가 무엇인지 알게 하기 위해 창조된 것이며, 연합의 통로로서 창조된 것이라 하였다.

그리하여 우리가 첫 창조의 세상에서 죄에 대하여 배울진대, 바울이 "몸으로 있을 때에는 주와 따로 있는 줄을 아노니"(고후 5:6)라고 함과 같이, 육체로 존재한다는 자체만으로 분리됨의 표상이라고 하였듯이, 나와 타인이라는 개인들이 개개인으로 존재함이 가리키는 것은 이웃 사랑이라는 연합을 이루지 못한 것을 표상하는 것이다.

반대로 하나님은 성부, 성자, 성령이 연합하여 하나이자 피조물과도 합하여 한 영이듯이(고전 6:17) 그의 형상은 연합하여 하나로 존재함이라 하였으니, 우리는 우리의 분리된 존재 양상이 처음부터 그래왔으니 이것을 당연하다 여길 것이 아니라 첫 창조에 속한 우리의 실존임을 배우는 것이다.

또한 우리가 눈으로 보는 물리적 세계가 존재하는 것은, 그 모든 것을 초월하시고 보이지 않는 하나님의 존재가 있음을 표상하는 것인즉(히 3:4), 눈에 보이는 돌들이나 사물들이 존재함이 당연하다 여길 것이 아니라, 무엇 하나 당연한 것은 없고 그 이면에 이를 지으신 하나님이 계심을 배우는 것이다. 그리고 이를 처음부터 스스로 알 수 없던 우리는 눈 뜬 장님과 같았고, 그와 분리된 상태에 있었음을 배우는 것이다.

1) 보는 것

우리가 사물을 본다 하는 자체가 보이지 않는 것은(영적인 것은) 보지 못함을 표상한다. 이에 관해 성경이 말하는 바를 살펴보자.

예수께서는 바리새인에게 맹인이라 하신다.

마 15:14 "그냥 두라 그들은 맹인이 되어 맹인을 인도하는 자로다 만일 맹인이 맹인을 인도하면 둘이 다 구덩이에 빠지리라 하시니."

요 9:39 "예수께서 이르시되 내가 심판하러 이 세상에 왔으니 보지 못하는 자들은 보게 하고 보는 자들은 맹인이 되게 하려 함이라 하시니."

요 9:40 "바리새인 중에 예수와 함께 있던 자들이 이 말씀을 듣고 이르되 우리도 맹인인가."

요 9:41 "예수께서 이르시되 너희가 맹인이 되었더라면 죄가 없으려니와 본다고 하니 너희 죄가 그대로 있느니라."

가난한 자와 부자가 비유적 표현이듯 보는 자와 맹인 또한 비유적 표현이다. 주께서 마태복음 6장 22절에 "눈은 몸의 등불이니 그러므로 네 눈이 성하면 온몸이 밝을 것이요"라고 하신 말씀이 당연히 우리의 육체의 눈을 가리킴이 아님을 알 것이다.

예수께서 말씀하신 눈은 가시광선을 볼 수 있는 눈이 아닌 그 가시광선이 표상하는 인간이 진정으로 봐야 할 참 빛 되신 예수를 볼 수 있는 눈을 가리킴이다. 요한은 이 참 빛을 다음과 같이 말하고 있다.

요 1:4 "그 안에 생명이 있었으니 이 생명은 사람들의 빛이라."
요 1:5 "빛이 어둠에 비치되 어둠이 깨닫지 못하더라."

즉 예수께서는 이 참 빛을 보지 못함을 가리켜 바리새인에게 맹인이라 하신 것이다.

성경의 이러한 맹인에 대한 사상은 구약의 율법에서부터 시작된다.

신 27:18 "맹인에게 길을 잃게 하는 자는 저주를 받을 것이라 할 것이요 모든 백성은 아멘 할지니라."

율법의 일차적 수신자는 예수라 하였으므로, 이는 예수께서 눈 뜬 장님과 같은 우리를 인도하실 것을 표상한다. 이사야서에는 이를 가리키는 예언이 있다.

> 사 29:18 "그날에 못 듣는 사람이 책의 말을 들을 것이며 어둡고 캄캄한 데에서 맹인의 눈이 볼 것이며."
> 사 35:5 "그때에 맹인의 눈이 밝을 것이며 못 듣는 사람의 귀가 열릴 것이며."
> 사 42:7 "네가 눈먼 자들의 눈을 밝히며 갇힌 자를 감옥에서 이끌어 내며 흑암에 앉은 자를 감방에서 나오게 하리라."

이는 메시아에 관한 예언인즉 문자 그대로 맹인의 눈이 밝게 되고 못 듣는 지가 듣게 됨을 말하는 게 아니라, 날 때부터 영적으로 맹인과 같고 들을 귀 없는 자와 같은 우리가 구원을 얻게 됨을 말하는 것이다.

참으로 인간은 날 때부터 간음한 자요 살인한 자요 도둑질한 자인 것처럼, 또한 날 때부터 눈 뜬 장님과 다름없다.

"빛이 어둠에 비치되 어둠이 깨닫지 못하더라"(요 1:5) 함이 이를 가리키는 것이다. 이러한 빛은 오직 성령의 조명하심이 아니고서는 인간 스스로 볼 수 없으므로 오직 하나님께서 우리의 눈을 밝히셔야 볼 수 있다.

그런즉 이사야 42장 7절에서 눈 먼 자들의 눈을 밝히는 주체가 그들 스스로가 아닌 하나님께 있으므로 이에 관하여 바울이 다음과 같이 말하였다.

고후 4:6 "어두운 데에 빛이 비치라 말씀하셨던 그 하나님께서 예수 그리스도의 얼굴에 있는 하나님의 영광을 아는 빛을 우리 마음에 비추셨느니라."

여기서 우리 마음에 비추셨다 함은 선지서에서 예언된 새 마음, 새 영(겔 36:26)을 우리에게 주심을 가리킨다. 이로써 우리 눈이 밝아져(사 35:5) 예수를 믿은 것이다.

이런 연유로 예수께서 다음과 같이 말씀하셨다.

요 6:44 "나를 보내신 아버지께서 이끌지 아니하시면 아무도 내게 올 수 없으니 오는 그를 내가 마지막 날에 다시 살리리라."
요 6:45 "선지자의 글에 그들이 다 하나님의 가르치심을 받으리라 기록되었은즉 아버지께 듣고 배운 사람마다 내게로 오느니라."
요 6:46 "이는 아버지를 본 자가 있다는 것이 아니라 오직 하나님에게서 온 자만 아버지를 보았느니라."

아버지께서 이끌지 아니하시면 아무도 예수께로 올 수 없다 하심은, 예수를 믿음이 우리 힘으로 된 것이 아니라 성령께 있음을 말씀하시는 것이다.

오직 하나님에게서 온 자만 아버지를 보았다 하심은 하나님에게서 온 자는 피조물이 아니요 그 근본이 하나님과 동일한 본체이므로, 그가 하나님의 깊은 것까지도 통달하심을 가리켜(고전 2:10) 하나님을 보았다 하신 것이다.

즉 성경이 말하는 '참 빛을 보다', '아버지를 보다'라는 것은 단순히 육의 눈으로 보았다는 말이 아니다. 영이신 하나님을 보았다는 것은 그 또한 예수와 같이 하나님으로부터 온 자처럼 된 것이므로, 이는 그가 성령을 받았다는 말이다. 이렇게 우리는 먼저 성령을 받고, 성령의 조명하심을 통해 예수께 간 것이다.

이러한 성령의 조명하심에 관하여는 바울이 다음과 같이 서술하였다.

> 고전 2:9 "기록된바 하나님이 자기를 사랑하는 자들을 위하여 예비하신 모든 것은 눈으로 보지 못하고 귀로 듣지 못하고 사람의 마음으로 생각하지도 못하였다 함과 같으니라."
> 고전 2:10 "오직 하나님이 성령으로 이것을 우리에게 보이셨으니 성령은 모든 것 곧 하나님의 깊은 것까지도 통달하시느니라."

바울이 성령으로 우리에게 보이셨다 함과 같이 앞서 언급한 마태복음 6장 22절의 "눈은 몸의 등불이니 그러므로 네 눈이 성하면 온 몸이 밝을 것이요"라는 구절은, 예수께서 우리의 등불을 친히 켜주시어 우리 눈을 밝게 하실 것이라는 말씀이다. 이는 주께서 다음과 같은 다윗의 시편을 인용하시어 그가 친히 우리 눈을 밝히시는 메시아 되심을 증거하신 것이다.

> 시 18:28 "주께서 나의 등불을 켜심이여 여호와 내 하나님이 내 흑암을 밝히시리이다."

이같이 다음 구절에서 등장하는 날 때부터 맹인 된 사람은 모든 이를 표상한다. 이런 관점에서 요한복음 9장 1-7절을 살펴보자.

> 요 9:1 "예수께서 길을 가실 때에 날 때부터 맹인 된 사람을 보신지라."
> 요 9:2 "제자들이 물어 이르되 랍비여 이 사람이 맹인으로 난 것이 누

구의 죄로 인함이니이까 자기니이까 그의 부모니이까."
요 9:3 "예수께서 대답하시되 이 사람이나 그 부모의 죄로 인한 것이 아니라 그에게서 하나님이 하시는 일을 나타내고자 하심이라."

날 때부터 맹인 된 사람을 가리켜 "하나님이 하시는 일을 나타내고자 하심이라" 하신 것처럼, 우리가 날 때부터 눈 뜬 장님, 곧 율법 아래 죽은 것 또한 하나님이 하시는 일을 나타내고자 하심이다. 바울은 이를 가리켜 다음과 같이 말하였다.

롬 11:32 "하나님이 모든 사람을 순종하지 아니하는 가운데 가두어 두심은 모든 사람에게 긍휼을 베풀려 하심이로다."
갈 3:22 "그러나 성경이 모든 것을 죄 아래에 가두었으니 이는 예수 그리스도를 믿음으로 말미암는 약속을 믿는 자들에게 주려 함이라."

그리고 다음 구절에서 하나님이 하시는 일이란 무엇인지 드러난다.

요 9:6 "이 말씀을 하시고 땅에 침을 뱉어 진흙을 이겨 그의 눈에 바르시고."
요 9:7 "이르시되 실로암 못에 가서 씻으라 하시니 (실로암은 번역하면 보냄을 받았다는 뜻이라) 이에 가서 씻고 밝은 눈으로 왔더라."

이 구절이 의아할 수 있는 것은, 예수께서 맹인 바디매오에게 하시듯 단숨에 그 자의 눈을 뜨게 하실 수 있는데, 굳이 땅에 침을 뱉고 진흙을 이겨 그의 눈에 바르시고 실로암 못에 씻으라 하심은 무엇인가?

이 또한 비유이다. 땅에 침을 뱉으심은 물(말씀)이 육신이 되심이다(요일 5:6). 요한일서 5장 6절에서 물은 말씀(로고스)을 표상한다(암 8:11; 욜 2:23; 벧후 3:5). 침과 진흙을 이기심은 그가 액체를 가진 흙, 곧 우리와 같이 피를 가진 네페쉬가 되심인즉, 이는 온전한 인간이 되심이다. 침을 바른 진흙을 그의 눈에 바르심은 예수와 연합되어 지체를 이룸이고, 실로암에서 씻음은 거듭남이니, 곧 예수와 한 지체가 되어 함께 죽고 함께 부활함을 가리킨다.

그러므로 베드로는 이러한 맹인 비유를 계승하여 다음과 같이 말한 것이다.

> 벧후 1:8 "이런 것이 너희에게 있어 흡족한즉 너희로 우리 주 예수 그리스도를 알기에 게으르지 않고 열매 없는 자가 되지 않게 하려니와."
> 벧후 1:9 "이런 것이 없는 자는 맹인이라 멀리 보지 못하고 그의 옛 죄가 깨끗하게 된 것을 잊었느니라."

맹인뿐 아니라 예수께서 "들을 귀 있는 자는 들을지어다" 하심도 우리가 영적인 들을 귀가 없음을 가리킨다. 이는 스데반이 사도행전 7장 51절에 "목이 곧고 마음과 귀에 할례를 받지 못한 사람들아 너희도 너희 조상과 같이 항상 성령을 거스르는도다" 함과 같고, 그가 우리에게 들을 귀를 주심에 관하여는 다음의 예언과 같다.

> 사 35:5 "그때에 맹인의 눈이 밝을 것이며 못 듣는 사람의 귀가 열릴 것이며."

이같이 구약의 율법과 선지서의 예언들은 우리에게 성령이 없음을 육적인 병에 비유하였고, 성령을 받음으로 구원에 이르는 것을 그 육적인 병의 치료에 비유하였다.

예수께서 바리새인을 가리켜 맹인이 맹인을 인도한다 하심은 이 사상을 계승하여 비유로 말씀하심이다. 또한 이는 이들이 신명기 27장 18절의 율법의 저주 아래 있음을 가리키는 것이다.

마찬가지로 복음서에 등장하는 중풍병자, 나병환자, 혈루증 앓는 여인 등의 육체의 질병을 가진 자는 영적인 중풍병자와 영적 나병환자와 같은 모든 이를 표상한다.

예수께서 이들의 육적인 병을 치료하심으로 낫게 하심은, 영적 맹인에게 바로 보게 하심과 같고 귀의 할례를 베푸심과 같은즉(사 35:5; 행 7:52), 그들이 하나님과 연합하여 온전함을 이루게 된 것을 표상한다. 이것이 특히 중풍병자의 경우에서 드러난다. 주께서 "네 죄 사함을 받았느니라"(눅 5:20)라고 하신 후 "인자가 땅에서 죄를 사하는 권세가 있는 줄을 너희로 알게 하리라"(눅 5:24)라고 하시고 중풍병자를 치료하심이 이를 확증한다.

이처럼 주께서 치유사역을 하심은 예언의 문자적 성취를 위한 것이며, 그가 구약에서 예언된 메시아임을 증거하신 것이다.

2) 아는 것

우리가 무언가를 안다는 것에 관하여도, 사실 아무것도 알지 못함은 앞서 설명하였다. 창조에 관하여 설명할 때 아담의 피조물의 이름을 짓는 데서부터 세상 지혜의 발생은 필연임을 말하였고, 이를 통해 복음이 언어의 형태로 계속해서 역사함을 말하였다.

이렇게 예수께서 말씀으로 우리 가운데 들어오시기 위한 방편으로 세상 지혜와 피조물의 언어가 사용됨과 같이, 세상 지혜는 어떤 것의 실체가 아닌 어디까지나 방편이자 모형이다. 즉 우리가 무언가 안다고 하는 것도 진정한 앎을 표상하는 일종의 모형인 것이다.

그렇다면 성경에서 말하는 진정한 앎은 무엇인지 살펴보자. 흔히 말하는 무언가를 안다는 의미로도 사용되었지만 특히 남녀 간의 동침을 가리킬 때도 사용되었다.

> 창 4:1 "아담이 그의 아내 하와와 동침하매(KJV: knew) 하와가 임신하여 가인을 낳고 이르되 내가 여호와로 말미암아 득남하였다 하니라."

여기서 '동침'이라 번역된 히브리어 단어는 '알다'라는 의미를 갖는다. 이어지는 구절들에서도 마찬가지인데, 이런 구절들에서 개역개정 성경은 의역을 한 것으로 보이나, KJV 성경은 'know'라는 단어를 사용함으로 '알다'라는 원어의 표현을 명확히 하였다.

> 창 19:5 "롯을 부르고 그에게 이르되 오늘 밤에 네게 온 사람들이 어디 있느냐 이끌어 내라 우리가 그들을 상관하리라(KJV: we may know them)."
>
> 창 24:16 "그 소녀는 보기에 심히 아리땁고 지금까지 남자가 가까이하지 아니한 처녀더라(KJV: neither had any man known her) 그가 우물로 내려가서 물을 그 물동이에 채워가지고 올라오는지라."
>
> 왕상 1:4 "이 처녀는 심히 아름다워 그가 왕을 받들어 시중들었으나 왕이 잠자리는 같이 하지 아니하였더라(KJV: the king knew her not)."
>
> 마 1:25 "아들을 낳기까지 동침하지 아니하더니(KJV: knew her not) 낳으매 이름을 예수라 하니라."

하나님의 형상에 관하여 다룰 때 남자는 복음의 씨를 가진 예수를 표상으로 하고, 여자는 그 씨를 필요로 하는 모든 사람이라 하였다. 그러므로 남녀 간의 동침을 가리키는 '알다'라는 말은 우리와 예수가 연합되어 한 지체를 이룸을 표상한다. 예수께서도 그가 하나님과 연합되어 하나임을 가리켜 마태복음 1장 25절에서 사용된 '알다'라는 단어를 사용하였다.

> 요 14:7 "너희가 나를 알았더라면 내 아버지도 알았으리로다 이제부터는 너희가 그를 알았고 또 보았느니라."

우리는 복음을 받기 전까지 하나님과 연합되지 못하였으므로 하나님을 알지 못함과 같으나 하나님과 한 본체이신 예수께서는 아시나니 예수께서 이를 가리켜 "의로우신 아버지여 세상이 아버지를 알지 못하여도 나는 아버지를 알았사옵고"(요 17:25)라고 하셨다.

그렇다면 우리가 어떻게 하나님을 알 수 있는가? 이는 예수를 앎으로 가능하다. 예수를 안다는 것이 곧 예수와 하나 되고, 이로 인해 예수가 하나님을 아는 것이 곧 우리가 하나님을 아는 것같이 되는 것이다.

요한복음 14장 7절에서 예수께서 하신 말씀이 이러한 의미이다.

사랑, 거룩함 등과 같이 하나님의 속성을 지칭하는 모든 것은 연합을 가리키므로 앞서 설명한 '보다'라는 의미는 결국 '안다'라는 의미와 동일하게 '연합'이라 생각해도 무방하다. 그러므로 주께서 "이는 아버지를 본 자가 있다는 것이 아니니라 오직 하나님에게서 온 자만 아버지를 보았느니라"(요 6:46) 하신 말씀에서 아버지를 보았다는 것 또한 아버지를 안다 하심과 같은 말이며, 이는 아버지와 연합되어 한 본체이심을 가리키는 것이다.

따라서 성경에서 말하는 '알다'라는 것의 본질적 의미는 단순히 지식적으로 무언가를 안다는 말이 아니다. 지식적으로만 따지자면 마귀들도 예수를 가리켜 그리스도라 하여 소리를 지르지 않던가?(마 8:29; 약 2:19)

우리가 하나님이 하나님이심을 알기 위해서는, 하나님이 하나님이심을 충만히 아는 예수와 연합되어 예수 안의 모든 충만한 것을 덧입는 길밖에는 없다.

예레미야서에서 이를 가리켜 다음과 같이 예언하였다.

> 렘 24:7 "내가 여호와인 줄 아는 마음을 그들에게 주어서 그들이 전심으로 내게 돌아오게 하리니 그들은 내 백성이 되겠고 나는 그들의 하나님이 되리라."

여기서 "내가 여호와인 줄 아는 마음"이란 단순히 무언가를 지식적으로 아는 것을 가리키는 것이 아니다. 이것이 메시아에 관한 예언인즉 이와 같은 연합을 가리키는 것이다.

호세아서의 다음 말씀도 마찬가지다.

> 호 6:6 "나는 인애를 원하고 제사를 원하지 아니하며 번제보다 하나님을 아는 것을 원하노라."

제사와 번제를 드린다는 것은 율법이 말하는 것처럼 우리가 하나님과 분리되었음을 가리키고, 하나님을 아는 것은 연합을 말한다.

예수를 아는 것이 곧 하나님을 알게 되는 것이므로 바울이 이를 가리켜 "그 안에는 지혜와 지식의 모든 보화가 감추어져 있느니라"

(골 2:3)라고 하였고, 또한 "예수를 아는 지식이 가장 고상하기 때문이라"(빌 3:8)라고 함과 같다.

이처럼 성경이 말하는 '무언가를 안다'는 것은 단순히 지식을 말하는 것이 아니라, 우리가 궁극적으로 알아야 할 대상인 오직 예수/하나님을 아는 지식을 말하는 것이고, 이는 예수/하나님과의 연합을 뜻한다.

이런 연유로 우리가 구원에 필요한 적정 수준 이상의 지식을 스스로 알아서 이를 스스로 믿고 구원에 이른 것이 아닌, 오직 성령의 무조건적 역사하심을 통해 예수(로고스)와의 연합을 이루어 구원에 이른 것이다.

이것이 "내가 그들에게 한 마음을 주고 그 속에 새 영을 주며"(겔 11:19)와 같이 예언된 성령의 역사하심이다. 바울은 이를 가리켜 다음과 같이 성령으로 아니하고는 예수를 주시라 할 수 없다고 하였다.

> 고전 12:3 "그러므로 내가 너희에게 알리노니 하나님의 영으로 말하는 자는 누구든지 예수를 저주할 자라 하지 아니하고 또 성령으로 아니하고는 누구든지 예수를 주시라 할 수 없느니라."

또한 성령이 하나님을 알게 하심에 관하여 다음과 같이 말하였다.

> 엡 1:17 "우리 주 예수 그리스도의 하나님, 영광의 아버지께서 지혜와 계시의 영을 너희에게 주사 하나님을 알게 하시고."

사도 요한도 이를 다음과 같이 말하였다.

요일 5:20 "또 아는 것은 하나님의 아들이 이르러 우리에게 지각을 주사 우리로 참된 자를 알게 하신 것과 또한 우리가 참된 자 곧 그의 아들 예수 그리스도 안에 있는 것이니 그는 참 하나님이시요 영생이시라."

우리가 참된 자를 스스로의 지식 혹은 누군가에게 배운 것으로 안 것이 아니요, 그가 우리에게 지각을 주어서 알게 하신 것을 말하고 있다. 이 알게 하심이란 곧 성령의 무조건적 역사하심을 통해 이루어진 연합이다.

예수께서는 이에 관하여 다음과 같이 선포하셨다.

마 11:27 "내 아버지께서 모든 것을 내게 주셨으니 아버지 외에는 아들을 아는 자가 없고 아들과 또 아들의 소원대로 계시를 받는 자 외에는 아버지를 아는 자가 없느니라."

'아들의 소원대로'라 하심은 아담 언약에서 설명한 대로 심판의 주체가 예수인 것을 가리킨다. 또한 이와 같은 맥락에서 베드로가 예수를 메시아로 알게 하신 이는 아버지라 말씀하심이다.

마 16:17 "예수께서 대답하여 이르시되 바요나 시몬아 네가 복이 있도다 이를 네게 알게 한 이는 혈육이 아니요 하늘에 계신 내 아버지시니라."

12
믿음에 관하여

이제까지 지식과 감각의 모든 것이 모형임을 설파하며 대표적으로 '보는 것'과 '아는 것'을 예시로 들어 살펴보았다.

우리가 무언가를 인지하는 대표적 수단인 시각은 참 빛 되신 예수를 보아야 함을 표상하며, 이는 예수께서 보게 하시는 것임을 살펴보았고, 우리가 무언가를 아는 것 또한 참지식 되신 예수를 알아야 함을 표상하며, 이러한 앎은 예수께서 지각을 주심으로 이루어지는 것을 살펴보았다. 그리고 이 모든 것이 예수와의 연합의 의미를 가지는 것 또한 살펴보았다.

그런즉 우리가 무언가를 믿는다고 할 때 그 믿음이 모형과 같은 지식과 의지에 바탕을 두는 것이라면 이와 같은 믿음은 우리의 감정, 감각과 같이 하나의 모형에 지나지 않을 것이다. 이러한 믿음이 야고보가 말한 행함이 없는 믿음, 즉 하나님께로부터 온 믿음이 아니기 때문에 하나님의 뜻을 이룰 수 없는 믿음이다.

그러므로 혹자가 생각하는 것처럼 하나님이 우리가 할 수 있는 아주 조그마한 영역을 남겨두심으로, 믿음은 우리 측에서 이루면 구원은 하나님 측에서 이루시는 것이 아니라, '보는 것'과 '아는 것'과 마찬가지로 믿음도 하나님이 주시는 것이다.

이에 대하여 살펴보기에 앞서 이제 설명될 내용의 집약체인 에스겔 37장 11-14절을 살펴보자.

> 겔 37:11 "또 내게 이르시되 인자야 이 뼈들은 이스라엘 온 족속이라 그들이 이르기를 우리의 뼈들이 말랐고 우리의 소망이 없어졌으니 우리는 다 멸절되었다 하느니라."
>
> 겔 37:12 "그러므로 너는 대언하여 그들에게 이르기를 주 여호와께서 이같이 말씀하시기를 내 백성들아 내가 너희 무덤을 열고 너희로 거기에서 나오게 하고 이스라엘 땅으로 들어가게 하리라."
>
> 겔 37:13 내 백성들아 내가 너희 무덤을 열고 너희로 거기에서 나오게 한 즉 너희는 내가 여호와인 줄을 알리라
>
> 겔 37:14 "내가 또 내 영을 너희 속에 두어 너희가 살아나게 하고 내가 또 너희를 너희 고국 땅에 두리니 나 여호와가 이 일을 말하고 이룬 줄을 너희가 알리라 여호와의 말씀이니라."

우리가 이미 죽은 자임은 앞서 설명하였다. 이것이 우리가 생기가 없는 뼈로 묘사된 것이고, 무덤 안에 있는 것으로 묘사된 것이다. 이와 같은 죽은 자는 스스로 무덤에서 나올 수 없다. 이를 위해서는 다른 이가 죽은 자에게 생명을 주어서 무덤 밖으로 끄집어내야만 한다.

이를 가리켜 하나님이 "내가 너희 무덤을 열고 너희로 거기에서 나오게 한즉"이라 하셔서, 우리로 무덤에서 나오게 하는 주체가 하나님이심을 말씀한다. 이렇게 생명을 받음 자체가 무덤 밖으로 나온 것이고, 이를 가리켜 "내 영을 너희 속에 두어 너희가 살아나게 하

고"(겔 37:14)라고 하신 것이다.

여기서 잘 분별해야 할 것은, 이는 죽은 자에게 스스로 살아나라 명하신 것이 아닌-즉 우리가 해야 할 영역이 있는 것이 아닌-하나님이 그의 영을 불어넣으심으로 죽은 자가 살아나게 하시는 것이고, 이 영을 받음 자체로 그와 연합되어 하나가 된 것이다.

이같이 에스겔 37장 13-14절에서 말하는 "내가 여호와인 줄을 알리라", "너희가 알리라" 하심도 앞서 '알다'에 관해 설명한 것처럼 하나님과 연합됨을 가리키는 말이지, 단순히 지식적으로만 알고 믿음은 차후의 문제라는 것이 아니다.

1) 예수 안에만 있는 믿음

이런 맥락에서 믿음은 하나님이 주시는 것임을 성경에서 살펴보자. 성경은 믿음이 예수 안에 있다고 한다.

> 딤전 3:13 "집사의 직분을 잘한 자들은 아름다운 지위와 그리스도 예수 안에 있는 믿음에 큰 담력을 얻느니라."
> 딤후 1:13 "너는 그리스도 예수 안에 있는 믿음과 사랑으로써 내게 들은 바 바른 말을 본받아 지키고."
> 딤후 3:15 "또 어려서부터 성경을 알았나니 성경은 능히 너로 하여금 그리스도 예수 안에 있는 믿음으로 말미암아 구원에 이르는 지혜가 있게 하느니라."

번외로, 예수 안에는 믿음뿐만 아니라 생명, 사랑, 구원, 은혜 및 모든 지식과 지혜의 보화가 있다(골 2:3).

먼저, 예수 안에 사랑이 있다.

> 롬 8:39 "높음이나 깊음이나 다른 어떤 피조물이라도 우리를 우리 주 그리스도 예수 안에 있는 하나님의 사랑에서 끊을 수 없으리라."

사랑은 오직 하나님께만 속한 것임을 앞서 살펴보았다. 그 사랑은 우리 스스로 발산하는 것이 아니요 오직 예수와 연합되는 것으로 얻을 수 있으며, 또한 사랑 그 자체가 곧 연합이다. 이 사랑에 관하여 바울은 "우리에게 주신 성령으로 말미암아 하나님의 사랑이 우리 마음에 부은 바 됨이니"(롬 5:5)라고 하여, 사랑이 성령을 통해 우리 마음에 부은 바 된 것이지 우리 스스로 발산한 것이 아님을 말하고 있다.

로마서 8장 39절에서는 사랑이 예수 안에 있다고 하고, 로마서 5장 5절에서는 사랑이 성령을 통해 주어졌다고 하나 이 둘이 다른 의미가 아닌 것은, 바울이 성령을 가리켜 "그리스도의 영"(롬 8:9)이라 하기 때문이다.

또한 예수 안에 은혜가 있다.

> 딤후 2:1 "내 아들아 그러므로 너는 그리스도 예수 안에 있는 은혜 가운데서 강하고."

예수 안에 속량이 있다.

> 롬 3:24 "그리스도 예수 안에 있는 속량으로 말미암아 하나님의 은혜로 값 없이 의롭다 하심을 얻은 자 되었느니라."

예수 안에 생명 및 생명의 약속이 있다.

12. 믿음에 관하여

요일 5:11 "또 증거는 이것이니 하나님이 우리에게 영생을 주신 것과 이 생명이 그의 아들 안에 있는 그것이니라."
요 1:4 "그 안에 생명이 있었으니 이 생명은 사람들의 빛이라."
딤후 1:1 "하나님의 뜻으로 말미암아 그리스도 예수 안에 있는 생명의 약속대로 그리스도 예수의 사도 된 바울은."

예수 안에 구원이 있다.

딤후 2:10 "그러므로 내가 택함 받은 자들을 위하여 모든 것을 참음은 그들도 그리스도 예수 안에 있는 구원을 영원한 영광과 함께 받게 하려 함이라."

그런즉 사람이 하나님으로부터 받을 수 있는 모든 것은 오직 예수 안에 있는 것이다. 에스겔 37장 14절 말씀과 같이 하나님이 그의 영을 주심으로 우리가 예수를 알게(연합) 된즉, 이 자체로 이루 말로 표현할 수 없는 모든 은혜를 하나님으로부터 다 받은 것이다.

이에 관하여는 세례 요한이 "만일 하늘에서 주신 바 아니면 사람이 아무것도 받을 수 없느니라"(요 3:27) 함과 같고, 예수님의 동생 야고보도 같은 맥락에서 "온갖 좋은 은사와 온전한 선물이 다 위로부터 빛들의 아버지께로부터 내려오나니 그는 변함도 없으시고 회전하는 그림자도 없으시니라"(약 1:17) 함과 같은 것으로, 믿음까지도 예수 안에만 있은즉 오직 예수와의 연합으로써 온전한 믿음을 얻는 것이다.

바울도 이를 가리켜 고린도후서 3장 5절에 "우리가 무슨 일이든지 우리에게서 난 것같이 스스로 만족할 것이 아니니 우리의 만족은 오직 하나님으로부터 나느니라"라고 하였으니, 무슨 일이든지 우리에게서 난 것같이 만족하지 말라 함은, 믿음까지도 우리에게서 난 것이 아니고 하나님께로부터 난 것임을 말하는 것이다.

그런즉 구원은 오직 하나님께 속하였다 함과 같이, 우리가 하나님께 드려야 하는 것과 우리가 해야 할 영역이란 것이 있을 수 없으므로 "누가 주께 먼저 드려서 갚으심을 받겠느냐"(롬 11:35)와 같은 말이 절로 나오는 것이다.

상급론

바울이 "주도 한 분이시요 믿음도 하나요 세례도 하나요"(엡 4:5)라고 함은 우리 모두가 오직 예수 안에 있는 하나의 믿음을 얻고, 오직 한 분이신 예수와 합하여 죽고 부활하는 하나의 세례를 받음으로 예수 안의 모든 충만한 은혜를 받았다는 것이다.

이로써 하나님과 합하게 되어 하나님 자체로 우리의 상급이 되는 것으로, 하나님이 상급임은 다음과 같이 구약에서부터 명백하다.

> **창 15:1** "이후에 여호와의 말씀이 환상 중에 아브람에게 임하여 이르시되 아브람아 두려워하지 말라 나는 네 방패요 너의 지극히 큰 상급이니라."
>
> **겔 44:28** "그들에게는 기업이 있으리니 내가 곧 그 기업이라 너희는 이스라엘 가운데에서 그들에게 산업을 주지 말라 내가 그 산업이 됨이라."

또한 성경은 이를 '상속'에 비유하였다. 예수는 하나님의 아들이므로 모든 것을 받을 상속자이시다.

12. 믿음에 관하여

히 1:2 "이 모든 날 마지막에는 아들을 통하여 우리에게 말씀하셨으니 이 아들을 만유의 상속자로 세우시고 또 그로 말미암아 모든 세계를 지으셨느니라."

또한 우리가 예수와 합하여 하나가 되었으므로 예수와 같은 상속자가 되었으니, 바울이 이를 가리켜 "자녀이면 또한 상속자 곧 하나님의 상속자요 그리스도와 함께한 상속자니"(롬 8:17)라고 하였다.

이렇게 예수 안에 하나님의 모든 은혜가 있으므로 우리가 예수와 합하였으면 그 자체로 모든 것을 얻은 것이고 그렇지 않으면 하나님 밖, 곧 죄 가운데 있는 것이므로 사도 요한이 이를 가리켜 "아들이 있는 자에게는 생명이 있고 하나님의 아들이 없는 자에게는 생명이 없느니라"(요일 5:12)라고 함과 같다.

이런 연유로 의인들 가운데 어떤 이가 다른 이보다 더 의롭다 함이 없으니, 모두가 하나님과 하나요 그 자체로 모든 충만한 의를 이룸이고, 죄인들 가운데 어떤 이가 다른 이보다 더 악하다 함이 있을 수 없으니, 죄인 된 그 자체로 하나님 밖이요 모든 충만한 악을 이룬 것이다.

그런즉 하나님 앞에서 자기가 이룩한 어떤 업적에 따라 차등의 상급을 받는다는 상급론은 터무니없는 것이다. 이러한 상급론은 필자가 논박할 필요도 없을 만큼 이미 많은 공격을 받아왔으나 아직도 이단 사이비에서는 사람들의 열심을 촉구하기 위해, 혹은 14만 4천 명 안에 들지 못할 수 있다며 두려움을 심기 위해 사람들을 미혹하니, 고의적으로 사람에게 두려움을 심는 자는 참으로 양심에 화인 맞은 자인 것이다.

이러한 상급론의 뿌리는 인간이 스스로 의로움을 낼 수 있다고 생각함과, 이 첫 창조의 세상에 속한 생활양식이 하나님 나라의 것과 유사할 것이라는 생각에서 비롯된 것인데, 이로 인해 하나님 나라에도 더 큰 상급, 지위 등이 있을 것이라 생각하여 자신의 업적에 따라 더 좋은 상급을 얻을 것이라 생각하는 것이다.

하나님 나라는 영적인 것이므로 우리 상식의 존재 양식을 초월한다. 바울은 이에 관하여 로마서 14장 17절에 "하나님의 나라는 먹는 것과 마시는 것이 아니요 오직 성령 안에 있는 의와 평강과 희락이라"라고 하였는데, 이에 관한 자세한 내용은 '하나님 나라'에서 설명한다.

이번엔 믿음은 하나님이 주신다는 것을 직접적으로 말하는 구절들을 살펴보자.

벧후 1:1 "예수 그리스도의 종이며 사도인 시몬 베드로는 우리 하나님과 구주 예수 그리스도의 의를 힘입어 동일하게 보배로운 믿음을 우리와 함께 받은 자들에게 편지하노니."

믿음을 받았다고 한다.

롬 12:3 "내게 주신 은혜로 말미암아 너희 각 사람에게 말하노니 마땅히 생각할 그 이상의 생각을 품지 말고 오직 하나님께서 각 사람에게 나누어 주신 믿음의 분량대로 지혜롭게 생각하라."

하나님이 각 사람에게 믿음을 나누어 주셨다고 한다.

엡 6:23 "아버지 하나님과 주 예수 그리스도께로부터 평안과 믿음을 겸한 사랑이 형제들에게 있을지어다."

하나님과 예수께로부터 오는 믿음에 대해 말하고 있다.

행 3:16 "그 이름을 믿으므로 그 이름이 너희가 보고 아는 이 사람을 성하게 하였나니 예수로 말미암아 난 믿음이 너희 모든 사람 앞에서 이 같이 완전히 낫게 하였느니라."

NASB 성경에서는 "예수로 말미암아 난 믿음"을 "faith which comes through Him"이라고 번역하여 이 믿음이 예수를 통하여 온 다는 의미를 명확히 하였다.

벧전 1:21 "너희는 그를 죽은 자 가운데서 살리시고 영광을 주신 하나님을 그리스도로 말미암아 믿는 자니 너희 믿음과 소망이 하나님께 있게 하셨느니라."

KJV 성경에서는 "그리스도로 말미암아 믿는 자"를 "Who by him do believe"라고 번역하였다. 이는 '그(그리스도)에 의해 믿는 자'라는 의미인데, 이 또한 우리 믿음이 스스로의 의지에 있는 것이 아닌 그리스도의 역사하심에 있음을 말한다.

고전 2:5 "너희 믿음이 사람의 지혜에 있지 아니하고 다만 하나님의 능력에 있게 하려 하였노라."

우리의 믿음이 하나님의 능력에 있다고 말하고 있다.

고전 12:3 "그러므로 내가 너희에게 알리노니 하나님의 영으로 말하는 자는 누구든지 예수를 저주할 자라 하지 아니하고 또 성령으로 아니하고는 누구든지 예수를 주시라 할 수 없느니라."

성령이 아니고서는 예수를 주시라 할 수 없다고 하니 예수를 주로 믿는 것은 성령의 조명하심이 우선되어야 하는 것이다.

행 15:8 "또 마음을 아시는 하나님이 우리에게와 같이 그들에게도 성령을 주어 증언하시고."
행 15:9 "믿음으로 그들의 마음을 깨끗이 하사 그들이나 우리나 차별하지 아니하셨느니라."

"믿음으로 그들의 마음을 깨끗이 하사"를 NASB 성경에서 "cleansing their hearts by faith"라 하여 by를 사용함으로 믿음이 그들의 마음을 깨끗이 한 수단임을 가리키고 있다. 그런즉 우리 마음에서 자생한 믿음으로 우리 마음을 깨끗이 하심은 불가능한 것이고, 성령을 통하여 온 믿음이 우리 마음을 깨끗게 한 것으로 보아야 한다.

갈 5:6 "그리스도 예수 안에서는 할례나 무할례나 효력이 없으되 사랑으로써 역사하는 믿음뿐이니라."

믿음이 사랑으로써 역사하는데, 사랑은 오직 하나님께만 속하였고 (요일 4:7), 이는 성령을 통하여 주어짐을 설명하였다(롬 5:5). 그리므로 사랑으로써 믿음이 역사한다는 것은 성령의 임하심을 전제로 이루어지는 것이므로, 이 또한 믿음이 하나님께로부터 옴을 말하고 있다.

12. 믿음에 관하여

> 요 6:29 "예수께서 대답하여 이르시되 하나님께서 보내신 이를 믿는 것이 하나님의 일이니라 하시니."

위 구절에서 "믿는 것"이라는 단어는 원어로 'πιστεύητε'가 쓰였는데, 이 단어는 2인칭 복수의 형태로 '너희가 믿는다'라는 뜻이다. 이와 똑같은 단어가 요한복음 6장 29절, 요한복음 10장 38절, 요한일서 5장 13절에서 같은 의미로 쓰였다.

NASB, KJV 성경은 이를 반영하여 개역개정의 "하나님께서 보내신 이를 믿는 것이 하나님의 일이니라"를 각각 "This is the work of God, that you believe in Him whom He has sent", "This is the work of God, that ye believe on him whom he hath sent"라고 번역하였다. 이 의미는 '하나님의 일'과 '너희가 하나님이 보내신 이를 믿는 것'이 동격으로 쓰여서 '너희가 예수를 믿는 것' = '하나님의 일'이라는 말이다.

이어지는 구절들을 살펴보건대, 이 구절의 의미는 하나님이 우리로 하여금 예수를 믿게 하는 일을 하신다는 것이지, 우리가 그를 믿음으로 하나님의 일을 한 것을 가리키는 것이 아님을 알 수 있다.

> 요 6:37 "아버지께서 내게 주시는 자는 다 내게로 올 것이요 내게 오는 자는 내가 결코 내쫓지 아니하리라."
> 요 6:44 "나를 보내신 아버지께서 이끌지 아니하시면 아무도 내게 올 수 없으니 오는 그를 내가 마지막 날에 다시 살리리라."
> 요 6:45 "선지자의 글에 그들이 다 하나님의 가르치심을 받으리라 기록되었은즉 아버지께 듣고 배운 사람마다 내게로 오느니라."

하나님이 우리로 하여금 예수를 믿게 하심을 가리켜 예수님은 "아버지께서 내게 주시는 자" 혹은 "아버지께서 이끌지 아니하시면 아무도 내게 올 수 없으니"라고 하셨다.

우리가 아버지의 역사하심을 통해 예수께 나아가게 되는 것인즉, 이는 우리가 성령의 조명하심을 통해 예수를 믿게 됨을 가리키는 것이다.

그러므로 아버지께서 이끌지 아니하신 자들을 가리켜 "너희가 내 양이 아니므로 믿지 아니하는도다"(요 10:26)라고 하신 것이고, 바울은 이를 가리켜 "만일 우리의 복음이 가리었으면 망하는 자들에게 가리어진 것이라"(고후 4:3)라고 한 것이다.

개혁주의 신앙관을 가진 이들은 이러한 택하심과 예정에 대한 내용이 익숙하리라 생각한다.

율법에 대해 다룰 때 사도 요한이 "우리가 사랑함은 그가 먼저 우리를 사랑하셨음이라"(요일 4:19)라고 한 것을 살펴본 것처럼, 사랑이란 오직 하나님께만 있고 이것은 성령을 통해 얻을 수밖에 없다고 하였듯이, 그가 우리를 사랑하였다는 것은 성령을 통한 선행(先行)적 조명하심에 대해 말하는 것이다.

그런즉 그가 우리를 사랑한 순간 우리 또한 성령을 통해 그를 사랑하게 되는 것이며, 앞서 살펴본 바와 같이 또한 믿게 되는 것이다.

이렇게 우리 믿음은 하나님께로부터 받은 것이므로, 성경은 모두가 똑같은 믿음을 가졌다고 한다. 이는 믿는 대상이 동일함을 말하는 것이 아니라, 그 주어진 믿음 자체가 동일함을 의미한다.

이를 가리키는 구절들을 살펴보자.

> 딛 1:4 "같은 믿음을 따라 나의 참 아들 된 디도에게 편지하노니 하나님 아버지와 그리스도 예수 우리 구주로부터 은혜와 평강이 네게 있을지어다."

여기서 '같은 믿음'이라는 부분은 NASB와 KJV 성경에서 "common faith"라고 번역하였다. 이는 우리의 믿음 자체가 공통적이라는 의미이다.

> 고후 4:13 "기록된바 내가 믿었으므로 말하였다 한 것같이 우리가 같은 믿음의 마음을 가졌으니 우리도 믿었으므로 또한 말하노라."

바울은 우리가 시편 116편 10절의 저자와 같은 믿음을 가졌음을 말하고 있다. 여기서 '마음'이라 번역된 단어는 원어로 '프뉴마'라 하여 영을 가리키는데, 개역개정 성경에서 어떤 연유로 '마음'이라 번역하였는지 알 수 없다. NASB와 KJV 성경에서는 "the same spirit of faith"라고 하여 같은 믿음의 영을 받았다는 의미를 명확히 하고 있다. 여기서 우리는 같은 성령을 받았으므로 우리가 받은 믿음 또한 동일함을 알 수 있다.

> 엡 4:4 "몸이 하나요 성령도 한 분이시니 이와 같이 너희가 부르심의 한 소망 안에서 부르심을 받았느니라."
> 엡 4:5 "주도 한 분이시요 믿음도 하나요 세례도 하나요."

성령이 한 분이시므로 그로부터 오는 믿음 또한 동일한 하나의 믿음인 것에 대해 말하고 있다.

이어서, 하나님께서 주신 믿음이 역사하는 내용들을 살펴보자.
아브라함에 대한 창세기의 서술과 로마서의 서술이 다름을 느낄 것이다.
하나님이 앞서 아브라함에게 "너로 큰 민족을 이루고"(창 12:2)라고 하셨으나, 아브라함은 이를 온전히 믿지 못하여서 엘리에셀이 상속자라고 말하거나(창 15:2), 사라가 아닌 하갈을 통해 자식을 낳았다(창 16:4).

그런데 로마서에는 다음과 같이 아브라함의 믿음이 약하여지지 않고 믿음으로 견고하여졌다고 서술한다.

> 롬 4:18 "아브라함이 바랄 수 없는 중에 바라고 믿었으니 이는 네 후손이 이같으리라 하신 말씀대로 많은 민족의 조상이 되게 하려 하심이라."
> 롬 4:19 "그가 백 세나 되어 자기 몸이 죽은 것 같고 사라의 태가 죽은 것 같음을 알고도 믿음이 약하여지지 아니하고."
> 롬 4:20 "믿음이 없어 하나님의 약속을 의심하지 않고 믿음으로 견고하여져서 하나님께 영광을 돌리며."

이는 로마서 4장 18절에서 서술된 바와 같이, 그가 많은 민족의 조상이 되게 하기 위해 하나님이 이를 이루게 할 믿음을 아브라함에게 주신 것이다.

사실 이 구절에서 '되게 하려'는 원어상 중간태의 형태로, 이는 '되게 하려'의 주체가 아브라함임을 나타낸다. NASB에서는 이 부분을 'so that he might become'이라고 번역하여 이러한 의미를 드러내었다. 그러나 이 일은 하나님이 '네 후손이 이 같으리라' 하신 말씀을 위해 이루어진 것으로, 이는 창세기의 서술과 같이 믿음이 없던 아브라함에게 하나님이 믿음을 주심으로 가능케 된 일이다. 로마서 4장 20절에서 믿음으로 견고하여졌다는 것 또한 하나님이 주신 믿음을 통해 견고하여졌음을 말한다.

사라에 대한 서술 또한 마찬가지다. 히브리서의 서술과 창세기의 서술이 다르다.

12. 믿음에 관하여

히브리서는 다음과 같이 사라가 하나님이 미쁘신 줄 알았다고 한다.

> 히 11:11 "믿음으로 사라 자신도 나이가 많아 단산하였으나 잉태할 수 있는 힘을 얻었으니 이는 약속하신 이를 미쁘신 줄 알았음이라."

그러나 창세기에서는 사라에게 아들이 있을 것이라는 말씀에 사라는 다음과 같이 생각하였다.

> 창 18:12 "사라가 속으로 웃고 이르되 내가 노쇠하였고 내 주인도 늙었으니 내게 무슨 즐거움이 있으리오."
>
> 창 18:13 "여호와께서 아브라함에게 이르시되 사라가 왜 웃으며 이르기를 내가 늙었거늘 어떻게 아들을 낳으리오 하느냐."

히브리서 11장 11절에서 '믿음으로'라는 말은 NASB에서 "by faith", KJV에서 "through faith"라 번역되었다. 이는 '믿음에 의해서', '믿음을 통하여'라는 의미로 믿음이 어떤 수단과 같은 개념으로 사용되었다.

사라가 잉태할 힘을 얻은 것이 믿음이라는 수단을 통해서 된 것인데, 이 믿음은 사라의 믿음이 아니요 하나님이 주신 믿음이므로 속으로 웃었던 사라에게 잉태할 힘을 얻게 한 것이다.

이어서, 요한복음에서 제자들의 믿음에 대해 서술한 내용들이 이상하다 느꼈을지 모른다.

> 요 2:22 "죽은 자 가운데서 살아나신 후에야 제자들이 이 말씀하신 것을 기억하고 성경과 예수께서 하신 말씀을 믿었더라."

이 구절을 보면, 예수께서 부활하시기 전에는 제자들에게 믿음이 없었다는 것처럼 서술되었기 때문이다. 그러나 제자들은 그를 그리스도인 줄 믿고 따르며 고백하지 않았던가?

이는 그들의 믿음이 하나님께로부터가 아닌 사람의 마음에서 나온 것이므로, 예수께서 이를 가리켜 "네가 하나님의 일을 생각하지 아니하고 도리어 사람의 일을 생각하는도다"(마 16:23), "이제는 너희가 믿느냐"(요 16:31), "너희가 다 각각 제 곳으로 흩어지고 나를 혼자 둘 때가 오나니"(요 16:32)라고 하심으로 그들의 인간적 믿음의 한계를 드러내심과 같다.

아브라함, 사라가 그들의 힘으로 온전히 믿을 수 없을 때 하나님이 주신 믿음으로 하나님의 말씀을 이루었듯이, 예수의 제자들의 경우도 마찬가지다. 제자들의 믿음이 인간적인 믿음이나 예수가 부활하신 후에야 그들이 믿었다 함은 하나님이 믿음을 주셨음을 말하는 것이다.

이는 주께서 "보혜사 곧 아버지께서 내 이름으로 보내실 성령 그가 너희에게 모든 것을 가르치고 내가 너희에게 말한 모든 것을 생각나게 하리라"(요 14:26)라고 하심과 같이, 제자들이 성령을 받고서야 그들이 성경과 예수께서 하신 말씀을 믿을 수 있었던 것이다.

이런 맥락에서 바울은 "우리가 성령으로 믿음을 따라 의의 소망을 기다리노니"(갈 5:5)라고 하였다. 단순히 우리가 의의 소망을 기다린다고 하지 않고 '성령으로 믿음을 따라'라는 말을 붙인 것은, 우리가 의의 소망을 기다리게 된 것이 성령과 믿음으로 인한 것임을 밝히는 것이다.

이처럼 소망 또한 하나님이 주신 것인즉, 시편 기자는 이를 가리켜 "주의 종에게 하신 말씀을 기억하소서 주께서 내게 소망을 가지게 하셨나이다"(시 119:49)라고 하였다.

그러므로 바울은 다음과 같이 하나님을 '소망의 하나님'이라 하였고, 그가 성령의 능력으로 소망이 넘치게 하시길 원한다고 한 것이다.

> 롬 15:13 "소망의 하나님이 모든 기쁨과 평강을 믿음 안에서 너희에게 충만하게 하사 성령의 능력으로 소망이 넘치게 하시기를 원하노라."

2) 왜 믿음인가?

첫 창조의 세상은 우리와 하나님과의 연합의 통로라 하였다. 그 연합은 성령을 통하여 주어진 믿음으로 이루어진다.

하나님의 말씀을 듣고 믿음을 통하여(롬 10:17) 그 말씀이 우리 마음 가운데 거하는 것(렘 31:33; 고후 3:3)이 하나님의 말씀과 우리와의 연합이고, 이것이 우리와 예수가 연합되었다고 하는 것이다.

우리도 첫 창조의 것으로 빚어진 것이요, 하나님의 말씀도 첫 창조의 것으로 표현됨으로, 이 둘이 첫 창조를 통로로 하여 연합될 수 있는 것이다. 이러한 믿음의 결합적 성질이 믿음의 본질적 의미에 해당한다.

이에 관하여는 '로고스와 연합'에서 설명하고, 여기서는 믿음의 보증적 성질에 대해 다루고자 한다.

앞서 말한 것처럼, 우리가 육으로는 첫 창조의 멸함을 겪고 있는 과정 속에 있으므로, 비록 우리가 예수와 한 지체가 되어 온전한 지식과 믿음을 얻었고 이미 하나님 나라에 있다고 하나(골 1:13; 엡 2:6), 육을 입은 지금은 이를 감각적으로 감지할 수 있는 것이 아니다. 이러한 것은 영적인 것에 해당되기 때문이다.

이에 관하여 바울이 "지금은 내가 부분적으로 아나 그때에는 주께서 나를 아신 것같이 내가 온전히 알리라"(고전 13:12) 혹은 "내가 이미 얻었다 함도 아니요 온전히 이루었다 함도 아니라"(빌 3:12)라고 한 것이 이러한 의미이다.

우리의 머리 되신 그리스도께서 우리를 이끌고 아버지께 가심으로 모든 것이 완료가 되었으면서도, 한편으로 아직 육체의 남은 때(벧전 4:2)를 살고 있는 우리는, 머리 되신 그의 발자취를 따라가는 과정에 있는 것이다.

바울은 이에 관하여 "그리스도의 남은 고난을 그의 몸 된 교회를 위하여 내 육체에 채우노라"(골 1:24)라고 하였는데, 이는 그리스도께서 아직 이루지 못한 남은 고난이 있다는 것이 아니라, 그와 한 몸, 한 지체가 된 우리가 따라가야 할 그의 발자취를 가리켜 '그리스도의 남은 고난'이라 말함이다. 즉 우리와 그리스도가 한 지체를 이루었으므로(롬 12:5) 우리의 고난을 그리스도의 남은 고난이라 표현한 것이며, 우리의 입장에선 머리 되신 그리스도가 '이미 겪은' 일을 '겪는 도중'에 있음을 가리킨다.

그러므로 아직 육체의 남은 때(벧전 4:2)를 살아가는 우리가 영적인 것에 대해 무엇 하나 온전히 알 수 없기에 믿음의 영역이 필요하다. 예수를 믿는다 함은, 나 자신은 영적인 것에 관하여 무엇 하나 이룰 수 없고, 오직 예수만 의지하여 그가 구원을 비롯한 모든 것을 다 이루실 것임을 믿고 의지한다는 말이다.

예수께서 "내가 능히 이 일 할 줄을 믿느냐"(마 9:28)라고 하시어 믿음을 물으신 것과, 바울이 "주 예수를 믿으라 그리하면 너와 네 집이 구원을 받으리라"(행 16:31)와 같이 믿음을 권고하는 것은, 오직 예수께서 모든 것을 이루실 것을 믿고 전적으로 의지하라는 말이다. 즉 주께서 "두려워하지 말고 믿기만 하라 그리하면 딸이 구원을 얻으리라"(눅 8:50) 하심과 같다.

심지어 이렇게 예수가 다 이루실 것을 믿는 그 믿음조차 하나님께로부터 온 것임을 앞서 살펴보았으니, 이것이 은혜로 택하심이란 것이고(롬 11:5), 은혜가 진정으로 은혜 되는 것이다(롬 11:6).

이렇게 우리가 오직 예수를 전적으로 의지하여 그가 이미 모든 것을 이루셨으며(뜻이 하늘에서 이루어진 것같이) 역사 속에서도 이루실 것을(땅에서도 이루어질 것을) 믿고 있다는 자체가 가리키는 것은, 믿음이 성령을 통해 오는 것임을 확인한 바와 같이 이미 우리가 성령을 받았다는 것이다.

성경은 다음과 같이 우리가 받은 성령이 하나님께로부터 주어진 보증이라고 서술하고 있다.

> 고후 1:22 "그가 또한 우리에게 인치시고 보증으로 우리 마음에 성령을 주셨느니라."
> 고후 5:5 "곧 이것을 우리에게 이루게 하시고 보증으로 성령을 우리에게 주신 이는 하나님이시니라."

그리고 성령을 통해 받은 믿음이 보이지 않는 것들, 곧 영적인 것의 증거라고 한다.

> 히 11:1 "믿음은 바라는 것들의 실상이요 보이지 않는 것들의 증거니."
> 히 11:2 "선진들이 이로써 증거를 얻었느니라."
> 히 11:3 "믿음으로 모든 세계가 하나님의 말씀으로 지어진 줄을 우리가 아나니 보이는 것은 나타난 것으로 말미암아 된 것이 아니니라."

믿음을 가진 것 자체가 증거요 보증이라 하면 세상 사람들은 코

웃음을 칠 것이나, 성도들은 믿는다 함이 얼마나 신비스러운 일인지를 아는 자들이다. 성경은 지금 믿고 있다는 자체만으로 성령의 보증을 받은 것이라고 말씀하기 때문이다.

13
행함에 관하여

　여기까지 믿음은 하나님이 주신다는 것을 살펴보았다. 즉 성경은 하나님께서 "내가 또 내 영을 너희 속에 두어 너희가 살아나게 하고"(겔 37:14)라고 하심과 같이 구원은 전적으로 하나님께 속하였고, 이미 죽은 자와 같은 사람이 구원을 위해 해야 할 영역은 존재하지 않음을 말하고 있다.
　그런데 야고보가 "행함으로 의롭다 하심을 받고 믿음으로만은 아니니라"(약 2:24)라고 한 말을 보면, 마치 사람이 의를 얻기 위해서는 행함이 필요한 것처럼 보인다.
　야고보서의 이와 같은 내용들이 성경이 말하는 믿음과 구원에 대한 사상과 대치되는 것처럼 보이기 때문에, 이로 인한 유명한 일화로, 이신칭의를 강조했던 종교개혁자 루터는 야고보서를 '지푸라기 서신'이라 하였다.
　사실 야고보는 행함이란 것이 하나님이 주신 믿음에 있음을 설파하는 것이므로, 그는 믿음이 하나님께로부터 오는 것의 연장선에서 말하고 있다.
　이를 확인하여 행함의 뿌리도 하나님께 있은즉, 바울이 "만일 은혜로 된 것이면 행위로 말미암지 않음이니 그렇지 않으면 은혜가 은혜 되지 못하느니라"(롬 11:6)라고 말한 것이 성경을 통괄하는 구원에 대한 사상임을 거듭 살펴보고자 한다.

1) 야고보서의 행함

아마 야고보서를 읽으며 로마서의 내용과 상당 부분 대치된다고 느꼈을 사람도 있을 것이고, 각자의 신앙관에 따라 나름대로 일관성을 찾거나 혹은 절충적으로 받아들였을 사람도 있으리라 생각한다. 혹은 실제로 행위를 통해 '의'라는 것을 얻을 수 있다고 생각하였을지도 모른다.

혹자는 "이로 보건대 사람이 행함으로 의롭다 하심을 받고 믿음으로만은 아니니라"(약 2:24)는 이 말씀을 가리켜 행함도 구원의 필요 요소라고 말하기도 힌다.

만약 그렇다면 우리가 계명을 지킬 때 어느 깊이까지 알고 지켜야 하며 어느 수준까지 짜내어 지켜야 한단 말인가? 인간은 흙에 속하여 하늘의 것을 아무것도 알 수 없으므로(요 3:12; 고전 15:48) 무엇을 행해야 할지도 알지 못하거니와, 그 마음이 만물보다 심히 부패하였으니(렘 17:9) 심히 부패함 그 자체에서 그 누가 능히 깨끗한 것을 꺼내어 주께 드릴 수 있겠는가?(욥 14:4; 시 7:14)

우리가 행위로 할 수 있는 것은 꾸며낸 겸손일 뿐이고(골 2:18), 이는 단지 하나님과의 관계가 아닌 인간 간의 관계에서 외적인 모습으로 보이는 것에 지나지 않으므로 예수께서 이를 가리켜 "화 있을진저 외식하는 서기관들과 바리새인들이여 회칠한 무덤 같으니 겉으로는 아름답게 보이나 그 안에는 죽은 사람의 뼈와 모든 더러운 것이 가득하도다"(마 23:27)라고 하심과 같다.

성경이 말하는 행위란, 육적 이스라엘이 생각하는 율법의 조문을 행한다든가 인간의 윤리나 도덕적 행위를 가리키는 것이 아니라, 하나님의 뜻을 이루는 행위를 가리킨다. 이는 마치 창세기 1장 3절에 "하나님이 이르시되 빛이 있으라 하시니 빛이 있었고" 함과 같이 그 말씀이 그대로 이루어지는 것과 같은 것이다.

오직 하나님만 선하시므로(마 19:17) 하나님의 뜻을 이루는 행위가 곧 선한 일이다.

"빛이 하나님이 보시기에 좋았더라"(창 1:4)에서 '좋다'로 번역된 히브리어는 '선하다'라는 의미로 NASB와 KJV에서는 이를 'good'이라 번역하였다.

첫 창조는 하나님과 피조물의 연합의 통로이자 멸하여질 것을 전제로 창조되었다고 하였다(사 46:10). 그런즉 그가 보시기에 좋았더라, 곧 선하다 하심은 참 빛(요 1:9)을 모형으로 하는 첫 창조의 빛을 가리키는 것이 아니라, 오직 하나님의 뜻과 예정대로 된 것을 가리키는 말이다.

첫 창조를 하신 선하신 뜻 속에 숨겨진 모든 비밀(엡 3:9)은 그리스도의 복음을 가리키므로, 바울은 이를 가리켜 다음과 같이 말하였다.

> 엡 2:10 "우리는 그가 만드신 바라 그리스도 예수 안에서 선한 일(NASB: good works)을 위하여 지으심을 받은 자니 이 일은 하나님이 전에 예비하사 우리로 그 가운데서 행하게(NASB: walk in them) 하려 하심이니라."

여기 "선한 일"에서 '일'은 야고보서 2장 24절의 행함과 원어상 같은 단어이다. 율법의 명령이 예수(율법)와의 '연합'을 가리키는 것임을 살펴보았듯이, 이와 마찬가지로 에베소서 2장 10절에서 선한 일은 예수 안에서 이루어지므로 '연합'을 가리킨다. 이 연합을 이루는 것이 하나님의 뜻을 이루는 행위이며, 또한 하나님의 예정대로 된 것이므로 하나님이 보시기에 선한 것이다.

여기서 중요한 논점은 '이 행함의 주체가 우리인가, 아니면 하나님인가?'이다.

이사야서에서는 하나님이 그의 모든 기뻐하는 것을 이루신다고 하였다.

> 사 26:12 "여호와여 주께서 우리를 위하여 평강을 베푸시오리니 주께서 우리의 모든 일도 우리를 위하여 이루심이니이다."
> 사 37:32 "이는 남은 자가 예루살렘에서 나오며 피하는 자가 시온 산에서 나올 것임이라 만군의 여호와의 열심이 이를 이루시리이다."
> 사 46:10 "내가 시초부터 종말을 알리며 아직 이루지 아니한 일을 옛적부터 보이고 이르기를 나의 뜻이 설 것이니 내가 나의 모든 기뻐하는 것을 이루리라 하였노라."

예수께서도 "사람으로는 할 수 없으나 하나님으로서는 다 하실 수 있느니라"(마 19:26)라고 하시어 하나님의 뜻은 하나님께서 이루실 것임을 말씀하셨다. 믿음도 하나님이 주시는 것임을 살펴본 것처럼, 성경이 말하는 행함, 곧 그가 택하신 이의 연합을 이루는 주체도 하나님이신 것이다.

다만, 그의 모든 행함의 형태는 우리라는 통로를 통해서 나타난다.

앞서 아브라함과 사라의 사례에서 하나님께로부터 온 믿음이 그들을 견인하였음을 살펴보았다. 이는 바울이 "네 후손이 이 같으리라 하신 말씀대로 많은 민족의 조상이 되게 하려 하심이라"(롬 4:18)라고 함과 같이, 하나님은 그의 뜻을 이루기 위해 아브라함과 사라를 그의 행함의 통로로 쓰셨다.

우리의 경우도 마찬가지다. 예수께서 일차적으로 이웃 사랑을 이루시면 그의 지체가 되어 예수 안의 믿음을 얻은 사람은 주께서 "나를 믿는 자는 내가 하는 일을 그도 할 것이요"(요 14:12)라고 말씀하신 바와 같이 이차적 이웃 사랑을 이룰 수밖에 없다.

우리의 이러한 이차적 행함의 뿌리도 결국 하나님께 있으므로 성경이 말하는 모든 행함의 뿌리는 하나님께 있다.

야고보가 말하는 행함은 바로 이와 같은 이차적 이웃 사랑인 것으로, 야고보서를 이해하는 데 바탕이 되는 핵심 구절은 다음 구절이며, 여기서 야고보는 이 이웃 사랑에 대해 말하고 있다.

> 약 1:25 "자유롭게 하는 온전한 율법을 들여다보고 있는 자는 듣고 잊어버리는 자가 아니요 실천하는 자니 이 사람은 그 행하는 일에 복을 받으리라."

자유롭게 하는 온전한 율법이란 야고보가 "네 이웃 사랑하기를 네 몸과 같이 하라 하신 최고의 법을 지키면 잘하는 것이거니와"(약 2:8)라고 함과 같이 이웃 사랑(복음)을 말한다. 믿음이 하나님께로부터 온다 하였듯이, 사람이 이를 들여다보고 있는 자체로 하나님이 그 안에서 이미 일을 하신 것이며(요 17:4), 또한 그를 통하여 계속해서 이웃 사랑을 이루시기 때문에 그가 곧 실천하는 자라는 것이다(빌 2:13).

야고보가 "행함이 없는 믿음은 그 자체가 죽은 것이라"(약 2:17)라고 한 것도 바로 이에 대해 말한 것이다. 믿음이 하나님께로부터 왔으므로 그 믿음으로부터 온전한 율법을 들여다보는 행함이 나올 것인데(약 1:25), 이 행함이 없다면 그 믿음도 하나님이 주신 믿음이 아니라는 것이다.

이처럼 행함의 뿌리는 하나님께 있고 우리는 하나님의 행함의 통로로서 이 땅에 존재하고 있다. 이것이 베드로가 "하나님의 뜻을 따라 육체의 남은 때를 살게 하려 함이라"(벧전 4:2)라고 한 말의 의미이다.
바울이 "우리가 그리스도를 대신하여 사신이 되어 하나님이 우리를 통하여 너희를 권면하시는 것같이"(고후 5:20)라고 한 말에는 이와 같은 내용이 요약되어 있다.
또한 그는 이를 가리켜 "이제는 내가 사는 것이 아니요 오직 내 안에 그리스도께서 사시는 것이라"(갈 2:20)라고 한 것인데, 행하게 하시는 이가 그리스도이므로 내 안에 그리스도께서 사신다고 한 것이다.

다음 구절들의 "우리에게 행할 마음을 주셨다" 혹은 "내 규례를 지켜 행하게 하리라" 하는 내용도, 우리가 예수와 연합되는 것과 또한 그의 지체로서 복음의 제사장(롬 15:16)의 직분을 수행하게 됨을 말하는 것이다.

> 잠 2:20 "지혜가 너를 선한 자의 길로 행하게 하며 또 의인의 길을 지키게 하리니."
> 겔 11:20 "내 율례를 따르며 내 규례를 지켜 행하게 하리니 그들은 내 백성이 되고 나는 그들의 하나님이 되리라."
> 요 14:12 "내가 진실로 진실로 너희에게 이르노니 나를 믿는 자는 내가

하는 일을 그도 할 것이요 또한 그보다 큰 일도 하리니 이는 내가 아버지께로 감이라."

빌 2:13 "너희 안에서 행하시는 이는 하나님이시니 자기의 기쁘신 뜻을 위하여 너희에게 소원을 두고 행하게 하시나니."

또한 바울은 다음과 같이 하나님의 뜻대로 하는 근심은 구원에 이르게 하는 회개를 이룬다(KJV: worketh)고 하였다.

고후 7:10 "하나님의 뜻대로 하는 근심은 후회할 것이 없는 구원에 이르게 하는 회개를 이루는(KJV: worketh) 것이요 세상 근심은 사망을 이루는 것이니라."

이 구절에서 "이루는"이라 번역된 단어는 야고보서 2장 24절에서의 행함과 원어상 같은 단어이다. 여기서 바울은 행함의 주체가 우리에게 있는 것이 아니라 '하나님의 뜻대로 하는 근심', 즉 하나님께 있음을 말하고 있다.

구약에서 이러한 일환으로 하나님께 기도할 때 "내가 율례를 지키겠다" 하지 않고 "율례를 지켜 행하게 하소서" 하는 내용이 있다. 이는 구원이 하나님께 속하였다 함과 같이, 행함 또한 하나님이 행하게 하심으로(빌 2:13) 모든 일이 하나님의 뜻대로 이루어지기 때문이다.

대상 29:19 "또 내 아들 솔로몬에게 정성된 마음을 주사 주의 계명과 권면과 율례를 지켜 이 모든 일을 행하게 하시고 내가 위하여 준비한 것으로 성전을 건축하게 하옵소서 하였더라."

왕상 8:58 "우리의 마음을 주께로 향하여 그의 모든 길로 행하게 하시오며 우리 조상들에게 명령하신 계명과 법도와 율례를 지키게 하시기를 원하오며."

시 119:5 "내 길을 굳게 정하사 주의 율례를 지키게 하소서."

시 119:35 "나로 하여금 주의 계명들의 길로 행하게 하소서 내가 이를 즐거워함이니이다."

시 143:10 "주는 나의 하나님이시니 나를 가르쳐 주의 뜻을 행하게 하소서 주의 영은 선하시니 나를 공평한 땅에 인도하소서."

결론은, 행함이란 하나님의 뜻을 이루는 행위라는 것이다. 그리고 이 행함은 오직 하나님께서 이루셨고, 또한 우리 안에 그리스도가 사신즉(갈 2:20) 우리 안에서 그가 행하심으로 창세 전부터 계획된 복음을 계속해서 이루시는 것이다(빌 2:13).

바울은 예수께서 이루신 행함, 곧 일차적 이웃 사랑과 그가 우리 안에서 이루시는 행함, 곧 이차적 이웃 사랑을 다음과 같이 정리하였다.

고후 5:18 "모든 것이 하나님께로서 났으며 그가 그리스도로 말미암아 우리를 자기와 화목하게 하시고 또 우리에게 화목하게 하는 직분을 주셨으니."

2) 야고보서 읽기

믿음이 하나님께로부터 오고, 행함은 하나님이 주신 믿음으로부터 나온다고 하였다. 그리하여 야고보는 야고보서 2장 18절에 "어떤 사람은 말하기를 너는 믿음이 있고 나는 행함이 있으니 행함이 없는 네 믿음을 내게 보이라 나는 행함으로 내 믿음을 네게 보이리라 하리라"라고 하여 믿음을 나누되 '행함이 있는 믿음'과 '행함이 없는 믿음'으로 나누고 있다. 이는 믿음이 있는 것처럼 보이는 자가 전부 "예수 안에 있는 믿음"(딤후 3:15)을 가진 자는 아니라는 것이다.

야고보서를 피상적으로 읽게 되면 행위 구원을 강조한다고 생각할지 모르나, 야고보서 2장 18절은 개혁주의 5대 강령 중 전적 타락에 대해 말하고 있으므로 개혁주의의 극치를 이룬다.

앞서 믿음에 대해 다룬 것처럼, 인간은 스스로 믿음을 짜내어 의롭게 될 수 없고 믿음조차 하나님이 주시는 것이라 하였다. 그런데 세상에 각양각색의 종교가 있고 각 종교마다 신자들이 있는 것처럼, 그러한 일환으로 교회 내에도 인간 차원에서의 종교적 믿음을 가진 자가 있을 수 있다.

그러나 야고보는, 그런 믿음은 행함이 없는 믿음이라 하여 하나님의 뜻을 이루는 행함을 이룰 수 없음을 설파한다.

이러한 맥락에서 야고보가 행함을 권면하는 것으로 보이는 야고보서 2장 5-17절 및 야고보서 2장 21-26절의 내용을 살펴볼 것인데, 야고보서 2장 5-17절은 복음의 행함에 대해 말하고 있고, 야고보서 2장 21-26절은 야고보서 2장 18절의 연장선에서 행함 있는 믿음에 대해 말하고 있음을 살펴볼 것이다.

> 약 2:5 "내 사랑하는 형제들아 들을지어다 하나님이 세상에서 가난한 자를 택하사 믿음에 부요하게 하시고 또 자기를 사랑하는 자들에게 약속하신 나라를 상속으로 받게 하지 아니하셨느냐."

가난한 자들을 믿음에 부요케 하셨다 함과 같이, 여기서 말하는 가난과 부요는 '모형으로서의 율법과 그 속의 진의'에서 설명한 것처럼 비유적 표현이다. 예수께서도 구약에서 말하는 가난에 대한 사상을 언급하신 만큼 야고보도 이를 계승하여 사용한 것이다.

가난한 자와 부자는 자기 의가 없는 자와 있는 자(바리새인)를 가리키는데, 이는 다음 구절에서 명백히 드러난다.

> 약 2:6 "너희는 도리어 가난한 자를 업신여겼도다 부자는 너희를 억압하며 법정으로 끌고 가지 아니하느냐."
> 약 2:7 "그들은 너희에게 대하여 일컫는 바 그 아름다운 이름을 비방하지 아니하느냐."

부자가 그 아름다운 이름을 비방한다 하는 점에서 부자는 그리스도인을 괴롭게 하는 율법주의 유대인을 가리킨다. 이는 야고보서 5장 6절의 "너희는 의인을 정죄하고 죽였으나 그는 너희에게 대항하지 아니하였느니라"는 구절을 통해 이를 확증할 수 있다. 야고보서 5장 6절의 내용은 문맥상 부자에게 하는 말인데, 이들이 의인을 정죄하고 죽였다 함에서 이들은 문자 그대로의 부자가 아니라 율법주의 유대인임을 알 수 있다.

> 약 2:8 "너희가 만일 성경에 기록된 대로 네 이웃 사랑하기를 네 몸과 같이 하라 하신 최고의 법을 지키면 잘하는 것이거니와."
> 약 2:9 "만일 너희가 사람을 차별하여 대하면 죄를 짓는 것이니 율법이 너희를 범법자로 정죄하리라."
> 약 2:10 "누구든지 온 율법을 지키다가 그 하나를 범하면 모두 범한 자가 되나니."
> 약 2:11 "간음하지 말라 하신 이가 또한 살인하지 말라 하셨은즉 네가 비록 간음하지 아니하여도 살인하면 율법을 범한 자가 되느니라."

여기서 복음을 표상하는 이웃 사랑과 이와 대조되는 율법 이야기가 나온 것으로 봐서, 야고보가 말하는 가난한 자와 부자는 예수께서 하신 비유를 계승한 것임이 다시금 확인된다.

베드로가 할례자들을 두려워하여 외식을 행함으로 바울에게 질책을 받은 것처럼(갈 2:11-14), 야고보가 말하는 사람을 차별하여 대한다는 것은 가난한 자와 부자를 대우함에 있어서 차별한다는 문자 그대로의 의미가 아니라, 율법주의 유대인과 교류할 때와 그리스도인이 된 이방인과 교류할 때가 일관적이지 않고, 베드로처럼 때론 율법주의가 되기도 하는 등의 이중적인 모습을 지적하는 것이다.

그러므로 율법이 너희를 범법자로 만든다고 하는 것은, 은혜 안에 거한다 하면서도 율법주의의 모습을 완전히 버리지 않으면, 아직도 율법 아래에 있는 자와 같으므로 그 율법이 너희를 범법자로 만든다는 것이다. 바울도 이러한 것을 가리켜 갈라디아서 2장 18절에 "만일 내가 헐었던 것을 다시 세우면 내가 나를 범법한 자로 만드는 것이라"라고 하였다.

> 약 2:12 "너희는 자유의 율법대로 심판받을 자처럼 말도 하고 행하기도 하라."
> 약 2:13 "긍휼을 행하지 아니하는 자에게는 긍휼 없는 심판이 있으리라 긍휼은 심판을 이기고 자랑하느니라."

자유의 율법이란 앞서 말한 이웃 사랑의 법을 말하는 것이고, 이는 복음서에서 '긍휼'이란 단어로 표현되었다(마 9:13).

율법의 일차적 수신자가 예수라 하였듯이, 예수께서 "긍휼히 여기는 자는 복이 있나니 그들이 긍휼히 여김을 받을 것임이요"(마 5:7)라고 하신 말씀은 일차적으로 예수께서 이루실 일을 가리키며, 이차적으로는 예수의 지체 된 우리가 이루게 될 일을 가리킨다.

베드로는 그가 행하신 긍휼을 가리켜 "너희가 전에는 백성이 아니더니 이제는 하나님의 백성이요 전에는 긍휼을 얻지 못하였더니 이제는 긍휼을 얻은 자니라"(벧전 2:10)라고 하였다.

그런즉 야고보가 행하라 하는 긍휼은 단순히 인간적 차원의 자선 같은 것이 아니요, 이웃에게 진정한 생명을 줄 수 있는 참다운 이웃 사랑인 자유의 율법을 행하라 함이다. 긍휼을 행하지 않는다 함은 야고보서 1장 25절에서 말한 것과 같이, 복음을 들여다보는 자가 아니요 율법 아래 있는 자이므로 긍휼 없는 심판이 있다는 것이다. 야고보는 이처럼 율법과 복음에 대해 일관적으로 말하고 있다.

> 약 2:14 "내 형제들아 만일 사람이 믿음이 있노라 하고 행함이 없으면 무슨 유익이 있으리요 그 믿음이 능히 자기를 구원하겠느냐."
> 약 2:15 "만일 형제나 자매가 헐벗고 일용할 양식이 없는데."
> 약 2:16 "너희 중에 누구든지 그에게 이르되 평안히 가라, 덥게 하라, 배부르게 하라 하며 그 몸에 쓸 것을 주지 아니하면 무슨 유익이 있으리요."
> 약 2:17 "이와 같이 행함이 없는 믿음은 그 자체가 죽은 것이라."

그러므로 여기서 말하는 행함은 자유의 율법과 긍휼에 대해 말하는 것이며, 이를 비유적으로 가리키고 있다.

형제나 자매가 헐벗었다는 것은, 창세기에 아담과 하와가 하나님 앞에 벌거벗음과 같이 빛나는 세마포(계 19:8)를 입지 못한 것을 가리키며, 예수께서 천국 비유에서 말한 예복을 입지 못하였음을 가리킨다(마 22:12). 일용할 양식은 출애굽한 이스라엘이 교회의 시대로 표상되는 40년 동안 계속해서 먹은 만나를 가리키는데, 이는 곧 그리스도라는 생명의 떡을 표상하는 것이다(요 6:51).

그러므로 일용할 양식이 없다 함은 그가 생명의 떡을 갖지 못함을 가리키고, 야고보는 이를 보고도 행함이 없는 것을 가리켜 그 믿음이 죽었다고 한 것이다.

양식에 관한 사건으로 흔히 아는 복음서의 오병이어 사건은 하나님 나라를 설명하는 것인데, 바울이 "떡이 하나요 많은 우리가 한 몸이니 이는 우리가 다 한 떡에 참여함이라"(고전 10:17)라고 함과 같이, 하나님 나라는 예수의 몸이라는 하나의 떡에 많은 이들이 참여한 것임을 보여주는 것이다.

여기서 예수께서 "갈 것 없다 너희가 먹을 것을 주라"(마 14:16)라고 하신 말씀은, 부활의 주께서 분부하신 "내 어린 양을 먹이라(요 21:15)고 하신 말씀과 같이 복음의 의미를 함의한 비유의 말씀으로, 이는 일용한 양식이 없는 이들에게 썩을 양식이 아닌 영생하도록 있는 양식을 주라는 것이다(요 6:27).

이같이 여기서 야고보가 말하는 행함은 야고보서 2장 8절에서 최고의 법이라고 한, 이웃 사랑인 복음의 행함을 말하는 것이다. 그는 복음의 행함이 없는 믿음을 가리켜 죽었다고 하였다.

다음으로 아브라함의 행함에 대해 설명하는 야고보서 2장 21-24절을 살펴보자. 야고보는 아브라함이 이삭을 바치려 행한 것을 가리켜, 사람이 행함으로 의롭다 함을 얻고 믿음만으로는 아니라고 한다. 반면 로마서는 아브라함의 언약이 믿음의 의로 말미암은 것이라 서술하고(롬 4:13), 히브리서는 믿음으로 이삭을 드렸다고 서술하고 있는데(히 11:17), 이 또한 피상적으로 보면 야고보서와 그 외 서신들이 대치되는 것처럼 보인다.

약 2:21 "우리 조상 아브라함이 그 아들 이삭을 제단에 바칠 때에 행함으로 의롭다 하심을 받은 것이 아니냐."
약 2:22 "네가 보거니와 믿음이 그의 행함과 함께 일하고 행함으로 믿음이 온전하게 되었느니라."
약 2:23 "이에 성경에 이른바 아브라함이 하나님을 믿으니 이것을 의로 여기셨다는 말씀이 이루어졌고 그는 하나님의 벗이라 칭함을 받았나니."
약 2:24 "이로 보건대 사람이 행함으로 의롭다 하심을 받고 믿음으로만은 아니니라."

앞서 야고보가 야고보서 2장 18절에서 믿음을 나누되 행함이 있는 믿음과 행함이 없는 믿음으로 나눔을 살펴본 바와 같이, 야고보는 행함이 하나님이 주신 믿음에서 나옴에 대해 말하는 것이므로 이 내용은 다른 서신들과 대치되는 것이 아니다. 그가 "믿음이 그의 행함과 함께 일하고"(약 2:22)라고 함이 이를 가리키는 것이다.

야고보서 2장 24절의 내용을 먼저 살펴보자. 이로써 야고보서 2장 21-23절의 내용은 쉽게 풀린다.

야고보서 2장 24절에서 "믿음으로만은 아니니라"라고 함은, 행함이 결부되지 않은 믿음이라는 의미에서 '만'(NASB: alone)이라고 한 것이다. 즉 이 믿음은 하나님께로부터 온 믿음이 아닌 인간적 믿음을 말한다. 이는 그가 "네가 하나님은 한 분이신 줄을 믿느냐 잘하는도다 귀신들도 믿고 떠느니라"(약 2:19)라고 한 말을 미루어 살펴보면 정확히 파악할 수 있다. 하나님은 한 분이신 줄 믿는 것으로 따지면 바리새인들도 마찬가지였다. 그러나 율법에 열성적이던 이들이 야고보가 말하는 행함으로 의롭다 하심을 받는 자였던가? 그렇지 않다. 이는 하나님의 뜻대로 행하는 행함이 아니었기 때문이다. 이에 관하여 예수께서 다음과 같이 말씀하셨다.

요 16:2 "사람들이 너희를 출교할 뿐 아니라 때가 이르면 무릇 너희를 죽이는 자가 생각하기를 이것이 하나님을 섬기는 일이라 하리라."

이들은 그리스도인들을 박해하면서도 믿음으로 따지면 자신도 하나님은 한 분이신 줄을 믿는다 할 것이다. 그러나 이들의 행함은 야고보가 말하는 자유롭게 하는 율법의 행함이 아니므로(약 1:25), 이들이 곧 야고보가 말하는 행함이 없는 자이다. 행함이 없은즉 이들의 믿음은 하나님께로 온 믿음이 아니므로, 야고보는 이런 자의 믿음을 가리켜 "행함이 없으면 무슨 유익이 있으리요 그 믿음이 능히 자기를 구원하겠느냐"(약 2:14)라고 한 것이다.

이런 맥락에서 행함으로 의롭다 하심을 받는다는 것은 야고보서 2장 22절에서 말함과 같이, 그의 믿음이 행함과 함께 일하는 믿음이므로 하나님께로부터 온 믿음을 받았음을 전제로 한 말이다.

야고보서 2장 21-23절의 내용은 이러한 행함이 있는 믿음, 곧 하나님이 주신 믿음에 대해 말하는 것이다.

야고보서 2장 21절에서 행함으로 의롭다 하심을 받았다 함도 아브라함의 믿음이 하나님께로부터 온 믿음(롬 4:13; 히 11:17)임을 전제로 한 말이다.

그러므로 야고보서 2장 22절에서 행함으로 믿음이 온전하게 되었다는 것은, 행함으로써 그의 믿음이 바리새인들과 같은 믿음이 아닌(요 16:2) 하나님께로부터 온 믿음임을 증명하였다는 말이 된다.

마찬가지로 야고보서 2장 23절에서 하나님이 믿음을 의로 여기셨다는 말씀이 이루어졌다 함도, 그가 행함으로 "아브람이 여호와를 믿으니 여호와께서 이를 그의 의로 여기시고"(창 15:6)에서의 믿음을 증명하였다는 것이다.

야고보서 2장 25-26절 말씀도 피상적으로 보면 히브리서와 대치되는 것처럼 보이나 위의 설명으로 풀리게 된다. 야고보는 기생 라합이 행함으로 의롭다 함을 받았다고 말한다.

> 약 2:25 "또 이와 같이 기생 라합이 사자들을 접대하여 다른 길로 나가게 할 때에 행함으로 의롭다 하심을 받은 것이 아니냐."
> 약 2:26 "영혼 없는 몸이 죽은 것같이 행함이 없는 믿음은 죽은 것이니라."

그런데 히브리서에서는 믿음으로 정탐꾼을 영접하였다고 말한다.

> 히 11:31 "믿음으로 기생 라합은 정탐꾼을 평안히 영접하였으므로 순종하지 아니한 자와 함께 멸망하지 아니하였도다."

이 또한 야고보서 2장 22절에서 말한 바 믿음이 행함과 함께 일한다 함에 관한 것인데, 그 믿음이 하나님께로부터 온 온전한 믿음이므로(히 11:31) 하나님의 뜻을 이루는 행위를 하게 한 것이다.

혹자들의 경우, 야고보서에서 말하는 행함이 우리의 율법적 혹은 도덕적 행위를 촉구하는 것으로 오해하여 심지어는 행위 구원을 주장하나, 그러한 율법에 관하여는 야고보가 야고보서 2장 10절에 "누구든지 온 율법을 지키다가 그 하나를 범하면 모두 범한 자가 되나니"라고 함과 같고, 이에 관해 바울도 다음과 같이 말하였다.

> 갈 3:2 "내가 너희에게서 다만 이것을 알려 하노니 너희가 성령을 받은 것이 율법의 행위로냐 혹은 듣고 믿음으로냐."
> 갈 3:3 "너희가 이같이 어리석으냐 성령으로 시작하였다가 이제는 육체

로 마치겠느냐."

여기서 육체로 마치겠느냐 함은 율법의 행위를 가리킨다. 그러므로 야고보는 새 언약인 자유의 율법대로 행하라(약 2:12)고 한 것이다.

3) 진정한 구제

우리는 여기까지 하나님께로부터 온 믿음만이 진정한 행위를 이룰 수 있음을 살펴보았고, 야고보가 말하는 행함은 이 믿음에서 나온 복음의 행함임을 살펴보았다.

또한 율법에 대해 다룰 때, 우리의 인간적 행위는 아무것도 아니요 우리는 날 때부터 간음한 자요 살인한 자요 도둑질한 자임을 말하였다(요 8:44).

그런즉 사람이 자기 스스로 달음질하여 인간적 도덕을 행한다 하더라도 하나님의 선을 이룬 것이 아니라, 그저 하나님 밖에 있는 자체로 모든 악을 충만하게 행하였다 할 수 있다.

이는 잠언 기자가 "악인의 제사는 여호와께서 미워하셔도 정직한 자의 기도는 그가 기뻐하시느니라"(잠 15:8)라고 함과 같이, 악인이(하나님 밖에 있는 자가) 어떤 제사를 하더라도 하나님께서 미워하실 뿐이다.

흔히 율법 조항의 개수를 613개라 하는데, 바리새인들이 이를 지키기 위해 얼마나 철저하였는가? 바울이 과거의 자신을 가리켜 율법으로는 바리새인이고 율법의 의로는 흠이 없는 자(빌 3:5-6)라 한 것은, 그가 바리새인의 율법의 조문을 지키는 열심 자체는 인정한 것이고, 또한 이런 맥락에서 로마서 10장 2절에 "내가 증언하노니 그들이 하나님께 열심이 있으나 올바른 지식을 따른 것이 아니니라"라고 한 것이다.

그들은 자나깨나 율법을 연구하고 이를 어떻게 하면 잘 지킬지 고민하며, 때로는 율법 아래서 굉장한 두려움과 압박 가운데 심히 고뇌했을 것이다.

그러나 예수께서는 그들의 극한적 열심을 가리켜 다음과 같이 마귀에게서 났다고 하셨다.

> 요 8:44 "너희는 너희 아비 마귀에게서 났으니 너희 아비의 욕심대로 너희도 행하고자 하느니라 그는 처음부터 살인한 자요 진리가 그 속에 없으므로 진리에 서지 못하고 거짓을 말할 때마다 제 것으로 말하나니 이는 그가 거짓말쟁이요 거짓의 아비가 되었음이라."

이는 우리 모두가 날 때부터 살인한 자요 간음한 자인 것처럼, 그 어떠한 육적인 행위도 하나님의 의를 이룰 수 없기 때문이며 또한 아무것도 아닌 것이기 때문이다.

또한 이는 우리가 복음을 받고 하나님의 의를 받게 된 후에도 마찬가지이다. 적재적소에 필요한 행함은 하나님이 우리를 도구로 쓰셔서 이루시는 것으로 우리의 쥐어 짜낸 선행, 구제는 아무것도 아닌 것이다.

그렇다면 주께서 이러한 구제 행위를 권면하시는 듯한 말씀도 의심의 여지 없이 인간적 행위가 아닌 복음을 가리키는 것으로 귀결될 것인데, 이것이 과연 말 그대로 재물을 가난한 자에게 주라 하심인지, 아니면 야고보가 말한 자유의 율법, 곧 복음에 대한 내용인지 살펴보고자 한다.

예수께서 율법을 다 지켰다는 부자 청년에게 소유를 팔아 구제하라 하심과(마 19:21), 바리새인들에게 안에 있는 것으로 구제하라 하심은 무슨 말인가?

> 눅 18:22 "예수께서 이 말을 들으시고 이르시되 네게 아직도 한 가지 부족한 것이 있으니 네게 있는 것을 다 팔아 가난한 자들에게 나눠 주라 그리하면 하늘에서 네게 보화가 있으리라 그리고 와서 나를 따르라 하시니."
>
> 눅 11:40 "어리석은 자들아 겉을 만드신 이가 속도 만들지 아니하셨느냐."
>
> 눅 11:41 "그러나 그 안에 있는 것으로 구제하라 그리하면 모든 것이 너희에게 깨끗하리라."

이 구절들에 관하여는 여러 해석이 있으나, 예수께서 이들에게 구제하라 하신 말씀은 앞서 율법에 대해 다룰 때 신명기 15장 11절에 관하여 설명하였듯이, 율법에 예표된 메시아의 사역을 행하라고 하심이다. 신명기 15장 11절과 관련된 메시아의 사역은 이사야 58장 7-8절에서 더 분명히 드러났는데, 이를 또한 인용하신 것이다.

> 사 58:6 "내가 기뻐하는 금식은 흉악의 결박을 풀어 주며 멍에의 줄을 끌러 주며 압제당하는 자를 자유하게 하며 모든 멍에를 꺾는 것이 아니겠느냐."
>
> 사 58:7 "또 주린 자에게 네 양식을 나누어 주며 유리하는 빈민을 집에 들이며 헐벗은 자를 보면 입히며 또 네 골육을 피하여 스스로 숨지 아니하는 것이 아니겠느냐."
>
> 사 58:8 "그리하면 네 빛이 새벽같이 비칠 것이며 네 치유가 급속할 것이며 네 공의가 네 앞에 행하고 여호와의 영광이 네 뒤에 호위하리니."

이는 신명기 15장 11절에서 예표된 메시아가 이룰 진정한 구제를 가리킨다. 이렇게 가난한 자를 구제함은 메시아의 사역을 표상하는 것으로 시편 41편 1절, 시편 112편 9절, 잠언 11장 24-25절 등에서 계속 예언되어 왔다.

> 시 41:1 "가난한 자를 보살피는 자에게 복이 있음이여 재앙의 날에 여호와께서 그를 건지시리로다."
> 시 112:9 "그가 재물을 흩어 빈궁한 자들에게 주었으니 그의 의가 영구히 있고 그의 뿔이 영광 중에 들리리로다."
> 잠 11:24 "흩어 구제하여도 더욱 부하게 되는 일이 있나니 과도히 아껴도 가난하게 될 뿐이니라."
> 잠 11:25 "구제를 좋아하는 자는 풍족하여질 것이요 남을 윤택하게 하는 자는 자기도 윤택하여지리라."

이 말씀들이 문자 그대로 재물을 흩어 구제하면 하나님이 이를 선한 행위로 보셔서 그에게 재물을 더욱 주신다는 말인가? 그런 것이 선한 행위라는 것의 실체였다면 '하나님의 의'는 우리에게 주어질 필요가 없으며 예수께서도 헛되이 죽으신 것이다.

이는 참으로 복음에 관한 것이므로 예수께서 이사야 58장 6절을 인용하여 다음과 같이 말씀하셨다.

> 마 11:28 "수고하고 무거운 짐 진 자들아 다 내게로 오라 내가 너희를 쉬게 하리라."
> 마 11:29 "나는 마음이 온유하고 겸손하니 나의 멍에를 메고 내게 배우라 그리하면 너희 마음이 쉼을 얻으리니."

주께서 결박을 풀어 쉬게 하시고 멍에를 끌러주심은 자신을 가리켜 참으로 이사야가 예언한 메시아라 증언하심이다.

또한 이사야 58장 7-8절에 관하여 바울이 이 사상을 계승하여 다음과 같이 말하였다.

> 빌 2:8 "사람의 모양으로 나타나사 자기를 낮추시고 죽기까지 복종하셨으니 곧 십자가에 죽으심이라."
>
> 빌 2:9 "이러므로 하나님이 그를 지극히 높여 모든 이름 위에 뛰어난 이름을 주사."

이는 이사야 58장 7-8절, 시편 41편 1절, 112편 9절, 잠언 11장 25절과 정확히 일치한다.

다음의 시편 말씀은 이 모든 내용을 요약하여 정리하고 있다.

> 시 49:6 "자기의 재물을 의지하고 부유함을 자랑하는 자는."
>
> 시 49:7 "아무도 자기의 형제를 구원하지 못하며 그를 위한 속전을 하나님께 바치지도 못할 것은."
>
> 시 49:8 "그들의 생명을 속량하는 값이 너무 엄청나서 영원히 마련하지 못할 것임이니라."

어떤 이가 재물을 많이 가져서 부유하더라도 자기의 형제를 구원하기 위한 속전을 결코 바치지 못할 것이라 한다. 그런즉 성경이 말하는 구제의 진정한 의미가 단순히 타인을 위해 돈을 기부하는 차원의 행위를 말하겠는가?

예수께서 누가복음 11장 13절에 "너희가 악할지라도 좋은 것을 자식에게 줄 줄 알거든 하물며 너희 하늘 아버지께서 구하는 자에게 성령을 주시지 않겠느냐"라고 하심과 같이 성경이 말하는 구제는 모든 인간들이 흔히 행하는 차원의 구제가 아니라 타인이 그의 생명을 위해 진정으로 받아야 하는 성령(하나님의 의)에 관하여 말하는 것이다.

　이런 맥락에서 부자 청년에게 한 가지 부족한 것이 있다 하심은, 그가 예언된 메시아처럼 율법을 완전케 하고자 한다면, 신명기 15장 11절이 표상하는 진정한 이웃 사랑, 곧 "구원을 이루기 위해 네가 생명으로 여기고 있는 너의 의를 가난한 자들에게 거저 주어서 그들을 구원해야 하므로 이를 행하라" 하심이다.
　그러나 복음이 아닌 자기 의로는 "흩어 구제하여도 더욱 부하게 되는 일이 있나니"(잠 11:24)라는 말씀을 이룰 수 없고 단지 가난하게 될 뿐이다.
　주께서 "그리고 와서 나를 따르라"(눅 18:22) 하심은 그가 가진 의를 다 흩어서 그도 가난한 자처럼 된 후에 자신에게 오라는 말씀이다. 그때 비로소 그 또한 예수께서 구제하실 대상이 되는 것이다.
　이러한 의미는 부자와 가난한 자의 비유로 숨겨져 드러나지 않았으나, 누가복음 18장 25절의 "낙타가 바늘귀로 들어가는 것이 부자가 하나님의 나라에 들어가는 것보다 쉬우니라" 하신 이 말씀이 논란의 여지없이 비유임을 율법을 다룰 때 살펴보았다.
　다음 말씀도 마찬가지 의미이다.

　　눅 11:39 "주께서 이르시되 너희 바리새인은 지금 잔과 대접의 겉은 깨끗이 하나 너희 속에는 탐욕과 악독이 가득하도다."
　　눅 11:40 "어리석은 자들아 겉을 만드신 이가 속도 만들지 아니하셨느냐."

> 눅 11:41 "그러나 그 안에 있는 것으로 구제하라 그리하면 모든 것이 너
> 희에게 깨끗하리라."

이들이 겉보기는 매우 깨끗하여 마치 자신들이 율법을 온전케 하는 줄로 알고 있으므로, 주께서 이들에게 신명기 15장 11절 및 이사야 58장 7-8절 등의 말씀을 인용하셔서 메시아가 행할 진정한 이웃 사랑을 행하라 하심이다. 그렇게 하여 이들도 자신 안에 있는 자기 의를 다 흩어버리면 예수의 구제의 대상이 되므로 깨끗하리라 하심이다.

그러나 그들에게 자기 의는 생명과 같으므로 이를 결코 타인에게 줄 수 없고, 반대로 "이르시되 화 있을진저 또 너희 율법교사여 지기 어려운 짐을 사람에게 지우고 너희는 한 손가락도 이 짐에 대지 않는도다"(눅 11:46)와 같은 일을 행함을 말씀하신다.

주께서 중풍병자에게는 "네 죄 사함을 받았느니라"(눅 5:20) 하시어 자신이 메시아 되심을 밝히 말씀하시고, '율법의 의'를 의지하는 이들에게는 '구제하라' 하심으로 이를 숨기셨으니 이는 어찌 된 일인가?

이는 아버지의 뜻이므로 예수께서 다음과 같이 말씀하셨다.

> 눅 10:21 "그때에 예수께서 성령으로 기뻐하시며 이르시되 천지의 주재
> 이신 아버지여 이것을 지혜롭고 슬기 있는 자들에게는 숨기시고 어린아
> 이들에게는 나타내심을 감사하나이다 옳소이다 이렇게 된 것이 아버지
> 의 뜻이니이다."
>
> 눅 10:22 "내 아버지께서 모든 것을 내게 주셨으니 아버지 외에는 아들
> 이 누구인지 아는 자가 없고 아들과 또 아들의 소원대로 계시를 받는
> 자 외에는 아버지가 누구인지 아는 자가 없나이다 하시고."

참으로 위 말씀의 지혜로운 자, 어린아이를 포함하여 예수께서 부

자와 가난한 자, 구제에 대해 하신 말씀은 다음 구절에서 말하는 바와 같이 비유의 말씀인 것이다.

> 마 13:34 "예수께서 이 모든 것을 무리에게 비유로 말씀하시고 비유가 아니면 아무것도 말씀하지 아니하셨으니."
> 마 13:35 "이는 선지자를 통하여 말씀하신 바 내가 입을 열어 비유로 말하고 창세부터 감추인 것들을 드러내리라 함을 이루려 하심이라."

'모형으로서의 율법과 그 속의 진의'에 대해 다룰 때 누가복음 10장 29-37절의 선한 사마리아인 비유를 약간 다루었다.

여기서 예수께서 율법사에게 "가서 너도 이와 같이 하라" 하심은 정확히 이사야 58장 7-8절에 대해 말씀하신 것이다. 즉 강도 만난 자의 이웃이란 이사야 58장 7-8절의 메시아의 사역을 행할 자, 곧 메시아가 이웃임을 말씀하시는 것이다. 레위인과 제사장이 강도 만난 자를 지나쳐 감은 이들이 메시아의 사역을 행할 수 없으므로 이들은 강도 만난 자의 이웃이 아닌, 오히려 강도 만난 자와 같은 구제의 대상이다.

이제 구제 행위라는 비유의 말씀에 숨겨진 진의를 알게 된 우리는 진정한 구제란 무엇인지 알 수 있다. 이는 정확히 복음에 관하여 말씀하신 것으로, 죽은 자와 같은 이웃에게 복음을 줌으로 생명을 얻게 하여 그와 하나로 연합하는 것이다.

주께서는 이 비밀을 부자 청년, 바리새인과 같은 율법을 온전케 하고자 하는 이에게는 구제행위를 하라 말씀하심으로 비유로써 복음을 숨기신 것이다.

그렇다면 진정한 구제가 무엇인지 아는 우리는 타인을 위한 진정한 구제를 할 수 있는가? 당연히 할 수 있다. 우리가 복음을 받아 예수의 지체가 되었으므로 예수께서 행하신 구원의 사역을 마땅히 행할 수 있는 것이다.

예수께서 "나를 믿는 자는 내가 하는 일을 그도 할 것이요"(요 14:12)라고 하심은, 그가 천국 복음을 전파하셨듯이 이를 듣고 예수와 한 지체 된 우리 또한 그의 손과 발이 되어 천국 복음을 전파할 것을 말씀하신 것으로, 이는 다음의 서술과 같다.

> 행 13:47 "주께서 이같이 우리에게 명하시되 내가 너를 이방의 빛으로 삼아 너로 땅끝까지 구원하게 하리라 하셨느니라 하니."

여기까지 성경이 말하는 진정한 구제란 이웃 사랑이며, 이는 복음을 전하는 것임을 살펴보았다. 이에 관하여는 앞서 '행함에 관하여'에서 살펴보았듯이 우리가 달음질하여 이루는 것이 아니요, 하나님이 우리를 도구로 삼아서 적재적소에서 그의 뜻에 따라 쓰시는 것이다.

여기서 혹자는 "내가 너희에게 이르노니 너희 의가 서기관과 바리새인보다 더 낫지 못하면 결코 천국에 들어가지 못하리라"(마 5:20) 하신 구절을 들어 예수께서 분명 선한 행위를 권고하신 게 아닌가 할지도 모른다.

참으로 주께서 우리에게 바리새인을 한참 초월하는 율법적 의를 요구하시는 것인가? 이 말씀의 진의가 진정으로 바리새인 이상으로 율법을 지키지 아니하면 천국에 갈 수 없다는 자력구원에 대한 말씀인가?

바울이 "너희가 이같이 어리석으냐 성령으로 시작하였다가 이제는 육체로 마치겠느냐"(갈 3:3)라고 하였으니, 육체로 마친다 함이 율법으로 돌아간 것을 가리킴이라 하였다.

주께서 "세리들과 창녀들이 너희보다 먼저 하나님의 나라에 들어가리라"(마 21:31)라고 하셨으니, 주께는 참으로 세리들과 창녀들이 바리새인보다 월등히 의롭다.

주께서 말씀하시는 의는 무엇인가?

> 눅 18:13 "세리는 멀리 서서 감히 눈을 들어 하늘을 쳐다보지도 못하고 다만 가슴을 치며 이르되 하나님이여 불쌍히 여기소서 나는 죄인이로소이다 하였느니라."
>
> 눅 18:14 "내가 너희에게 이르노니 이에 저 바리새인이 아니고 이 사람이 의롭다 하심을 받고 그의 집으로 내려갔느니라 무릇 자기를 높이는 자는 낮아지고 자기를 낮추는 자는 높아지리라 하시니라."

자신을 죄인이라 인정함으로 의롭다 하심을 받았다고 하셨다. 이는 다음과 같이 구약에서 예표된 하나님의 구원 계획, 곧 창세 전부터 예정된 복음에 대해 말씀하심이다(고전 2:7).

> 잠 28:13 "자기의 죄를 숨기는 자는 형통하지 못하나 죄를 자복하고 버리는 자는 불쌍히 여김을 받으리라."
>
> 시 32:1 "허물의 사함을 받고 자신의 죄가 가려진 자는 복이 있도다."

사도 요한 또한 이러한 맥락으로 다음과 같이 말하였다.

> 요일 1:8 "만일 우리가 죄가 없다고 말하면 스스로 속이고 또 진리가 우리 속에 있지 아니할 것이요."
>
> 요일 1:9 "만일 우리가 우리 죄를 자백하면 그는 미쁘시고 의로우사 우리 죄를 사하시며 우리를 모든 불의에서 깨끗하게 하실 것이요."

바울이 율법을 가리켜 죽이는 직분이라 하였으니(고후 3:7), 율법을 참으로 정확히 활용한 이들이 곧 자신이 죄인임을 깨달은 자들인 것이다.

그런즉 다음 구절도 풀리게 된다.

> 요일 5:16 "누구든지 형제가 사망에 이르지 아니하는 죄 범하는 것을 보거든 구하라 그리하면 사망에 이르지 아니하는 범죄자들을 위하여 그에게 생명을 주시리라 사망에 이르는 죄가 있으니 이에 관하여 나는 구하라 하지 않노라."

이 구절은 흔히 난제라 하여 여러 해석들이 있으나 요한은 위의 맥락에 이어서 말하고 있는 것이다. '사망에 이르지 아니하는 죄'란 말 그대로 세리와 창기들과 같이 죄인 됨을 인정하여 사망에 이르러야 하나 사망에 이르지 않으려고 계속 율법의 의를 의지하는 것을 가리킨다. 그런즉 이들을 사망에 이르게 하는 것이 이들을 구하는 것이고 그러면 주께서 생명을 주신다는 것으로, 이는 요한이 다음과 같은 예수의 말씀을 가리킨 것이다.

> 마 10:39 "자기 목숨을 얻는 자는 잃을 것이요 나를 위하여 자기 목숨을 잃는 자는 얻으리라."

주를 위해 목숨을 잃고 그 목숨을 다시 얻는다 함이 곧 거듭남인즉, 주께서 "믿고 세례를 받는 사람은 구원을 얻을 것이요 믿지 않는 사람은 정죄를 받으리라"(막 16:16)라고 하심과 같다.

참으로 성경은 인본주의를 완전히 버리지 않으면 도무지 알 수가 없는 책이다.

14
개혁주의 칭의에 대한 소회

믿음은 예수 안에만 있으므로 예수와의 연합으로 얻을 수 있는 것이라 하였다. 이 연합이 신학적 용어인 '칭의'와 매우 밀접한 연관이 있는데, 과거 루터와 칼빈 등의 종교개혁자들이 정의한 칭의와 필자가 주장하는 바는 다른 점이 있으므로, 필자의 칭의에 대한 주장을 명확히 하기 위해 이에 대해 언급하고자 한다.

칭의에 대한 내용은 죄와 율법을 다룬 이후 바로 언급하는 것이 좋을 것이나, 믿음과 행함에 관한 내용까지 다룬 뒤 이를 전제로 설명하는 것이 불필요한 반복적 설명을 줄이고 되도록 간결히 언급할 수 있을 것이라 생각하여 여기에 배치하였다.

'칭의'라는 용어가 도입된 것은 하나님이 우리를 의롭다 하신 것(롬 8:30)을 이해하기 위함이다. 하나님이 우리를 의롭다 하셨다는 것은, 우리가 성화(거룩하게 됨, 히 2:11)되었다는 것과 동일한 의미여야 할 것이나, 종교개혁자들은 우리가 아직도 연약하고 죄를 짓는 상태임에 주목하였다.

여기서 모순이 생기는데, 하나님은 거짓말하지 않는 분이심에도(히

6:18) 어째서 죄인을 의인이라 칭하시는가? 이를 해결하기 위해 칭의라는 용어를 도입한 것이고, 이는 어디까지나 법정적인 의미로 '죄인인 자를 의롭다 칭하는 것'이라 설명하였다. 즉 우리의 본질은 죄인이나(성화되지 않았으나) 하나님은 우리를 신분상으로 의인이라 칭하신다는 것이다.

그래서 성화는 칭의 된 자들에게 서서히 나타나는 것으로 이해하였다. 칭의 받은 자는 성령의 도움으로 거룩한 삶을 향한 방향성이 생긴다는 것인데, 이러한 성화는 단번에 이루어지는 것이 아니라 한 평생에 걸쳐 천천히 이루어지는 것이라 한다. 그들은 이렇게 칭의와 성화를 구분하였다.

반면 어거스틴이나 오시안더의 경우는, 칭의를 법정적 개념이 아닌 실제 우리의 본질의 변화로 인해 우리를 의롭다 하시는 것으로 생각하였다. 즉 하나님이 죄인을 의롭다고 하는 것이 아닌, 실제 의롭게 된(성화된) 우리를 의롭다고 하신다는 것이다.

오시안더는 예수와의 연합을 통해 칭의가 이루어진다고 주장하였는데, 이는 칼빈도 마찬가지이나 이 둘의 주장에는 큰 차이가 있다. 칼빈이 '의의 전가의 통로로서의 연합'을 말했다면, 오시안더는 '우리 본질의 변화로서의 연합'을 말하였다.

칼빈은 그의 저서에서 이러한 오시안더의 견해를 신랄하게 비판하였다.

이러한 칭의와 성화에 대한 논쟁의 뿌리는 근본적으로 죄와 의에 대한 이해의 차이에 있으며, 이로 인해 예수의 성육신과 십자가 사역에 대한 해석도 천차만별이 된다.

과거 루터와 칼빈을 비롯한 종교개혁자들은 죄는 율법의 조문에 행위나 마음으로 불순종한 것으로 이해하였고, 의는 이를 다 지킴으로 얻게 되는 것으로 이해하였다. 그래서 이들은 예수가 성육신한 것은 율법을 완전히 순종하여 얻은 의를 우리에게 전가하기 위한 것이라 생각한 것이다.

그런즉 예수는 우리의 죄를 전가받아 십자가에 죽은 것이라 생각하여 십자가를 형벌의 개념으로 강하게 인식하였다. 심지어 칼빈은 사도신경을 인용하여 그가 지옥에 내려가서 하나님의 처절한 보응을 받았음을 강조하였으며, 그의 육체의 죽음만으로는 효력이 없을 것이라 할 정도였다(기독교 강요 2, 16, 10).

번외로, 청교도들은 예수의 순종을 두 가지 측면에서 생각하였는데, 전자의 율법에 순종함을 능동적 순종이라 하고, 후자의 십자가에 죽는 순종을 수동적 순종이라 하여 사람마다 예수의 성육신을 해석할 때 그의 능동적 순종을 강조하거나 수동적 순종을 강조하기도 한다.

반면 어거스틴은 악은 선의 결핍이라 하여 죄를 하나님의 부재로 인한 '왜곡된 자유의지'로 이해하였다. 그래서 그는 "도둑질은 본래 아무것도 아닌 무(無)"(고백록 2, 8, 16)라고 하였다. 이는 도둑질이라는 어떤 사악한 것의 실체가 존재하는 것이 아닌 '하나님의 의가 없는 상태임을 말하는 것이다. 즉 어거스틴에게 있어서 인간이 의롭게 됨은 법정적 칭의가 아닌, '하나님의 의'를 부여받음이 되고, 이것이 바울이 말한 바 "우리로 하여금 그 안에서 하나님의 의가 되게 하려 하심이라"(고후 5:21) 함과 같다.

오시안더는 이와 비슷한 맥락에서 우리가 의롭게 되는 것은 예수와의 연합을 통한 '본질적 의'의 주입이라 하였다.

필자는 어거스틴과 칼빈이 신랄히 비판했던 오시안더가 성경의 진의에 가깝게 접근하였다고 본다.

율법이 연합을 요구하며 육체로 존재함이 분리됨의 표상이라 하였듯이(고후 5:6; 갈 2:16), 불순종은 육으로 연합을 이루지 못함이다(롬 3:20). 이렇게 연합을 이루지 못함이 곧 선악을 알게 됨이자 하나님의 영광에 이르지 못함이다(롬 3:23).

그런즉 종교개혁자들이 주장하는 바와 같이 예수는 율법에 순종하여 의를 얻은 것이 아닌, 처음부터 하나님과 한 본체이므로(빌 2:6) 죄가 없고 의로운 분이시다.

요한복음 1장 4절에서 말씀 안에 생명이 있다고 하였듯이, 그는 처음부터 생명을 가진 자이므로 그의 살과 피는 처음부터 참된 양식(요 6:55)인즉, 처음부터 하나님과 한 본체이신 그가 율법을 통해 의를 얻었다 함은 이치에 맞지 않는다.

바울이 "만일 너희 속에 하나님의 영이 거하시면 너희가 육신에 있지 아니하고 영에 있나니 누구든지 그리스도의 영이 없으면 그리스도의 사람이 아니라"(롬 8:9)라고 한 것은, 이같이 우리가 육에 속한 것인지 하나님의 영에 속한 것인지에 대한 연합의 상태를 가리키는 것이다.

우리가 그리스도의 영을 받았다 함은, 처음부터 하나님과 한 본체이신 예수와 연합된 것으로, 이로써 율법이 말하는 연합을 온전히 이룬 것이다.

칼빈은 이러한 반박에 대해 그가 순종으로 얻은 의는 그 자신을 위한 것이 아니라 우리를 위함이라 하나(기독교 강요 2. 17. 5), '죄의 진정한 의미'에서 설명하였듯이 의라는 것은 '하나님의 의'뿐이며, 이를 얻는 것은 하나님과의 연합이라 하였다.

이들은 죄와 의를 계속해서 율법의 조문적 지킴과 도덕적 행위와 관련된 것으로 생각하기 때문에 예수가 율법을 지켜 의를 얻어 우리에게 전가하였다는 주장을 한 것이다. 이런 맥락에서 예수의 십자가를 가리켜 우리의 불순종에 대한 형벌의 개념으로 강하게 인식하였던 것이다.

이들의 주장대로라면 예수의 부활을 도무지 설명할 수 없게 된다. 예수의 죽음에 관한 설교는 많이 접할 수 있다. 그러나 예수의 부활에 관해서는, 필자의 정보력의 부족일지는 모르겠으나, 지금까지 이에 대해 속시원하게 설명한 목회자나 자료를 접해본 적이 없다.

예수의 부활의 유익에 관한 글들은 익히 알고 있으나, 죄인으로 심판받은 그가 왜 부활한 것인지를 설명하는 자료는 여태껏 본 적이 없다는 것이다.

여기서 '그리스도의 십자가 구원'에서 등장할 문구를 소개하고자 한다.

> "가장 아이러니한 것은, 만약 이 사회에서 누군가 필자를 대신하여 죄를 짊어졌다 가정하면, 그는 필자 대신 교도소에 가야 한다. 이처럼, 우리 대신 죗값을 치른 예수는 지옥에 있어야 하는 것이 아닌가? 그런데 왜 예수는 부활하였고, 우리와 함께 천국에 있단 말인가?"

아마 대다수의 성도들은 예수가 십자가의 형벌과 더 나아가서 칼빈이 강조한 바와 같이 지옥의 고통을 일정한 한도까지 겪은 것으로 우리 죄책을 사한 것이라 받아들일 것이다. 그리고 그의 부활에 관해서는, 그 형벌이 끝나고 그가 다시 하나님과 관계가 회복되어 그가 부활한 것으로 생각할 것이다.

그러나 성경은 우리와 예수가 연합하여 같이 십자가에 죽었음을 말하고 있다(롬 6:3). 그런즉 칭의는 죄의 전가와 의의 전가가 아닌, 예수와 우리가 실제로 연합되어 동일시됨으로 이루어진 것이다. 바울은 이를 가리켜 "만일 우리가 그의 죽으심과 같은 모양으로 연합한 자가 되었으면 또한 그의 부활과 같은 모양으로 연합한 자도 되리라"(롬 6:5)라고 하여, 우리가 그와 함께 십자가에 죽은 것이니 그와 함께 부활도 할 것이라 하였다. 에베소서에서는 이를 가리켜 "우리를 그리스도와 함께 살리셨고"(엡 2:5)라고 하여, 그와 함께 죽은 우리를 또한 함께 살리셨음에 대해 말하고 있다.

히브리서 기자는 이를 가리켜 다음과 같이 말하였다.

> 히 2:11 "거룩하게 하시는 이와 거룩하게 함을 입은 자들이 다 한 근원에서 난지라 그러므로 형제라 부르시기를 부끄러워하지 아니하시고."

예수와 성도들이 한 근원에서 났다 함은, 바울이 말한 바와 같이 함께 죽고 함께 살아남에 대해 말하는 것이다.

사정이 이러한즉, 칼빈이 강조한 바 만일 예수께서 지옥에 다녀왔으면 우리 또한 죽고 난 뒤에는 예수의 지체로서 그의 발자취를 따라야 하므로, 우리도 예수가 겪은 지옥의 고통을 겪은 뒤 부활하게 된다는 말이 된다.

이것이 바울이 "마지막 나팔에 순식간에 홀연히 다 변화되리니"(고전 15:51)라고 한 말에 비추어 합당한가? 예수의 사역을 의의 전가와 죄의 전가로 해석하면 이러한 부조화를 야기하고 그의 부활을 설명할 수 없게 된다.

그렇다면 예수의 십자가와 부활은 어떻게 이해하여야 하는가?
세례에 관하여 다룰 때, 세례는 첫 창조의 멸함과 함께 육으로는 죽으나 영으로는 살리심을 얻어 하나님과 연합함을 가리킨다고 하였고, 이것이 곧 거듭남이라 하였다.

예수께서 십자가를 가리켜 '세례'라고 하신즉(눅 12:50) 십자가는 거듭남이며 주께서는 거듭남을 이루기 위해 오신 것이다.

물론 이 거듭남은 우리의 거듭남을 위한 것인데, 예수께서 겪으신 거듭남이 어떻게 우리의 거듭남과 연관되는가? '언약 속의 예수'에서 설명하였듯이, 예수께서 우리를 먹음으로 그가 십자가에 달리실 때 이미 모든 성도를 그 안에 품고 있었다. 그런즉 예수께서 거듭나실 때 우리도 그 안에서 같이 거듭난 것이다. 이것이 바로 바울이 로마서 6장 5절에서 "만일 우리가 그의 죽으심과 같은 모양으로 연합한 자가 되었으면 또한 그의 부활과 같은 모양으로 연합한 자도 되리라"라고 한 말의 진의이다.

히브리서 기자는 이를 다음과 같이 말하였다.

> 히 2:10 "그러므로 만물이 그를 위하고 또한 그로 말미암은 이가 많은 아들들을 이끌어 영광에 들어가게 하시는 일에 그들의 구원의 창시자를 고난을 통하여 온전하게 하심이 합당하도다."

아들들을 이끌어 영광에 들어가게 한다 함은, 그가 그 아들들과 따로 영광에 들어간다는 것이 아니라 함께 들어간다는 의미이다. 그래서 히브리서 기자가 "거룩하게 하시는 이와 거룩하게 함을 입은 자들이 다 한 근원에서 난지라"(히 2:11)라고 하여 모든 성도가 예수와 함께 거듭남을 얻었음을 말하는 것이다.

그렇다면 그가 십자가에서 죽은 것은 무엇을 가리키는가? 그가 우리의 죄를 전가받아 형벌을 받은 것이 아닌, 그가 온전한 인간이 되어 모든 성도와 연합한 뒤 모든 인간에게 정해진 죽음인 "네가…반드시 죽으리라"(창 2:17) 하신 말씀을 겪으신 것이다. 이 말씀이 첫 창조의 폐함의 의미를 함의하고 있음은 앞서 살펴보았다. 그의 부활은 첫 창조가 폐해지고 하나님 나라가 드러남을 보이는 것인데, 이 주제에 대해서는 '그리스도의 십자가 구원'에서 자세히 다룰 것이다.

혹자는 다음 구절을 들어 그의 십자가는 우리의 죄를 전가받음으로 인한 형벌이라 반론할 것이다.

> 사 53:5 "그가 찔림은 우리의 허물 때문이요 그가 상함은 우리의 죄악 때문이라 그가 징계를 받으므로 우리는 평화를 누리고 그가 채찍에 맞으므로 우리는 나음을 받았도다."

위 구절과 의미상 대응되는 다음의 구절이 있다.

> 롬 4:25 "예수는 우리가 범죄한 것 때문에 내줌이 되고 또한 우리를 의롭다 하시기 위하여 살아나셨느니라."

예수께서 우리가 범죄한 것 때문에 내줌이 되었다고 서술한 것이 이사야 53장 5절에서 "그가 찔림은 우리의 허물 때문"이라는 서술과 대응되고, 로마서 4장 25절에서 "우리를 의롭다 하시기 위하여 살아나셨다"는 서술은 우리가 나음을 받았다는 서술과 대응된다.

여기서 그가 살아나신 것과 우리를 의롭다 하심이 무슨 관련이 있는가? 앞서 언급함과 같이 "부활과 같은 모양으로 연합한 자도 되리라"(롬 6:5)를 위한 것으로 그 안에 연합된 우리의 거듭남을 위한 것이다. 그렇다면 "예수는 우리가 범죄한 것 때문에 내줌이 되고"(롬 4:25)라는 말은, 인간에게 정해진 죽음(창 2:17)을 그 혼자 겪으신 것이 아닌 우리와 함께 겪으셨다는 말이 된다. 이 또한 앞서 언급함과 같다.

모든 사람이 이미 죽은 자임을 설명하였듯이 예수께서 육을 입은 자체로, 그리고 세상에 죄가 들어오고 땅이 저주를 받은 자체로 그(로고스) 또한 네페쉬로는 이미 죽은 자이다. 즉 그가 십자가에 죽으심으로 죽은 자가 된 것이 아니라, 육을 입은 자체로 이미 죽은 자이다.

그렇다면 "그가 찔림은 우리의 허물 때문이요"(사 53:5)의 의미는, 그가 우리와 같은 혈과 육을 지닌(히 2:14) 인간의 후손, 곧 죄 있는 육신의 모양으로 오셔서(롬 8:3) 육으로는 반드시 죽을 수밖에 없거니와(창 2:17; 히 9:27) 이미 죽은 사임을 가리킨 것이다. 이로써 우리가 나음을 받았다는 말은, 그의 사역으로 우리가 거듭나게 되었음을 가리킨다.

십자가는 그가 이미 죽은 자임을 확증하는 것인데, 그렇다면 그는 조용히 죽고 조용히 부활할 수 있었으나, 왜 굳이 세상 권세에 넘겨져서 혹독한 죽음을 맞이했나 의문이 들 수 있다.

바울은 이를 가리켜 다음과 같이 말한다.

> 행 17:31 "이는 정하신 사람으로 하여금 천하를 공의로 심판할 날을 작정하시고 이에 그를 죽은 자 가운데서 다시 살리신 것으로 모든 사람에게 믿을 만한 증거를 주셨음이니라 하니라."

예수의 죽음이 종말이라 하였듯이, 천하를 공의로 심판할 날이란 역사 속에서 실현될 첫 창조의 멸함을 가리킨다. 이는 '로고스의 죽음과 종말'에서 다룰 것인데, 예수가 죽을 때 일어난 상황을 묘사한 "땅이 진동하며 바위가 터지고"(마 27:51)와 같은 내용이 이를 가리킨다. 즉 예수께서 모든 사람 앞에 죽음으로써 천하를 공의로 심판할 날을 선포하시고, 또한 바울의 말과 같이 그의 부활로써 믿을 만한 증거를 주시기 위함이다.

또한 칼빈은 그의 저서에서 그리스도가 형벌을 짊어짐으로 인해 하나님께 버림받았다고 말한다(기독교 강요 2. 16. 11). 혹자들도 종종 예수께서 "어찌하여 나를 버리셨나이까?"(마 27:46) 하신 부분을 가리켜 그가 삼위일체의 연합에서 잠시 분리된 것이라 생각하기도 한다.

그의 부활에 대하여 바울이 말하길 "성결의 영으로는 죽은 자들 가운데서 부활하사"(롬 1:4)라고 하였는데, 그렇다면 그 안에 있던 성령이 십자가에서는 소멸되었다가 그의 부활을 위해 다시 주어졌다는 것인가?

이렇게 생각할 정도로 이들 가운데 행위적인 죄와 그 대가인 형벌에 대한 관념이 너무 뿌리 깊게 박혀 있어, 이를 성경에도 적용하는 것이다. 그는 창세 전부터 하나님과 한 본체이므로 한순간도 분리된 적이 없다. 즉 그는 영으로 의롭다 하심을 받은 것처럼(딤전 3:16), 영으로는 언제나 하나님과 연합된 것이므로 항상 의인이었던 것이다.

이를 알 수 있는 것은, 예수께서 "마지막 날에 내가 이를 다시 살리리라"(요 6:39, 40, 44)라고 하시어 살리는 주체를 자신이라 칭하셨기 때문이다.

이는 그 안에 있는 생명(성령)으로 부활함을 가리키는데, 성령은 또한 그리스도의 영(롬 8:9)이므로 예수 자체로 성령과 한 본질인 것이지, 그가 성령으로부터 분리되었다가 성령이 다시 주어져서 부활하였다는 것은 이치에 맞지 않는다.

바울은 그의 부활을 가리켜 "성결의 영"(롬 1:4) 외에도 "이는 아버지의 영광으로 말미암아 그리스도를 죽은 자 가운데서 살리심과 같이"(롬 6:4)라고 하였다. 영광이란 사랑, 거룩함 등과 같이 오직 하나님께만 속한 것임을 말하였고, 이는 결국 연합의 의미임을 말하였다. 부활의 주체가 예수이면서 아버지의 영광으로 살아났다 함은, 아버지와의 연합이 부활을 가능케 한 것이지, 그 연합이 잠시 끊어졌다가 다시 이어진 것이 아니다.

또한 예수께서 "살리는 것은 영이니 육은 무익하니라 내가 너희에게 이른 말은 영이요 생명이라"(요 6:63)라고 하신 말씀에서, 살리는 것이 영이고 우리에게 이른 말이 영이라 하심은, 그가 하신 말씀이 우리를 살리는 것이라는 말이다. 그 말씀이 살리는 영이었다가 영과 분리된 뒤 다시 영과 합하였다는 것도 이치에 맞지 않는다. 이 말씀과의 연합에 대해서는 '로고스와 연합'에서 다룰 것이다.

히브리서 기자도 예수를 가리켜 "우리와 똑같이 시험을 받으신 이로되 죄는 없으시니라"(히 4:15)라고 하여 죄가 없다고 하였다. 이는 그가 죄 있는 육의 모양을 입었을지라도(롬 8:3) 영으로는 하나님과 연합된 상태를 가리켜 한 말이다.

죄 있는 육의 모양을 입었다 한 것은 우리 죄를 전가받음이 아니요, '언약 속의 예수'에서 설명한 바와 같이 그 또한 아담의 후손으로 아담과 똑같이 되어 육체로는 심판을 받음(벧전 4:6)을 가리키는 것이다.

이것이 바울이 "하나님이 죄를 알지도 못하신 이를 우리를 대신하여 죄로 삼으신 것은 우리로 하여금 그 안에서 하나님의 의가 되게 하려 하심이라"(고후 5:21)라고 말한 것의 의미인데, 개역개정에서 "우리를 대신하여"라고 번역한 부분 때문에 바울이 죄의 전가에 대해 말하고 있다고 받아들이기 쉽다.

여기서 '대신하여'라고 번역된 원어는 '대신하여'라는 의미로 쓰이기도 하나 대부분 'for'(위하여)의 의미로 사용되었다. KJV에서는 이를 "for"라 번역하여 '우리를 위하여'라는 의미를 나타냈고, NASB에서는 "on our behalf"로 번역하여 '우리를 위하여', 혹은 '우리를 대신하여'라는 의미를 나타냈다.

여기서 "on our behalf"를 '우리를 위하여'로 보는 것이 적절한 이유는, 해당 구절에서 "우리로 하여금 그 안에서 하나님의 의가 되게 하려 하심이라"라는 부분을 보면 이것이 전가 개념이 아닌 연합의 개념임을 알 수 있기 때문이다. 우리가 하나님의 의가 된다는 것은 '하나님의 의' 자체이신 하나님과 연합하여 하나로 존재함을 가리키는 것으로, 바울이 이를 가리켜 "주와 합하는 자는 한 영이니라"(고전 6:17)라고 한 것이다.

여기까지 예수의 십자가를 죄의 전가 개념으로 보면, 앞서 말한 부조화와 함께 우리가 그와 함께 십자가에 죽고 부활하였다는 것을 설명할 수 없으므로, 칭의는 전가 개념이 아닌 실제로 예수와의 연합을 통해 이루어진 것임을 살펴보았다.

그래서 성령을 통해 2000년 전의 그와 연합되어 함께 죽고 부활함이 거듭남이고, 바울은 거듭난 우리를 가리켜 새 피조물(고후 5:17)이라 한 것이다. 이것으로 우리의 새 피조물 됨이 완성된 것이지, 법적으로 혹은 신분상으로만 새 피조물인 것이 아니다.

물론 지금은 육을 입고 있기에 여러 의문이 들어 칭의와 성화에 대한 혼란이 생긴 것인데, 이를 무엇에 비유할까?

성경에는 죽은 자를 가리켜 잠자는 자에 비유하였다. 그런즉 이미 죽은 것과 같은 모든 이의 일생을 한낱 꿈에 비유해 본다면(사 56:10) 이 꿈 밖의 현실 세계, 곧 바울이 다녀온 셋째 하늘(고후 12:2)이라는 현실 세계(영의 세계, 영원의 세계)에서는 아버지가 잠자고 있는 우리의 손을 꼭 잡아 주고 있는 것이라 비유해 본다.

정확히 말하자면, 현실 세계에서는 "우리 많은 사람이 그리스도 안에서 한 몸이 되어 서로 지체가 되었느니라"(롬 12:5) 함이 이루어진 상태이다. 이 연합이 이루어졌은즉 우리는 분명 새 피조물인 것이고, 분리됨의 표상을 입은(육을 입은) 이 악몽에서 깨어날 때 우리가 새 피조물인 것이 분명히 드러날 것이다.

다윗이 성령의 충만함을 받아 이를 가리켜 "나는 의로운 중에 주의 얼굴을 뵈오리니 깰 때에 주의 형상으로 만족하리이다"(시 17:15)라고 한 것인데, 그 또한 깰 때에 있는 곳에서 그 의로움(연합)이 이루어진 것에 관하여 말하고 있다. 하나님의 형상은 연합하여 하나로 존재함이라 하였으므로, 여기서의 주의 형상 또한 연합을 의미한다.

이 연합이 결코 분리되지 않으므로, 바울이 "너희 안에서 착한 일을 시작하신 이가 그리스도 예수의 날까지 이루실 줄을 우리는 확신하노라"(빌 1:6)라고 한 것이고, 사도 요한이 "하나님께로부터 난 자는 다 범죄하지 아니하는 줄을 우리가 아노라 하나님께로부터 나신 자가 그를 지키시매 악한 자가 그를 만지지도 못하느니라"(요일 5:18)라고 한 것이다.

위의 요한일서 말씀은 이런 의미인데, 칭의와 성화에 대한 이해를 달리하니 이 구절이 심히 난제가 된 것이다. 그래서 혹자는 이를 종말에 이루어질 성화를 가리키는 것이라 말한다.

영이라는 것은 이렇게 꿈과 현실 세계를 오가며 우리를 하나님과 연합되게 하고, 또한 시간을 오가며 우리를 공생애 당시의 예수와 연합하게 하는 만큼 상상을 초월한다.

15
개혁주의 성화에 대한 소회

성화는 '거룩하게 됨'(히 2:11)을 가리키는 말이다. 종교개혁자들은 칭의와 성화를 구별하였으므로 성화는 단번에 이루어진 것이 아닌 칭의 받은 자가 필연적으로 나타내는 삶의 거룩함으로 보았다. 그래서 이들은 구원의 강조점을 칭의에 치중하였다.

이들의 칭의관을 공격한 자들은 칭의의 단점을 가리켜 사람들의 방종을 부추길 수 있다고 하였다.

종교개혁자들도 칭의가 가져올 방종을 우려하여 어떻게든 칭의와 성화를 얽어매고자 하였기에 칭의 받은 자들은 필연적으로 거룩한 삶을 향한 방향성이 생긴다고 주장한 것이다. 이런 연유로 교회에서 흔히 성화라고 하면 성도의 인격과 성품이 예수를 닮아가는 것으로 이해를 한다.

필자는 성경 해석에 장단점을 따진다는 것이 참으로 통탄스럽다. 이 책을 접할 정도면 아마 한 번쯤 성경이 진정으로 말하는 바가 무엇인지 진심으로 알고자 하였을 것이다. 우리는 성경의 진의를 알고자 고뇌하는 것이지, 성경의 진의를 장단점에 따라 취사선택하고자 하는 것이 아니지 않는가?

만일 칼빈이 말한 바 예수께서 죽은 뒤 지옥의 고통까지 처절하게 겪으셨다면, 바울이 "그의 죽으심과 같은 모양으로 연합한 자가 되었으면 또한 그의 부활과 같은 모양으로 연합한 자도 되리라"(롬 6:5)라고 함과 같이, 우리가 그와 연합이 되었은즉 우리도 죽은 뒤 그와 같은 자취를 따라 지옥에서 일정 한도의 고통을 겪게 될 것인가에 대해 앞서 말하였다. 만일 이것이 성경이 말하는 진의라면 가히 비밀로 영영 봉해야 할 정도의 단점인 것이다.

그러나 필자는 이것이 단점이라서 반박한 것이 아닌, 죄의 전가 교리로부터 파생된 그의 주장이 성경과 대치되기 때문에 반박한 것이다.

그런즉 흔히 생각하는 성화에 대하여 필자의 소회를 오직 성경에 근거하여 말하고자 한다.

필자의 경우는 어거스틴과 오시안더의 맥락에서 칭의와 성화를 구별히지 않는다. 이 세상을 꿈에 비유한다면 현실 세계(영의 세계, 영원의 세계)에서는 그리스도와 한 지체를 이룸으로 분명 성화되었다고 했기 때문이다.

그런데 그 성화가 육이 아닌 현실 세계에서 이루어진 만큼 육으로 낼 수 있는 삶은 가시와 엉겅퀴일 뿐이므로(히 6:8), 육으로는 죽음만이 기다리고 있듯이(히 9:27) 육을 입은 상태에서는 거룩한 삶 혹은 혹자가 생각하는 하나님의 속성을 닮은 삶은 존재하지 않고 끝날까지 엉겅퀴만 낼 뿐이라 단언한다. 필자가 '죄의 진정한 의미'에서 말한 바 육으로 행하는 어떤 선한 행위나 구제 행위는 '하나님의 의'와 아무런 관련이 없기 때문이며, 또한 육을 입은 자체가 분리됨의 표상이라 하였기 때문이다(고후 5:6).

이는 욥이 "누가 깨끗한 것을 더러운 것 가운데에서 낼 수 있으리이까 하나도 없나이다"(욥 14:4)라고 한 것과 같다.

이를 확증하는 것은 다니엘서에서 찾아볼 수 있다.

> 단 9:26 "예순두 이레 후에 기름 부음을 받은 자가 끊어져 없어질 것이며 장차 한 왕의 백성이 와서 그 성읍과 성소를 무너뜨리려니와 그의 마지막은 홍수에 휩쓸림 같을 것이며 또 끝까지 전쟁이 있으리니 황폐할 것이 작정되었느니라."
>
> 단 9:27 "그가 장차 많은 사람들과 더불어 한 이레 동안의 언약을 굳게 맺고 그가 그 이레의 절반에 제사와 예물을 금지할 것이며 또 포악하여 가증한 것이 날개를 의지하여 설 것이며 또 이미 정한 종말까지 진노가 황폐하게 하는 자에게 쏟아지리라 하였느니라 하니라."

끝까지 전쟁이 있고 황폐할 것이 작정되었다는 것, 그리고 진노가 황폐하게 하는 자에게 쏟아진다는 것은, 다름이 아니라 이 첫 창조의 세상과 첫 창조를 입은 우리를 가리키는 말이다. 문자 그대로의 전쟁이나 황폐하게 하는 것은 인류의 역사에서 끊임없이 있어왔다. 성경은 이 문자 그대로의 전쟁을 가리키는 것이 아니라, 우리가 분리됨의 표상인 육을 입고 존재하는 자체를 가리켜 미움이자 살인이라 하며(요일 3:15), 이러한 실존을 전쟁이라 하고 황폐하게 하는 자라 한 것이다.

이러한 전쟁에 관한 비유를 확증하는 것은 이사야의 예언에서 볼 수 있다. 이사야는 메시아에 관한 예언에서 다음과 같이 전쟁이 없을 것이라 하였다.

> 사 2:4 "그가 열방 사이에 판단하시며 많은 백성을 판결하시리니 무리

가 그들의 칼을 쳐서 보습을 만들고 그들의 창을 쳐서 낫을 만들 것이
며 이 나라와 저 나라가 다시는 칼을 들고 서로 치지 아니하며 다시는
전쟁을 연습하지 아니하리라."

미가 또한 동일한 예언을 하였다.

> 미 4:3 "그가 많은 민족들 사이의 일을 심판하시며 먼 곳 강한 이방 사
> 람을 판결하시리니 무리가 그 칼을 쳐서 보습을 만들고 창을 쳐서 낫
> 을 만들 것이며 이 나라와 저 나라가 다시는 칼을 들고 서로 치지 아니
> 하며 다시는 전쟁을 연습하지 아니하고."

예수께서 오신 이후로 인류의 역사에서 전쟁이 없던가? 예수께서
전쟁을 그치게 하신다 함은 문자 그대로 사람 간의 피 흘림의 규모
가 큰 전투에 관해서는 친히 조정하시겠다는 말이 아니다. 애초에
세상에 살면서 사람과 사람 간의 분쟁이 존재한다는 자체가 해결해
야 할 근본문제인 것이고, 이는 범지구적 문제인 것으로 이 자체로
지구적 규모의 전무후무한 전쟁인 것이다.

그런즉 첫 창조를 입은 자체가 분리됨의 표상인 것처럼 이 자체로
전쟁인 것인데, 또한 이 자체로 괴로움인 것은 전도서를 통하여 곧
밝힐 것이다.

이런 맥락에서 예수께서 전쟁을 그친다 하심은, 우리가 더 이상
분리되어 존재하는 것이 아닌 예수 안에서 성도들이 하나로 연합됨
을 가리키는 것이고, 이는 우리가 첫 창조를 벗고 영에 있게 됨을 가
리키는 것으로(롬 8:9), 다음의 구절에서 '중간에 막힌 담'은 첫 창조
를 가리킴을 율법을 다룰 때 설명하였다.

엡 2:14 "그는 우리의 화평이신지라 둘로 하나를 만드사 원수 된 것 곧 중간에 막힌 담을 자기 육체로 허시고."

이러한 하나 됨은 현실 세계(영의 세계)에서 이루어진 것이므로 첫 창조를 입고 있는 한 다니엘서의 예언과 같이 끝날까지 전쟁만이 있을 뿐이다. 즉 우리의 육으로는 낼 수 있는 것이 가시와 엉겅퀴뿐이라는 것이다.

바울은 이러한 육을 입은 지금의 실존에 대하여 "내 육신에 선한 것이 거하지 아니하는 줄을 아노니"(롬 7:18)라고 하여 "오호라 나는 곤고한 사람이로다"(롬 7:24)와 같은 탄식을 하였다.

그런 그가 내린 결론은 "내 자신이 마음으로는 하나님의 법을 육신으로는 죄의 법을 섬기노라"(롬 7:25)라고 한 것인데, 마음으로 하나님의 법을 섬긴다고 함은, 앞서 언급한 현실 세계에서 이루어진 예수와의 한 몸을 이룬 것을 가리킨다. 그리고 육신으로는 죄의 법을 섬긴다는 것은 첫 창조를 입음으로 육으로는 도무지 하나님의 의를 이룰 수 없고, 끝까지 엉겅퀴만 내다가 그 끝에는 "네가 반드시 죽으리라"(창 2:17) 하신 말씀처럼, 육의 근원인 첫 창조와 함께 온전히 멸하여질 숙명만이 기다리고 있음을 말하는 것이다.

여기서 혹자는 바울이 "육신으로는 죄의 법을 섬기노라"라고 한 것을 가리켜 그가 야고보가 말한 행함을 이루었고, 또한 이루고 있음에도 왜 이런 말을 하는 것인가 의문이 들 수 있다. 야고보가 말한 행함은 하나님이 우리 안에서 이루시는 것임을 말하였다. 이 행함이 하나님께 있고, 또 그 결과는 현실 세계(영의 세계)에서 이루어지는 것인즉, 이는 어디까지나 '마음으로는 하나님의 법'을 섬기는 영역에 속한 것이다. 우리 자신은 육으로는 이미 죽은 자이므로 이미 죽은 그 죽음을 실제 맞이하는 날까지 육으로는 끝까지 전쟁이 있고 황폐할 것이 작정되었을 뿐이다(단 9:26).

스데반이 광야 교회 40년을 가리켜 "하나님이 외면하사 그들을 그 하늘의 군대 섬기는 일에 버려 두셨으니 이는 선지자의 책에 기록된바 이스라엘의 집이여 너희가 광야에서 사십 년간 희생과 제물을 내게 드린 일이 있었느냐"(행 7:42)라고 한 것이 이를 가리킨다. 이스라엘이 광야에서 희생과 제물을 드린 적이 없다는 것은 구약성경과 엄연히 대치되는 발언이다.

이는 이들이 모세의 율법을 따라 광야의 성막에서 제물을 드렸으나, 하나님께서는 이들이 제물을 드린 것으로 인쳐진 것이 아닌 하늘의 군대를 섬기는 것으로 인쳐진 것임을 말한다. 이는 필자가 말한 바 율법의 조문적 지킴을 포함한 육으로 하는 모든 행위는 연합을 이룰 수 없고, 황폐하게 하는 자라 칭함 받기 때문이다.

우리가 거듭났다고 하는 것은 죄인 된 자신은 죽고 새 피조물이 되었다는 것인데, 이는 하늘에서 이루어진 것이라 하였듯이 역사 속에서는 바울이 말한 바와 같이 육으로는 죄의 법을 섬길 뿐이다(롬 7:25).

1) 세상에 속하지 않음을 인식

이렇게 필자가 육체적 성화에 관해서는 완전히 부정하였으므로 혹자는 필자의 말이 도덕을 폐기하는 단점을 갖고 있다 할 수도 있으며, 사람들의 방종을 부추기는 것으로 여길 우려가 있는 것도 사실이다.

그러나 단적으로 말하자면, 종교개혁자들이 칭의 받은 자들에게서는 반드시 성화의 삶이 나타난다 하였듯이, 필자는 진정으로 믿는 자들에게는 필연적으로 그에 수반하는 자신과 세상에 대한 인식의 변화, 곧 자신이 세상에 속하지 않았다는 것을 알게 됨으로(요 15:19) 인해 생기는 변화가 올 수밖에 없음을 말하고자 한다.

사도들이 "육체의 남은 때"(벧전 4:2)에 관하여 권면하는 내용들이 모두 이것을 말하는 것이다.

사람이 믿음이 생겼을진대 이전의 삶과 비교해서 어찌 변화가 없겠는가? 그러나 이 변화는 성화의 실체인 것이 아니라 세상에 속하지 않음을 알게 됨으로 인한 변화이다.

자신이 세상에 속하지 않았다는 인식은 참으로 상상을 초월하는 거대한 비밀이다. 이것이 주는 첫 창조에 대한 허무감은 끝이 없어 이 허무감의 깊이에 대해서는 말로 설명할 길이 없다.

인류 역사에서 어떤 종교가 노아의 방주(예수)를 줌으로 세상에 속하지 않고 영에 속하게 할 수 있단 말인가?

사람이 만든 모든 종교는 어떤 형태로든 세상과 관련되어 있다. 그런즉 이 종교들이 가장 기본적으로 추구하는 방향은 세상에서 잘되기를 기원하는 것이다. 신탁을 구하는 것은 앞날을 대비하여 세상에서 잘되기를 바라는 것이고, 복을 기원하는 것도 수행을 하는 종교도 마찬가지이다. 이들의 번뇌를 말살하기 위한 수행은 자신의 행복을 위한 것이다.

이를 통한 세상적 깨달음의 깊이는 자못 깊을지 모르나, 그 깨달음이 과연 자기 자신을 세상에 속하지 않게 할 수가 있는가? 이 세상이 자신이 속하여야 할 곳이 아니라는 사실이 창세 전부터 감춰진 비밀(엡 3:9)이라 함은, 자신의 외부에서 비밀의 내용을 듣지 않는 이상 도무지 알 수 없음을 말한다. 이는 바울이 "듣지도 못한 이를 어찌 믿으리요 전파하는 자가 없이 어찌 들으리요"(롬 10:14)라고 함과 같다.

이런즉 자신이 세상에 속하지 않았다는 인식은 타 종교와 차별화된 인식으로서 성도들에게 있어 매우 필수적이므로 사도들은 그들의 서신에서 이를 강조하고 있다(요일 2:15). 이 인식으로 인해 나오는 변화는 단순히 도덕적이게 되고, 구제를 잘하는 등의, 흔히 성화로 여겨지는 것과는 차원이 다르다.

그런 유(類)의 성화라면 다른 종교에도 얼마든지 있다. 특히 자신들의 종교적 정당성을 위해 가시적(可視的)인 구제 활동과 이웃 사랑을 더 내세우는 것이다.

도리어 세상 사람들의 기독교에 대한 인식은 어떠한가? 혹자가 말하길, 기독교인은 과격하고 배타적인 면모를 띠는 경우가 더러 있으나 불교인들은 다양성을 존중하고 인내하는 모습을 보인다고 했다. 애석하게도 세상 사람의 눈으로 볼 때 이는 당연한 인식일지도 모른다.

또한 필자가 타인과 기독교에 대한 이야기를 할 때면, 진리를 수호한다는 교회에서 왜 성추문이 나오는지를 묻는 경우도 있다. 물론 기독교 인구가 많은 만큼 그런 사건이 발생할 확률도 타 종교에 비해 상대적으로 높을 것이다. 그러나 이런 사건들이 목회자에게서까지 발생함에 대해 변명의 여지가 없다.

참으로 기독교는 그런 유의 성화조차 타 종교에 비해 부족하다.

위와 같은 사건들이 발생하는 것은, 그 당사자가 세상에 속하지 않았음을 아직 통감하지 못하였거나, 아니면 그가 처음부터 영이 아닌 육에 속한 자이기 때문이다(유 1:19). 그가 육에 속하였다 함은 성령께서 그가 세상에 속하지 않았음을 알려준 일이 없다는 의미이다.

반면 자신이 더 이상 세상에 속하지 않았음을 아는 자는, 이제까지 자신을 구성하고 자신을 정의하는 모든 과거가 한순간에 무너진 것을 본 자이고, 모든 것이 헛것임을 아는 자이다.

이전에는 이 세상에서 돈을 벌고 성공하고 명예를 얻기 위해 애썼다면, 이제는 그 모든 것이 절대적인 것이 아니요 환상과 같고 한낱 꿈이었음을 깨닫게 되는 것이다.

야고보가 "너희 생명이 무엇이냐 너희는 잠깐 보이다가 없어지는 안개니라"(약 4:14)라고 한 것은 단순한 시적인 표현이 아니다. 실제로 자신이 옳은 줄로 믿고 쌓아왔던 모든 가치가 허상이듯이, 그 인생조차도 한순간의 허상이라는 말이다.

이는 다윗이 "인생은 그날이 풀과 같으며 그 영화가 들의 꽃과 같도다"(시 103:15)라고 함과 같다.

첫 창조의 세상 자체가 복음을 표상하는 모형이자 그림자임을 앞서 설명하였다. 이 세상이 모형이자 그림자이듯, 여기서 자기만의 가치로 여기고 쌓아올린 모든 것이, 심지어 선한 것인 줄 알고 애써 자기부인하며 행했던 모든 일마저도 일종의 모형이자 그림자 격인 것이다.

한때 육체를 신뢰할 만하다 여기고(빌 3:4) 율법의 의로는 흠이 없는 자였던(빌 3:6) 바울이, 왜 이 모든 것을 해로 여기고(빌 3:7) 배설물처럼 여겼는가?(빌 3:8) 그 모든 것이 실체가 아니고 그림자이기 때문이다(히 10:1).

첫 창조의 세상 자체가 그러하므로 솔로몬은 "헛되고 헛되며 헛되고 헛되니 모든 것이 헛되도다"(전 1:12) 하는 말만 반복하는 것이다.

그런즉 이 첫 창조의 세상에서 세상에 속한 자들을 가리켜 하나님께서 다음과 같이 말씀하셨다.

> **합 2:13** "민족들이 불탈 것으로 수고하는 것과 나라들이 헛된 일로 피곤하게 되는 것이 만군의 여호와께로 말미암음이 아니냐."

그렇다면 자신이 더 이상 세상에 속하지 않는다는 인식을 가진 이들에게서는 어떤 방향성이 나오는가? 이를 아는 자는 '자신을 정의하는 모든 과거가 무너진 것을 본 자'라고 하였다.

흔히 마가복음 14장 51절의 "한 청년이 벗은 몸에 베 홑이불을 두르고 예수를 따라가다가 무리에게 잡히매"라는 말씀에서 '한 청년'은 마가 자신을 표현한 것으로 추측한다. 또한 요한복음에서 요한이 자신을 가리켜 "예수께서 사랑하시는 그 제자"(요 21:20)로 표현한 것을 알 것이다.

이들이 왜 자기 자신을 제3자를 묘사하는 것처럼 표현하였는가? 물론 여러 추측이 있을 수 있으나, 필자가 생각하는 바는 이들이 과거의 자신이 더 이상 존재하지 않음을 깨달아 과거에 존재했던 자기 자신조차 제3자의 눈으로 바라보게 되었기 때문이라고 생각한다.

바울 또한 셋째 하늘에 이끌려 갔었던 자신을 가리켜 "그리스도 안에 있는 한 사람"(고후 12:2)이라 하여 제3자를 묘사하는 것처럼 표현한 것도 자신을 자랑하지 않기 위한 것도 있으나 위와 같은 맥락이 포함되었을 것이라고 생각한다.

우리는 처음부터 육을 입고 태어났기 때문에 육을 입은 것을 매우 당연하게 생각하고, 자신의 밖에 존재하는 다른 피조물들, 곧 자연이나 각종 인간의 창조물들 혹은 타인의 존재에 대하여 매우 당연시 여긴다. 각 개개인이 타인과 분리되어 존재함에 대해서도 또한 마찬가지다.

그러나 자신이 더 이상 세상에 속하지 않았음을 알게 된 자는, 마가와 요한처럼 모든 것을 당연히 있는 것이 아닌 곧 사라지게 될 허상과 같이 여기게 되며, 이들은 이러한 허상이 실체라고 생각하며 살았던 과거의 자기 자신조차 이제는 제3자로 바라보게 되는 것이다.

그런즉 이들에게는 더 이상 자기 자신이란 개념이 존재하지 않는다. 자기 자신이라는 분리된 객체로 있는 개념 또한 첫 창조라는 허상 속에 있는 개념이기 때문이다. 바울이 자신이 세상에 대하여 못 박혔다 함에는 이런 의미도 함의하고 있다(갈 6:14).

또한 바울은 우리 자신을 죄에 대하여는 죽은 자로 여길 것을 당부하였다(롬 6:11). 전에는 여러 육체의 소욕(갈 5:17)을 추구하였다면, 이제는 이 모든 것이 허상임을 앎으로 이 헛된 세상적 가치들을 포기하고 그냥 죽을 수 있는 것이다. 오히려 죽기를 더욱 기뻐하는 것이다(빌 1:23).

자신마저 제3자로 여기게 된 사람이 어떤 부당한 일을 당했다고 해서, 혹은 좋은 일이 있다고 해서 이에 일희일비하겠는가? 그저 어떤 이가 이런 일을 당했고, 또한 저런 일을 겪었다 여길 뿐이다. 이러한 것들에 더 이상 세상에 속한 자처럼 일희일비하지 않는 것이 바로 죄에 대하여 죽은 자처럼 여기라는 말의 의미이다.

이런 사람은 욥과 같이 자신의 전 재산을 빼앗기는 일이 있더라도, 혹은 눈앞에 죽음이 닥쳐도 이를 두려워하지 않고 오히려 안식(이들에겐 죽음이 곧 안식이다)을 환영하는 것이다. 히브리서 기자가 말하길 "이런 사람은 세상이 감당하지 못하느니라"(히 11:38) 함이 이런 의미이다.

이러한 초연함은 자신이 세상에 속하지 않았음을 인지함에서 나오므로, 기독교에서 나타나야 할 변화는 사실 타 종교에 비해 차원이 달라야 한다.

이같이 자신이 세상에 속하지 않았음을 아는 것이 얼마나 세상에 대해 공허하게 만드는가? 육을 입은 이상 그 공허의 모든 것을 다 맛볼 수는 없다. 그러나 육으로 느낄 수 있는 만큼의 허무함도 매우 깊은 것이다.

도대체 한 청년에게 어느 정도의 공허함을 안겨주어야, 대학 새내기 때 처음 성경을 접한 그가 고향에서 이를 논하는 책을 쓰게끔 할 수 있는가? 이를 통감한 자는 당연히 솔로몬과 같이 "모든 것이 헛되도다"(전 1:2)라는 말만 하게 되는 것이다.

바울이 "모든 것이 가하나 모든 것이 유익한 것은 아니요"(고전 10:23)라고 한 것처럼, 이런 자에게 모든 것이 가할지라도 그가 헛된 것을 굳이 행하겠는가? 또한 베드로가 "너희는 자유가 있으나 그 자유로 악을 가리는 데 쓰지 말고 오직 하나님의 종과 같이 하라"(벧전 2:16) 함과 같이, 이런 자에게 자유가 있을지라도 그가 진리가 아닌 헛된 것에 자유를 쓰겠는가?

세상에 속하지 않은 자가 모든 것이 가할지라도 헛된 것을 하지 않는 것은, 그것이 결국은 자신을 헛된 것에 얽매이게 하여 고통을 가져올 것임을 알기 때문이다.

이들은 육으로 존재하는 자체가 이미 고통임을 깨달음으로, 더 이상 자신을 괴롭히는 헛된 것에 얽매이고자 하지 않는 방향성을 필연적으로 갖게 되는 것이다. 이것이 필자가 말하는 '믿는 자의 필연적 변화'이다.

참으로 성령의 가르침을 받아 자신이 세상에 속하지 않음을 깨달은 이들은, 육으로 존재하는 자체만으로 실존의 애환이고 고통임을 깨달은 자다.

이에 관하여는 솔로몬이 다음과 같이 말하였다.

> 전 1:13 "마음을 다하며 지혜를 써서 하늘 아래에서 행하는 모든 일을 연구하며 살핀즉 이는 괴로운 것이니 하나님이 인생들에게 주사 수고하게 하신 것이라."

하늘 아래에서 행하는 모든 일이 괴로운 것이라 함은, 육으로 존재하는 우리 실존의 본질이 괴로움에 있다는 것이다. 심지어 그는 이런 맥락에서 다음과 같이 낙태된 자가 육의 괴로움을 겪는 자보다 더 평안하므로 낫다고까지 한다.

> 전 6:3 "사람이 비록 백 명의 자녀를 낳고 또 장수하여 사는 날이 많을지라도 그의 영혼은 그러한 행복으로 만족하지 못하고 또 그가 안장되지 못하면 나는 이르기를 낙태된 자가 그보다는 낫다 하나니."

육으로는 참된 만족이 없으므로 모든 이가 만족하지 못하는 자와 같으며, 죽음이 곧 육에 속한 이들의 안식과 같으므로 안장되지 못하였다 하는 것은 그가 안식에 들지 못함을 가리키는 것이다.
앞서 언급한 하박국 2장 13절도 이런 내용을 함의하고 있다.

필자도 한때는 육에 관련된 것들에 대해 매우 긍정적인 사고를 유지하며 항상 감사하기에 힘썼다. 오죽하면 군대를 통해 깨달은 것 중 하나는 '침대에서 잘 수 있다는 그 모든 나날 자체가 감사한 것'이었다. 훈련을 받을 때 야외에서 텐트를 치고 잠을 자는 일이 있는데, 야외의 바닥은 균일하지 않아 불편하며 무엇보다 밤중에 땅에서 올라오는 한기가 매우 커 취침할 때 큰 고통을 주기 때문이다.
그러나 자신이 세상에 속하지 않았음을 통감할 때는, 이전에 가졌던 그 모든 것에 대한 감사조차 여기까지 오기 위한 일종의 모형이었음을 알게 되어, 지금의 필자가 하나님께 드리는 감사는 차원을 달리하는 것이다.
바울이 이전의 자신을 가리켜 율법의 의로는 흠이 없는 자라 하였으나 이를 배설물과 같이 여긴다 하였듯이, 육의 성화를 부정하는 필자 또한 초기에는 자신의 인위적인 성결화에 고달픈 노력을 쏟아 부었기에, 세상적 도덕관념으로 따지면 어떤 이들보다 깨끗하다 자부할 수 있다.

사실 필자는 믿음을 갖기 전부터도 남들보다 철이 일찍 든 편이었다. 그러나 이젠 이 모든 것이 허상에 불과했던 나날들임을 깨달은 것이다.

이런 사람은 지금의 '육체의 남은 때'를 간절한 기대와 소망을 가지고 살아가는 만큼(빌 1:20), 한편으로 지금의 실존 자체에 육에 속한 이는 결코 알 수 없는 끝없는 공허로 인한 고통을 느끼고 있다.

그런즉 바울이 "차라리 세상을 떠나서 그리스도와 함께 있는 것이 훨씬 더 좋은 일이라"(빌 1:23)라고 한 말을 처절하게 통감하는 이런 사람이, 지금 육에 있는 상태로 헛된 일을 꾀할 수가 있겠는가? 혹은 큰 야망을 가지고 부와 명예를 축적할 길을 모색하겠는가?

이런 사람은 자신을 죄에 대하여 죽은 자로 여기는 만큼(롬 6:11) 이런 일을 도무지 할 수가 없는 것이다. 앞서 말한 바와 같이, 이 모든 것이 결국 자신을 헛된 것에 얽매이게 하고 고통으로 돌아오게 할 것을 알게 되었기 때문이다. 비유를 하자면, 이런 일들을 행하는 것은 스스로 자신의 발목에 족쇄를 채우는 꼴이 됨을 깨달은 것이다.

이렇게 그리스도인들은 세상에 대하여는 실제로 죽었거니와(갈 6:14) 또한 자신을 죽은 자와 같이 여기므로, 바울이 갈라디아서 5장 24절에 "그리스도 예수의 사람들은 육체와 함께 그 정욕과 탐심을 십자가에 못 박았느니라"라고 한 것이다.

이런 맥락에서 육의 소욕에 대해 말할진대, 바울이 말한 바 "내가 이르노니 너희는 성령을 따라 행하라 그리하면 육체의 욕심을 이루지 아니하리라"(갈 5:16), "그러므로 땅에 있는 지체를 죽이라 곧 음란과 부정과 사욕과 악한 정욕과 탐심이니 탐심은 우상 숭배니라"(골 3:5)라고 함은 무슨 말인가?

육체의 욕심이란, 사도 요한이 "이 세상이나 세상에 있는 것들을 사랑하지 말라 누구든지 세상을 사랑하면 아버지의 사랑이 그 안에 있지 아니하니"(요일 2:15)라고 한 것과 같이 세상을 사랑하는 것을 통칭하는 것이고, 성령을 따라 행한다는 것은 요한의 말과 같이 세상을 사랑하지 않는 것이다. 또한 요한이 "오직 그의 기름 부음이 모든 것을 너희에게 가르치며"(요일 2:27)라고 한 것은, 성령께서 우리가 더 이상 세상에 속하지 않았음을 끊임없이 가르치시는 것을 함의하는 말이다.

즉 바울의 권면은 세상을 사랑하지 말라는 것이며, 성령을 따라 행하라는 것은 세상에 속하지 않았음을 끊임없이 상기하라는 말이다.

또한 복음을 전하는 자라면 당연히 복음이 비방받지 않게 하기 위해 힘쓸 것이 아닌가? 성도들은 복음을 위해 마땅히 세상 사람들에게 본을 보일 필요가 있으니, 다음의 권면들은 모두 이를 위한 것임이 명백히 드러나고 있다.

딤전 6:1 "무릇 멍에 아래에 있는 종들은 자기 상전들을 범사에 마땅히 공경할 자로 알지니 이는 하나님의 이름과 교훈으로 비방을 받지 않게 하려 함이라."

딛 2:5 "신중하며 순전하며 집안일을 하며 선하며 자기 남편에게 복종하게 하라 이는 하나님의 말씀이 비방을 받지 않게 하려 함이라."

딛 2:8 "책망할 것이 없는 바른 말을 하게 하라 이는 대적하는 자로 하여금 부끄러워 우리를 악하다 할 것이 없게 하려 함이라."

딛 2:10 "훔치지 말고 오히려 모든 참된 신실성을 나타내게 하라 이는 범사에 우리 구주 하나님의 교훈을 빛나게 하려 함이라."

서신서에서 세상 권세에 관하여 모범을 보일 것을 권면하는 것도 당연히 이를 위한 것이다. 어떤 이가 세상에 대하여 자유하다 해서 세상의 법을 무시함으로 인해 세상 사람들의 책망을 받게 되면 그가 어찌 주의 일에 힘쓰는 자라고 자처할 수 있겠는가? 특히 베드로는 다음과 같이 어리석은 자의 말을 막기 위하여 인간의 모든 제도에 순종하라고 말한다.

> 벧전 2:13 "인간의 모든 제도를 주를 위하여 순종하되 혹은 위에 있는 왕이나."
> 벧전 2:14 "혹은 그가 악행하는 자를 징벌하고 선행하는 자를 포상하기 위하여 보낸 총독에게 하라."
> 벧전 2:15 "곧 선행으로 어리석은 사람들의 무식한 말을 막으시는 것이라."

이런 관점에서 다음의 바울의 권고를 살펴보자.

> 롬 13:1 "각 사람은 위에 있는 권세들에게 복종하라 권세는 하나님으로부터 나지 않음이 없나니 모든 권세는 다 하나님께서 정하신 바라."

권세가 하나님 뜻대로 세워졌다는 것은, 인류 역사를 보아 그 정권 자체가, 혹은 그 권세가 행하는 정책들이 선하다는 뜻이 아님을 당연히 알 것이다. 바울이 말하는 것은, 하나님이 창조하신 것을 보고 "보시기에 좋았더라" 하심과 같이 단지 그 권세가 세워진 것이 하나님의 예비하심과 계획대로 되고 있다는 것을 말하는 것이다.

하나님의 계획이라 함은, 결론적으로 하나님이 택하신 그의 백성을 구원하고자 하는 것이다.

지금 대부분의 국가에서 표방하는 민주주의 정책과 그로 인해 파생되는 사상의 자유는 복음을 여러 가지 형태로 사람들에게 전할 수 있는 환경을 만들어 주었다. 또한 과거부터 모방되고 답습되어 온 법률은 대부분의 국가에서 형태가 비슷하여 대부분의 사람들에게 비슷한 윤리적 상식들을 심어주게 되었다.

우리는 이 윤리적 상식에 충실하고 위에 있는 권세에 복종함을 통하여, 베드로가 말한 바 "선행으로 어리석은 사람들의 무식한 말을 막으시는 것이라"(벧전 2:15)를 이룰 수 있다. 이는 성도들이 이렇게 모범을 보임으로써 어리석은 자들의 비방에 대처할 수 있고, 바울이 말한 것처럼 하나님의 교훈을 빛나게 할 수 있음을 말한다(딛 2:10).

이런 맥락에서 바울이 로마서 13장 1절에서 말하는 바는 하나님의 계획을 인지하고 세상 질서를 역행하며 복음을 전하는 것이 아닌, 이에 순응하며 모범을 보임으로 복음을 전하라는 것이다.

그런즉 베드로가 "인간의 모든 제도를 주를 위하여 순종하되"(벧전 2:13)라고 함과 같이, 세상에 속하지 않은 이가 세상에 속하지 않았다고 하여 타인에게 비방할 명목을 주겠는가? 바울이 "우리가 살아도 주를 위하여 살고"(롬 14:8)라고 함과 같이 주를 위하여 인간의 제도에 순종할 것이다.

이 말은, 윤리적인 개념, 세상 권세가 정한 제도, 정치 등 이를 행하는 것이 선의 실체가 아니거니와 이를 더 잘 행하는 자체로 성화의 실체가 아니지만, 성도들이 세상에 속하지 않음으로 인해, 그리고 복음을 위해 나타나는 특성임에 틀림없다는 것이다.

타인과의 관계에 있어서도 마찬가지다. 세상에 속하지 않은 이가 타인과의 관계에 있어서 자신의 허상과 같은 자존심을 내세우겠는가? 참으로 모든 덕목 중 으뜸은 겸손임을 알 것이다. 그러나 세상에 속하지 않음으로 나타나는 겸손은 차원이 다르다. 사람의 일생이 잠깐 피고 지는 안개임을 알진대(약 4:14) 그가 무슨 영광을 얻겠다고 무엇을 드러내고, 혹은 불리한 것을 반박하겠는가?(약 4:16) 그저 자신을 죽은 자처럼 여기고 그러려니 하게 되는 것이다.

필자는 육적인 성화를 완전히 부인하였으나, 오히려 역설적이게도, 이런 사람이야말로 혹자들이 말하는 그런 유의 성화의 특성을 더불어 나타내는 것이니 굳이 화를 내거나 굳이 남을 비하하는 일도 없는 것이다.

바울이 "너희는 아직도 육신에 속한 자로다 너희 가운데 시기와 분쟁이 있으니 어찌 육신에 속하여 사람을 따라 행함이 아니리요"(고전 3:3)라고 한 것은 이와 같은 맥락에서 말한 것이다.

그런즉 바울이 "할 수 있거든 너희로서는 모든 사람과 더불어 화목하라"(롬 12:18)라고 함과 같이, 이런 사람이 타인과의 관계에서 가장 우선하게 되는 것은 그와 편안한 관계를 유지하고자 하는 것에 귀결된다.

바울이 '할 수 있거든'이라는 말을 붙인 것은 이를 행하지 못하면 죄를 행한 것이라는 율법과 같은 것이 아님을 밝히는 것이다. 죄의 의미에 관해서는 앞서 다루었다.

즉 그는 죄를 덜 짓게 되는 그러한 성화에 대해 말하는 것이 아니라 그가 "모든 것이 가하나 모든 것이 덕을 세우는 것은 아니니"(고전 10:23)라고 함과 같이 이는 마땅히 복음에 누를 끼치지 않기 위한 권면이다.

이런 맥락에서 바울은 타인과의 관계에 대해 "누가 누구에게 불만이 있거든 서로 용납하여 피차 용서하되 주께서 너희를 용서하신 것같이 너희도 그리하고"(골 3:13)라고 말한 것이다.

사도들이 성도들 간의 화목에 대해 권면할진대, 애초에 히브리서 기자가 "모이기를 폐하는 어떤 사람들의 습관과 같이 하지 말고 오직 권하여 그날이 가까움을 볼수록 더욱 그리하자"(히 10:25)라고 함과 같이 성도들이 모여야 하는 것은 무엇을 위함인가?

자신이 세상에 속하지 않음을 아는 자들이 모여 상호 간의 격려와 위로를 하기 위함이다. 바울은 이를 가리켜 다음과 같이 말하였다.

> 롬 1:11 "내가 너희 보기를 간절히 원하는 것은 어떤 신령한 은사를 너희에게 나누어 주어 너희를 견고하게 하려 함이니."
>
> 롬 1:12 "이는 곧 내가 너희 가운데서 너희와 나의 믿음으로 말미암아 피차 안위함을 얻으려 함이라."

그가 어떤 신령한 은사를 준다고 하였는데, 그 은사는 어떤 신비적인 것이 아니요 피차 안위함을 얻는 것임을 말하고 있다. 이는 일만 마디 방언을 하는 것보다 깨달은 마음으로 다섯 마디 말을 하는 것이 더 낫다 함과 같고(고전 14:19), 또한 더욱 큰 은사를 사모하라 하였는데(고전 12:31), 곧 사랑에 대해 말하는 것과 같다.

이처럼 성경이 말하는 은사가 있다고 한다면, 그 목적은 '공동체를 굳건하게 하기 위한 것'으로 귀결된다. 이는 궁극적으로 우리가 이 세상에 속하지 않았음을 계속해서 깨우치게 하고, 예수께서 오실 약속을 다시금 붙들게 하는 것이지, 세상에 속한 재물과 성공을 위하여 예언하는 것이 아니다.

바울이 셋째 하늘에 이끌려 갔던 신비적 체험(고후 12:2)을 겪은 것은 그의 서신서에서 지속적으로 등장하는 그리스도와의 연합을 설명하기 위함이었고, 계시록에서 사도 요한이 첫 창조의 폐함과 하나님 나라의 완성을 표상하는 환상을 본 것도, 우리의 보이지 않는 소망(롬 8:24)을 굳건히 하고 이를 바탕으로 성경을 해석하는 데 있던 것이다.

참으로 세상에 속하지 않은 자들이 교회에서 모이는 의미는, 다름이 아니라 이러한 보이지 않는 소망을 위한 것이므로, 마땅히 성도는 자신이 세상에 속하지 않았음을 분명히 인지할 필요가 있다.

결론을 말하자면 육으로는 끝까지 죄의 법을 섬길 것이나(단 9:26; 롬 7:25), 육체의 남은 때를 사는 성도들은 자신이 세상에 속하지 않음을 인식함으로 세상을 사랑하지 않는 방향성이 필연적으로 생길 수밖에 없다. 이는 성령께서 우리에게 우리가 세상에 속하지 않았음을 끊임없이 일깨워 주시기 때문이다.

그런즉 성화는 우리의 일생을 통해 점점 거룩해져 율법을 점점 잘 지키게 되는 것이 아닌, 예수께서 우리를 이끌고 하나님께로 감으로 우리가 단번에 거룩함을 얻게 된 것(히 10:10), 곧 하나님과의 연합을 말하는 것이라 함이 적절하다.

2) 성령의 열매에 대한 소회

혹자는 바울이 성령의 열매에 관하여 서술함을 가리켜 그가 육을 입은 상태의 인격적인 성화를 말하는 것이 아닌가 할 것이다. 그러나 '하나님의 형상'에서 서술한 것처럼 열매는 오직 예수뿐이다.

예수께서 "그들의 열매로 그들을 알지니 가시나무에서 포도를, 또는 엉겅퀴에서 무화과를 따겠느냐"(마 7:16)라고 하심은, 인품을 기준으로 거짓 선지자를 판별할 수 있다는 것이 아니라, 예수라는 열매를 맺었는지 유무로 판가름 난다는 의미이다. 이 구절에 관해서는 '천국 비유 풀이'에서 다룰 것이다.

그런즉 바울이 다음과 같이 말한 성령의 열매 또한 모두 예수를 설명하는 것이다.

> 갈 5:22 "오직 성령의 열매는 사랑과 희락과 화평과 오래 참음과 자비와 양선과 충성과."
> 갈 5:23 "온유와 절제니 이 같은 것을 금지할 법이 없느니라."

'하나님의 형상'에서 다루었듯이, 성경은 불가피하게 인간의 언어로 하나님의 속성을 설명하기 위해 어떤 긍정적인 단어를 가지고 하나님을 설명한 것으로, 그 단어의 사전적 의미에 구애받을 것이 아니라 하였다. 물론 세상에 속하지 않았음을 인식함으로 흔히 말하는 인간적 차원에서의 사랑, 희락 등의 특성이 더불어 나타날 수 있으나, 이러한 인간적 차원의 것이 곧 실체는 아닌 것이다.

(1) 사랑

사랑은 오직 하나님께 속한 것이고(요일 4:7), 이 또한 연합을 의미하는 것임은 '율법'을 다룰 때 살펴보았다.

(2) 희락

여기서 쓰인 희락이라는 단어는 예수께서 다음과 같이 하신 말씀에서 기쁨으로 번역된 단어이다.

> 요 15:11 "내가 이것을 너희에게 이름은 내 기쁨이 너희 안에 있어 너희 기쁨을 충만하게 하려 함이라."

예수 안에 있는 기쁨이 흔히 말하는 인간적 차원의 기쁨이겠는가? 그렇다면 바울이 말한 바 "만일 그리스도 안에서 우리가 바라는 것이 다만 이 세상의 삶뿐이면 모든 사람 가운데 우리가 더욱 불쌍한 자이리라"(고전 15:19)와 같이 참으로 우리가 바라는 모든 것이 헛될 것이다.

바울이 바라는 것은 그가 "우리가 주목하는 것은 보이는 것이 아니요 보이지 않는 것이니 보이는 것은 잠깐이요 보이지 않는 것은 영원함이라"(고후 4:18)라고 함과 같이 영원에 속한 것으로, '영원에 속한 것이라' 함은 하나님께 속한 것을 바라는 것이다.

예수께서는 아버지의 사랑 안에 거하심을 기쁨이라 표현하셨는데(요 15:10-11), 이 기쁨은 첫 창조에 속한 그 기쁨이 아닌 영원에 속한 것이다.

바울이 하나님 나라에 관하여 "하나님의 나라는 먹는 것과 마시는 것이 아니요 오직 성령 안에 있는 의와 평강과 희락이라"(롬 14:17)라고 말하였는데, 여기서의 희락이 같은 헬라어 단어이다.

성경이 말하는 사랑, 거룩함, 영광 등은 오직 하나님께만 속한 것을 가리킨다 함과 같이, 예수 안의 기쁨이 우리 안에 있게 된다는 것은, "성령 안에 있는 의와 평강과 희락"이 우리 안에 있게 됨과 같다. 이는 오직 하나님께만 속한 어떤 것을 우리에게 주시겠다는 것이다.

이는 예수께서 "내게 주신 영광을 내가 그들에게 주었사오니"(요 17:22)라고 하신 말씀과 같은 의미로, 성경이 말하는 영광은 오직 하나님께만 속한 것임을 '하나님의 형상'을 다루며 살펴보았다. 오직 하나님께만 속한 것을 피조물에게 준다는 것은 하나님과 하나 됨을 가리키는 것인즉, 성령의 열매는 인간적 차원의 희락을 말하는 것이 아닌 영원에 속한 것으로, 이는 성령을 통한 예수와의 연합으로서 우리가 예수라는 열매를 맺는 것을 말한다.

(3) 화평

성경이 말하는 화평이란 연합임을 알 수 있다. 예수께서 하신 다음의 말씀에서의 화평은 여기서 말하는 화평과 같은 어원을 가진다.

> 마 5:9 "화평하게 하는 자는 복이 있나니 그들이 하나님의 아들이라 일컬음을 받을 것임이요."

우리를 하나님과 화평하게(연합하게) 하신 유일한 중보자는 예수이다. 또한 우리가 작은 예수가 되어 타인들에게 진정한 구제를 할 수 있게 되었다고 하였다. 바울은 이를 다음과 같이 한 구절에 정리하였다.

> 고후 5:18 "모든 것이 하나님께로서 났으며 그가 그리스도로 말미암아 우리를 자기와 화목하게 하시고 또 우리에게 화목하게 하는 직분을 주셨으니."

즉 먼저는 그리스도께서 우리를 하나님과 화목하게 하셨고, 예수의 지체가 된 우리는 예수께서 하신 것과 같이 타인들을 하나님과 화목하게 하는 직분을 받은 것이다. 예수께서 "내가 하는 일을 그도 할 것이요"(요 14:12)라고 하신 말씀의 의미가 이것임은 앞서 설명하였다.

그런즉 여기서 말하는 화평의 열매는, 우리가 예수 안에서 하나님과 화평을 이루었으므로 이 화평을 얻은 것을 말하며, 또한 이웃들을 하나님과 화평하게 하는 작은 예수임을 가리킨다.

(4) 오래 참음, 자비

위에서 설명함과 같이 이 단어 또한 예수를 설명하는 것이다. 다윗은 하나님의 인자하심에 관하여 다음과 같이 말하였다.

> 시 103:11 "이는 하늘이 땅에서 높음같이 그를 경외하는 자에게 그의 인자하심이 크심이로다."
> 시 103:12 "동이 서에서 먼 것같이 우리의 죄과를 우리에게서 멀리 옮기셨으며."

우리 죄과를 옮기셨다는 것에서 알 수 있듯이, 그 인자하심은 다름이 아니라 예수를 통한 구원을 말한다.

그의 오래 참음에 대해서도 바울과 베드로가 다음과 같이 말하였다.

> 롬 2:4 "혹 네가 하나님의 인자하심이 너를 인도하여 회개하게 하심을 알지 못하여 그의 인자하심과 용납하심과 길이 참으심이 풍성함을 멸시하느냐."
> 벧후 3:9 "주의 약속은 어떤 이들이 더디다고 생각하는 것같이 더딘 것이 아니라 오직 주께서는 너희를 대하여 오래 참으사 아무도 멸망하지 아니하고 다 회개하기에 이르기를 원하시느니라."

이처럼 하나님의 오래 참으심은 회개에 이르기를 원하시는 것으로, 이 또한 복음에 관한 내용이다. 한편 믿음은 오직 예수 안에만 있기에 이는 하나님이 주시는 것이라 한 것처럼, 회개 또한 다음과 같이 하나님이 주시는 것임을 알 수 있다.

> 행 5:31 "이스라엘에게 회개함과 죄 사함을 주시려고 그를 오른손으로 높이사 임금과 구주로 삼으셨느니라."

사람이 회개와 죄 사함을 얻기까지 하나님은 그가 택한 이의 구원의 경륜을 따라 오래 참으시는 것이다. 즉 이 또한 예수를 설명하는 단어이다.

(5) 양선

여기서 양선이란 단어와 원어상 같은 단어가 다음 구절에서 '선한'으로 번역되었다.

> 마 19:17 "예수께서 이르시되 어찌하여 선한 일을 내게 묻느냐 선한 이는 오직 한 분이시니라 네가 생명에 들어가려면 계명들을 지키라."

예수께서 친히 '선'은 오직 하나님께 속한 것임을 말씀하셨다. 바울이 "성령 안에 있는 의"(롬 14:17)라고 함과 같이 이 선함은 오직 선하신 하나님과의 연합, 곧 성령을 받음으로 성령 안에 있는 의를 얻음으로만 이루어지는 것이다. 그런즉 이 양선은 오직 성령 안에 있는 것을 얻음으로 단번에 이루어진 것이지, 인간적 차원의 선함을 가리키는 것이 아니며, 그러한 차원의 선함이 서서히 진보를 이룬다는 것도 아니다.

(6) 충성

예수께서 다음과 같이 하신 말씀에서의 충성이 여기서 쓰인 충성과 같은 어원을 가진다.

> 마 24:45 "충성되고 지혜 있는 종이 되어 주인에게 그 집 사람들을 맡아 때를 따라 양식을 나눠 줄 자가 누구냐."

이 구절에서 충성된 종은 일차적으로 예수를 가리키고, 이차적으로 그와 연합된 우리를 가리키는 것임은 '달란트 비유'에서 다룰 것이다.

(7) 온유

이스라엘이 모세를 따라 세례를 받았고(고전 10:2) 그가 메시아에 관하여 예언하며 "나와 같은 선지자 하나를 일으키시리니"(신 18:15)라고 함과 같이, 그는 예수를 표상함을 잘 알 것이다. 다음의 구절에서 이러한 모세를 온유하다고 표현하였다.

> 민 12:3 "이 사람 모세는 온유함이 지면의 모든 사람보다 더하더라."

그가 예수를 표상하므로 예수가 장차 올 온유함의 실체임은 당연하다. 그런즉 예수께서 다음과 같이 온유함에 대해 말씀하셨다.

> 마 5:5 "온유한 자는 복이 있나니 그들이 땅을 기업으로 받을 것임이요."

온유한 자가 땅을 기업으로 받는다는 것은 하나님 나라를 얻는다는 것을 의미한다. 구약에서 지속적으로 표현된 이스라엘에게 주어질 땅이란 하나님 나라를 표상하는 것이다.

그런즉 온유는 오직 예수를 설명하는 것으로, 이는 예수와의 연합으로만 얻을 수 있는 것이다. 주께서는 인간적 차원으로 온유한 자가 하나님 나라를 얻는다고 말씀하심이 아니다.

인간적 차원으로 따지면, 모세가 지면의 모든 사람보다 온유하다 하였는데, 왜 그는 가나안 땅에 들어가는 것이 허락되지 않았는가? (민 20:12)

모세와 그의 온유, 그리고 그가 행한 이적들과 가나안 입성은 모두 메시아와 구원을 예표하는 것이지, 그 모든 것이 실체가 아닌 모형임을 확실히 하신 것이다. 그런즉 모세는 "나와 같은 선지자 하나를 일으키시리니" 한 것이고, 예수가 모든 성도를 안고 십자가에 죽었듯이, 모세에 속하여 세례를 받은 이스라엘의 첫 세대는 가나안에 입성하기 전에 모세와 같이 다 죽었다. 이것이 모세가 가나안 땅에 입성하기 전에 죽은 이유이며, 민수기 20장 12절, 신명기 1장 37절에서 밝히는 표면적 이유 이면에 있는 진정한 이유이다.

(8) 절제

여기까지 앞서 설명한 선하다 생각되는 속성들은 오직 예수를 설명하고 예수로 열매 맺는 것임을 살펴보았다. 이런 맥락에서 절제 또한 오직 예수를 설명하는 것임에 틀림없다.

이는 다음 구절을 통해 확인할 수 있다.

행 24:25 "바울이 의와 절제와 장차 오는 심판을 강론하니 벨릭스가 두려워하여 대답하되 지금은 가라 내가 틈이 있으면 너를 부르리라 하고."

절제라는 단어가 의와 장차 오는 심판과 대등히 나열되고 있으므로, 이는 첫 창조의 폐함과 하나님 나라의 완성과 관련되는 단어이다.

이 단어는 성경에서 빈번히 쓰인 것이 아니어서 정확한 의미를 드러내는 용례를 찾기가 쉽지 않으나 필자는 이 의미가 세상에 속하지 않은 것을 가리키는 것이라 생각한다(요 17:16).

사도행전 24장 25절의 내용을 노아의 홍수에 비유한다면, 의라 함은 예수와의 연합이므로 이는 장차 올 홍수(심판)에서 예수라는 방주를 통해 건져냄을 받는 것인데, 방주에 올라탄다는 것은 그가 장차 없어질 첫 창조의 세상에 속하지 않음을 나타냄으로, 이것이 첫 창조에 대한 절제라 할 수 있다.

그런즉 이 절제는 단순히 필요한 만큼만 취하고 그 이상의 욕심을 억제한다는 의미가 아닌, 성도가 예수에 속하여 죽은 것을 가리키는 것으로, 우리가 세상에 대하여 십자가에 못 박힌 것에 대해 말하는 것이다(갈 6:14).

물론 앞서 설명함과 같이 자신이 세상에 속하지 않음을 깨달은 자들은, 세상의 것들이 결국 고통을 가져다 줄 것으로 알기에 이를 피하는 방향성이 생긴다고 하였다. 이는 자신을 죄에 대해서 죽은 자로 여기고(롬 6:11) 정욕과 탐심을 십자가에 못 박은 자에게서만(갈 5:24) 나타나는 특성이므로, 이것이 세상 어떤 이들보다 절제하는 모습으로 충분히 보일 법하다. 그러나 이는 어디까지나 세상에 속하지 않았다는 인식에서 오는 변화이지, 이 자체가 성화의 실체는 아닌 것이다.

16
그리스도의 십자가 구원

이제 구원론을 설명하기에 앞서 필요한 모든 전제들을 살펴보았다. 구원론이란 예수께서 어떻게 우리를 구원하셨는지 살펴보는 것이다. 이에 관하여 대부분은 전가 교리를 바탕으로 예수께서 그의 의를 우리에게 전가하는 동시에 우리의 죄를 가져와서 대신 벌을 받았다고 생각할 것이나, 성경은 구원에 관하여 오직 우리와 예수의 연합으로 설명하고 있음을 말하였다.

물론 필자도 처음엔 예수의 사역을 전가 교리를 바탕으로 이해하였다. 그러나 그럴 경우 의문이 드는 것은 내가 예수를 믿은 시점까지의 죄만 예수가 담당하였다는 것이 아닌지 생각이 들었다. 실제로 가톨릭에서는 구원받은 이후의 죄를 고해성사를 통해서 씻는 일을 하고 있다.

거기에 이어서 다음과 같은 의문점들이 드는 것이다. 예수가 이룬 의라는 것도 그의 33세 즈음까지의 의가 아닌가? 사람이 80-90세까지 살진대, 예수 또한 그 나이 때까지 단 한 번의 범죄치 않은 의를 우리에게 주어야 할 것이 아닌가?

게다가 예수께서 죄의 전가를 받으심으로 모든 성도의 죄를 짊어지셨다면, 그의 죽음도 모든 성도의 인원수만큼 이루어져야 할 것이 아닌가? 어찌 단 한 번의 죽음으로 모든 것을 이루셨는가?

가장 아이러니한 것은, 만약 이 사회에서 누군가 필자를 대신하여 죄를 짊어졌다고 가정하면 그는 필자 대신 교도소에 가야 한다. 이처럼, 우리 대신 죗값을 치른 예수는 지옥에 있어야 하는 것이 아닌가? 그런데 왜 예수는 부활하였고, 우리와 함께 천국에 있단 말인가?

이러한 부조화는 죄에 대한 이해와 구원에 대한 것을 인간적 상식을 바탕으로 해석하기 때문에 생기는 것이다.

물론 그가 우리의 죗값을 치른 것은 맞다. 하지만 성경이 말하는 바는, 우리 인간적 상식의 방법으로 치른 것이 아님을 말하고 있다.

피조물을 구원하는 방법은, 피조물을 진토의 근원인 흙으로 만들고, 하나님도 온전한 흙이 되심으로(온전한 인간인 예수가 되심으로) 첫 창조의 세상에서 이 흙끼리 연합하는 것이다. 첫 창조가 멸해질 때 이 둘이 한 영이 된 것이 드러난다. 첫 창조가 연합의 통로라 함이 이러한 말이다.

1) 로고스에 관하여

로고스에 관하여 다룸은 예수 이후 후대의 모든 성도들이 어떻게 예수라는 하나의 생명의 떡에 참여하였는지를 설명하기 위함이다(고전 10:17).

> 요 1:1 "태초에 말씀이 계시니라 이 말씀이 하나님과 함께 계셨으니 이 말씀은 곧 하나님이시니라."

여기서 태초에 계신 '말씀'은 헬라어로 '로고스'(λόγος)이다. 이 말씀이 하나님이라 함은, 하나님이 말씀이 되심을 가리킨다.

혹자는 이원론적 사고를 바탕으로 "하나님의 영이 말씀이라는 껍데기 속에 거한다" 혹은 예수를 가리켜 "하나님의 영이 육신이라는 껍데기 속에 거한다"라고 할지 모르나, 우리의 존재가 육신으로 존재하여 그 자체로 하나의 네페쉬(혼)이듯이, 예수도 하나님이 완전한 인간이 되어 그렇게 존재하는 영이신 하나님이다.

요한은 이를 가리켜 "이 말씀은 곧 하나님이시니라"(요 1:1)라고 하여 말씀 자체가 곧 하나님이라 한 것이고, 예수께서는 "내가 너희에게 이른 말은 영이요"(요 6:63)라고 하셔서 그의 말씀이 곧 영이라 하셨다.

이같이 "이 말씀은 곧 하나님이시니라" 함은 하나님이 말씀이 되심으로, 그 말씀 자체로 영이신 하나님임을 말하는 것이다.

어째서 그 말씀이 단순히 '그저 말씀'이 아닌 '하나님이신 말씀'이어야 하는가?(요 1:1)

이는 '하나님이신 말씀'으로 인간에게 말씀이 주어져야, 인간이 그 말씀과 연합되지 못한 실존을 깨닫고, 그로 인해 죄 가운데 있음을 깨닫게 되기 때문이다. 또한 '하나님이신 말씀'으로 주어졌을 때, 그 말씀과 연합하면 '주와 합하는 자는 한 영'(고전 6:17)을 이룰 수 있기 때문이다.

바울이 "첫 사람은 땅에서 났으니 흙에 속한 자이거니와"(고전 15:47)라고 함과 같이, 인간은 창세 전부터 영원히 계신 이(시 90:2)를 알 수 없고 상상할 수 없으므로, 그의 본질적 특성을 도무지 감지하거나 묘사할 수가 없다(사 40:18).

앞서 하나님의 형상에 관하여 설명할 때 이는 연합되어 하나로 존재함을 가리킨다 하였으나, 그 연합하여 하나로 존재함이 무엇인지도 인간으로서는 도무지 설명할 수 없는 것이다.

그런즉 하나님이 인간에게 영원에 대한 것을 설명하기 위해 계시를 하셔야 인간이 알 수 있는데, 문제는 그에 대한 내용이 반드시 첫 창조의 언어, 혹은 육신으로 격하되어 우리에게 전달되어야 하는 점에 있다.

영원에 속한 것이 첫 창조의 언어로 전달된 순간 이를 유한한 언어에 가둔 꼴이 된다. 그 본질을 첫 창조의 언어로 설명할 수 없음은, 바울이 셋째 하늘에서 본 것을 가리켜 "그가 낙원으로 이끌려 가서 말로 표현할 수 없는 말을 들었으니 사람이 가히 이르지 못할 말이로다"(고후 12:4)라고 함과 같다.

즉 인간은 영원에 속한 하나님에 대해 첫 창조의 언어로써 어떤 미사여구를 사용한 설명을 듣더라도 도무지 알 수 없는 것이다.

인간이 하나님에 대해 결코 알 수가 없으므로 예배할 수도 없는데, 예수께서 사마리아 여인에게 "너희는 알지 못하는 것을 예배하고"(요 4:22)라고 하신 말씀이 이러한 의미임을 살펴보았다. 또한 스데반이 "그 하늘의 군대 섬기는 일에 버려 두셨으니"(행 7:42)라고 한 내용도 살펴보았다. 이는 '알지 못하는 것을 예배함'을 가리키고 있음을 함의하며, 율법에 열심이 가득한 바리새인도 이와 마찬가지였음을 살펴보았다.

이같이 사람으로서는 "하나님의 아들이 이르러 우리에게 지각을 주사 우리로 참된 자를 알게 하신 것"(요일 5:20)의 내용이 이루어지기 전에는 하나님에 대해 결코 알 수가 없으므로 "빛이 어둠에 비치되 어둠이 깨닫지 못하더라"(요 1:5)라는 서술이 있는 것이다.

그런즉 성경은 인간 측에서 "오늘 내가 네게 명하는 이 말씀을 너는 마음에 새기고"(신 6:6)라는 말씀을 이루는 것이 원천적으로 불가능함을 말하고 있는 것이다.

그러면 "내가 나의 법을 그들의 속에 두며 그들의 마음에 기록하여 나는 그들의 하나님이 되고"(렘 31:33)라고 하심과 같이, 율법이 우리와 연합되어 우리 마음에 있게 하기 위해서 하나님이 어떻게 하셨는가?

하나님이 인간에게 단순히 '말씀'하신 것이 아닌, 하나님 자체가 '하나님인 말씀'이 되신 것이다. 이것을 요한은 "이 말씀은 곧 하나님이시니라"(요 1:1)라고 하였다.

그런즉 히브리서 기자가 "말씀이 그들에게 유익하지 못한 것은 듣는 자가 믿음과 결부시키지 아니함이라"(히 4:2)라고 함과 같이, 하나님이 말씀으로 주어지는 것으로 끝난 것이 아닌, 성도들에게는 그 말씀이 믿음으로 결부(연합)된 것이다.

이것이 "하늘에 있는 것이 아니니 네가 이르기를 누가 우리를 위하여 하늘에 올라가 그의 명령을 우리에게로 가지고 와서 우리에게 들려 행하게 하랴 할 것이 아니요"(신 30:12)에서 가리키는 것이고, 바울은 이를 인용하여 "믿음으로 말미암는 의는 이같이 말하되 네 마음에 누가 하늘에 올라가겠느냐 하지 말라 하니 올라가겠느냐 함은 그리스도를 모셔 내리려는 것이요"(롬 10:6)라고 하여 율법과의 연합을 예수와의 연합과 동일시하였음을 살펴보았다.

이것이 하나님이 말씀이 되신 것의 의의이다. 곧 우리와 말씀으로 연합하기 위함이다.

그런즉 하나님이 말씀이 되셨다 함 자체로 예수의 선재성의 근거가 된다고 하였다.

이런 맥락에서, 예수께서 "하나님은 영이시니 예배하는 자가 영과 진리로 예배할지니라"(요 4:24)라고 하심은, 사마리아 여인뿐 아니라 알지 못하는 것을 예배할 수밖에 없는 모든 인간에게 하심과 같은데, 흙에 속한 이에게 영으로 예배하라 하심은 무엇인가?

흙에 속한 이는 도무지 영으로 예배할 수 없은즉 영을 받으라는 것이고, 예수의 말씀이 영이라 하였은즉(요 6:63) 예수의 말씀을 받으라는 것이다. 이 자체가 안식에 들어감이자(히 4:3) 하나님 나라인즉 참된 예배의 완성이다. 이에 대한 것은 '하나님 나라'에서 다룰 것이다.

예수의 말씀이 곧 영이므로 그 말씀을 마음에 받으면, 이로써 "내가 나의 법을 그들의 속에 두며"(렘 31:33)의 예언이 이루어지고 "내 영을 너희 속에 두어"(겔 36:27)의 예언이 이루어진다.

야고보는 이를 가리켜 "너희 영혼을 능히 구원할 바 마음에 심어진 말씀을 온유함으로 받으라"(약 1:21)라고 한 것인즉, 마음에 심어진 말씀이 곧 영이자 예수이자 하나님인 것이다.

이렇게 첫 창조는 우리와 예수의 연합을 위한 통로인 것이다. 이것이 유한한 피조물과 영원하신 하나님이 연합할 수 있는 방안으로 하나님만이 내실 수 있는 지혜이자 비밀의 경륜이므로(엡 3:9), "깊도다 하나님의 지혜와 지식의 풍성함이여, 그의 판단은 헤아리지 못할 것이며 그의 길은 찾지 못할 것이로다"(롬 11:33) 함과 같은 탄성이 절로 나오는 것이다.

피조물이 하나님 나라를 받기 위해서는 먼저 반드시 첫 창조의 세계에서 창조되어야 하는 것인즉, 바울이 이를 가리켜 그 구원의 경륜을 다음과 같이 설명하였다. 필자가 다음의 구절들은 앞서 자주 인용하였는데, 이 구절들의 진의는 이러한 구원의 경륜에 대한 것이다.

고전 15:43 "욕된 것으로 심고 영광스러운 것으로 다시 살아나며 약한 것으로 심고 강한 것으로 다시 살아나며."
고전 15:46 "그러나 먼저는 신령한 사람이 아니요 육의 사람이요 그다음에 신령한 사람이니라."
고전 15:49 "우리가 흙에 속한 자의 형상을 입은 것같이 또한 하늘에 속한 이의 형상을 입으리라."
고전 15:50 "형제들아 내가 이것을 말하노니 혈과 육은 하나님 나라를 이어받을 수 없고 또한 썩는 것은 썩지 아니하는 것을 유업으로 받지 못하느니라."

첫 창조와 그 종말의 사연이 이러하므로, 사도 요한이 "이 세상이나 세상에 있는 것들을 사랑하지 말라 누구든지 세상을 사랑하면 아버지의 사랑이 그 안에 있지 아니하니"(요일 2:15)라고 한 것처럼, 세상은 사랑할 대상이 아니다. 이러한 비밀은 세상에 속한 자는 이해할 수 없되, 오직 성령을 받아 하나님께 속한 성도들만 이해할 수 있다.

또한 사람이 하나님께 속하였음을 깨닫게 되면 세상에 속한 모든 것은 하나님의 일을 위한 도구에 지나지 않는 것이므로 바울이 다음과 같이 말하였다.

고전 6:12 "모든 것이 내게 가하나 다 유익한 것이 아니요 모든 것이 내게 가하나 내가 무엇에든지 얽매이지 아니하리라."
고전 6:13 "음식은 배를 위하여 있고 배는 음식을 위하여 있으나 하나님은 이것저것을 다 폐하시리라 몸은 음란을 위하여 있지 않고 오직 주를 위하여 있으며 주는 몸을 위하여 계시느니라."

2) 로고스와 연합

> 요 12:24 "내가 진실로 진실로 너희에게 이르노니 한 알의 밀이 땅에 떨어져 죽지 아니하면 한 알 그대로 있고 죽으면 많은 열매를 맺느니라."

여기서 땅은 흙으로 지어진 우리를 가리키는 것이므로(고전 15:47) 씨가 땅에 떨어져 심겨짐은 우리와의 연합을 비유로 나타낸 것이다. 이러한 연합을 가리켜 예수께서는 자신을 먹으라 하셨다.

> 요 6:53 "예수께서 이르시되 내가 진실로 진실로 너희에게 이르노니 인자의 살을 먹지 아니하고 인자의 피를 마시지 아니하면 너희 속에 생명이 없느니라."

'예수를 먹는다'는 것이 무엇인가? 말씀 되신 그를 먹으라는 것으로, 주께서 "사람이 떡으로만 살 것이 아니요 하나님의 입으로부터 나오는 모든 말씀으로 살 것이라 하였느니라"(마 4:4)라고 하심과 같이, 하나님으로부터 나오는 말씀을 먹어야 진정한 생명을 얻을 수 있다는 것이다.

그렇다면 우리가 어떻게 그 말씀을 먹었다는 것인가? 말씀을 먹는다 함은 그 말씀을 듣고 믿는다는 것인데, 이른바 "말씀이 그들에게 유익하지 못한 것은 듣는 자가 믿음과 결부시키지 아니함이라"(히 4:2) 함과 같다. 그 말씀이 성도들에게 유익한 것은, 믿음으로 그 말씀이 자신과 결부되었기 때문이다.

이것이 바로 말씀과 피조물의 연합이다. 이로써 첫 창조의 것으로 존재하는 우리와 마찬가지로 첫 창조의 것으로 존재하는 하나님이 결부되었다는 것이다.

이를 위해 하나님이 로고스가 되셨으므로 요한이 "태초부터 있는 생명의 말씀에 관하여는 우리가 들은 바요 눈으로 본 바요 자세히 보고 우리의 손으로 만진 바라"(요일 1:1)라고 함에서 '태초부터 있는 생명의 말씀'이란 표현 자체로 구원자로서의 예수의 선재성을 가리키며, 아담의 범죄 이전에 이미 복음이 예표된 것이라고 하였다.

여기서 그의 말씀을 듣는다는 것도 들을 귀가 있어야 함과 같이 귀의 할례를(렘 6:10; 행 7:51) 행하심도 하나님이요, 믿음 또한 성령을 통해 하나님이 주신다고 하였으니, 구원은 온전히 하나님의 전속관할이다.

그런즉 바울은 로고스와 우리의 연합에 관하여 다음과 같이 말하였다.

> 고전 3:7 "그런즉 심는 이나 물 주는 이는 아무것도 아니로되 오직 자라게 하시는 이는 하나님뿐이니라."

우리에게 심은 씨가 자라난다 함은 우리라는 땅과 연합되어 새로운 생명이 탄생함을 가리킨다.

씨를 땅과 온전히 연합시키기 위해 바울과 아볼로가 이를 심고 물을 주려는 노력을 하여도, 믿음을 통한 연합은 오직 하나님께 달린 것이므로 바울이 이를 가리켜 '자라게 하시는 이는 하나님뿐'이라 한 것이다.

이 말씀이 믿음으로 우리와 결부되었은즉, 이 믿음이나 말씀을 떼려야 뗄 수 없는 것은 하나님이 주신 것이기 때문이다. 이를 가리켜 예수께서 마태복음 19장 5-12절과 같이 말씀하셨는데, 이를 살펴보자.

마 19:5 "말씀하시기를 그러므로 사람이 그 부모를 떠나서 아내에게
합하여 그 둘이 한 몸이 될지니라 하신 것을 읽지 못하였느냐."

이는 예수와 우리의 관계를 말하는 것임을 살펴보았다(엡 5:32-33). 그런즉 다음의 이어지는 내용 또한 복음을 비유로 설명하시는 것이다.

마 19:6 "그런즉 이제 둘이 아니요 한 몸이니 그러므로 하나님이 짝지
어 주신 것을 사람이 나누지 못할지니라 하시니."

이는 우리가 그와 합하여 하나 된 것으로 완전히 인쳐진 것으로 "또 함께 일으키사 그리스도 예수 안에서 함께 하늘에 앉히시니"(엡 2:6) 함이 이미 이루어진 것과 같다.

에베소서 2장 6절에서의 '함께', 즉 연합은 사람이 나누지 못할 뿐 아니라 어떤 존재도 이를 끊을 수 없으므로, 바울이 이를 가리켜 "높음이나 깊음이나 다른 어떤 피조물이라도 우리를 우리 주 그리스도 예수 안에 있는 하나님의 사랑에서 끊을 수 없으리라"(롬 8:39) 라고 하였다.

마 19:8 "예수께서 이르시되 모세가 너희 마음의 완악함 때문에 아내
버림을 허락하였거니와 본래는 그렇지 아니하니라."
마 19:9 "내가 너희에게 말하노니 누구든지 음행한 이유 외에 아내를
버리고 다른 데 장가 드는 자는 간음함이니라."

마태복음 19장 8절에서 '본래'로 번역된 단어는 시작이라는 의미를 가지며, NASB, KJV에서는 "from the beginning"이라고 번역하였다. 이 시작의 시점은 문맥상 "이러므로 남자가 부모를 떠나 그의 아내

와 합하여 둘이 한 몸을 이룰지로다"(창 2:24)의 시점을 가리키는데, 이는 복음을 예표한다고 하였다. 복음은 창세 전부터 예정된 비밀인 즉 아내 버림을 허락하지 않은 시점은 창세 전에 있다.

즉 예수의 말씀은 창세 전부터 피조물과 예수의 한 몸 됨이 예정된 것이고, 아내 버림에 대해서는 본래 의도가 그렇지 않다 하심은, 죄인 된 우리를 버려둔 채로 둘 것이 아니라 반드시 본래 의도대로 합하실 것임에 대해 말씀하신 것이다. 이사야서의 다음 구절은 이를 가리킨다.

> 사 57:16 "내가 영원히 다투지 아니하며 내가 끊임없이 노하지 아니할 것은 내가 지은 그의 영과 혼이 내 앞에서 피곤할까 함이라."

마태복음 19장 9절을 보면, 음행을 이유로는 아내를 버릴 수 있다는 뜻이 함의되어 있는데, 이것을 이유로 마태복음 19장 8절에서 아내 버림이 허락된 것인즉 이는 무슨 말인가? 이에 관한 내용은 다음 예레미야서에서 찾을 수 있다.

> 렘 3:8 "내게 배역한 이스라엘이 간음을 행하였으므로 내가 그를 내쫓고 그에게 이혼서까지 주었으되 그의 반역한 자매 유다가 두려워하지 아니하고 자기도 가서 행음함을 내가 보았노라."

간음은 하나님 외의 것과의 연합을 가리킨다고 하였다. 간음을 행하였으므로 이혼서를 주었다 하심은 하나님과 이스라엘의 관계에 한정되는 것이 아니라 하나님과 모든 사람과의 관계에 해당되는 것이다.

그런즉 모든 사람이 날 때부터 간음한 자라고 함과 같이 모든 사람이 이미 죽은 것과 같음은 세례를 다룰 때 살펴보았다. 이것이 본래 그렇지 않다 하심은, 이사야 57장 16절 말씀과 같이 이 상태로 영원히 둘 것이 아니라 하심이다.

예수께서는 이 구원의 경륜에 대해 말씀하시는 것이다. "그러나 먼저는 신령한 사람이 아니요 육의 사람이요 그 다음에 신령한 사람이니라"(고전 15:46)는 말씀처럼, 우리가 먼저는 흙에서 났으므로 흙에 속한 자이나(고전 15:47), 본래 하나님의 의도는 첫 창조라는 통로를 통하여 우리와 연합하여 하늘로부터 난 자와 같이 만들고자 함이라는 것이다. 바울은 이를 가리켜 다음과 같이 말하였다.

> 롬 11:32 "하나님이 모든 사람을 순종하지 아니하는 가운데 가두어 두심은 모든 사람에게 긍휼을 베풀려 하심이로다."

다음의 성경구절은 제자들의 반응을 보여준다.

> 마 19:10 "제자들이 이르되 만일 사람이 아내에게 이같이 할진대 장가 들지 않는 것이 좋겠나이다."

예수님은 우리의 구원에 관하여 비유로 말씀하고 있으나, 제자들은 그 의미를 표피적으로 받아들여 이같이 말하였다. 다음 구절에서 예수의 말씀이 이러한 표피적 의미가 아님을 알 수 있다.

> 마 19:11 "예수께서 이르시되 사람마다 이 말을 받지 못하고 오직 타고 난 자라야 할지니라."
> 마 19:12 "어머니의 태로부터 된 고자도 있고 사람이 만든 고자도 있고 천국을 위하여 스스로 된 고자도 있도다 이 말을 받을 만한 자는 받을지어다."

예수 그 자체로 모든 지식과 지혜의 보화일진대 이와 연합된 우리가 예수의 모든 말씀과 연합된 것과 같은 것이지, 성도마다 특정 말씀을 나누어 가짐은 있을 수 없는 것이다.

그러므로 '사람마다 이 말을 받지 못하고 오직 타고난 자만 받을 수 있다' 하심은 앞서 말씀하신 내용들의 본의가 표피적 의미가 아닌, 마치 "들을 귀 있는 자는 들을지어다"(마 11:15) 하심과 같이 모든 성도에게 주시는 비유의 말씀임을 나타낸다.

혹자는 위의 말씀이 독신의 은사에 관한 것이라 생각할지 모르나, 아내를 버리고 다른 데 장가가지 말라는 말씀 자체가 모든 사람에게 주어진 것이지 어찌 특정인에게만 주어질 수 있겠는가?

타고난 자라 함은 원어적 의미로 이 말씀이 주어진 자를 말하는데, NASB에서는 "it has been given"이라 번역되었다. 이는 육체적인 어떤 특성을 타고남을 말하는 것이 아니요, 예수의 말씀을 받은 우리 성도들을 지칭하는 것이다. 즉, 위 말씀은 하나님 나라의 비밀을 아는 것이 허락된(마 4:11) 모든 성도에게 주어진 것이다.

예수께서 고자에 관한 말씀을 하심은 독신자를 가리킴이 아니다. 주께서는 신명기의 "고환이 상한 자나 음경이 잘린 자는 여호와의 총회에 들어오지 못하리라"(신 23:1)라는 말씀을 인용하신 것이다. 이 신명기 말씀은 단순히 고환이 상한 자가 구원받지 못함을 가리키는 것이 아닌, 로고스를 받기 전의 모든 이가 여자와 같다고 하였은즉, 로고스가 없는 이에 관한 내용이다.

어머니의 태로부터 된 고자는 날 때부터 로고스가 없는 모든 사람을 가리킨다. 이는 다윗이 "내가 죄악 중에서 출생하였음이여 어머니가 죄 중에서 나를 잉태하였나이다"(시 51:5)라고 함과 같다. 사람이 만든 고자는 율법의 할례를 가리키므로 곧 율법 아래 있는 자들을 말하는 것이고(갈 3:10), 천국을 위하여 고자가 됨은 로고스를 가

짐에도 죄가 있는 고자의 형상을 입음이니, 이는 죄 있는 육신의 모양(롬 8:3)을 입으신 예수를 말함이다.

스스로 고자가 되었다 함은 또한 그가 스스로 목숨을 버림을 말하니 "이를 내게서 빼앗는 자가 있는 것이 아니라 내가 스스로 버리노라 나는 버릴 권세도 있고 다시 얻을 권세도 있으니 이 계명은 내 아버지에게서 받았노라"(요 10:18) 하심과 같다.

즉 예수께서 로고스가 없는 고자들 사이에서 오직 타고난 자가 이 말(로고스)을 받을 수 있다 하심은, 택정함을 입은 우리 성도들을 가리키는 말이다.

이처럼 참으로 남녀의 한 몸 됨은 하나님과 우리의 불변한 언약을 가리키는 것이고, 이것이 결혼에 비유된 것이다.

반면 칼빈은 그의 저서에서 이를 단순히 문자적 의미로 혼인의 정절을 가리킨다고 하였다(기독교 강요 2. 12. 7). 그러나 이것이 비유의 말씀인 것은 여러 부분에서 확인하였다. 참으로 첫 창조의 세상과 성경의 모든 것이 복음을 가리키는 것인즉, 주께서는 남녀 간의 육에 속한 결혼을 주관하시는 것이 아니라 어린 양과의 결혼(계 19:9)을 주관하시는 것이다.

예수께서 하신 말씀이 단순히 문자 그대로의 의미라면, 우리의 완악함으로 이혼을 허락했다는 것이 말이 되지 않는다. 우리가 너무 완악해서 이혼은 할 수 있도록 하나님이 타협해 주셨다는 말인가? 그럴 수가 없다.

하나님은 어둠이 조금도 없으시다(요일 1:5). 그런즉 우리에게 그와 같은 거룩함을 요구하시는 것처럼(레 11:45), 그에게 있어 죄는 결코 타협의 대상이 아니다. 또한 하나님이 본래 아닌 것을 그렇다 할 수 없으시니 그는 거짓말을 하시지 않기 때문이다(히 6:18).

그런즉 이는 단순히 남녀의 한 몸 됨이 아니라 복음을 비유로 설명하는 것으로, 그가 예레미야 3장 8절에서 이혼증서를 주었다 함과 같이 분명히 한 번은 우리를 버렸으니, 사람이 육으로는 반드시 죽는 것이 이를 가리킨다(히 9:27). 이는 육을 입은 자체로 분리됨의 표상인즉, 모든 이가 날 때부터 간음한 자이기 때문이다.

이스라엘의 반복되는 우상 숭배와 이로 인해 하나님께서 벌하시는 구약의 내용은, 모세가 아내 버림을 허락한 율법의 내용을 설명하고 있다. 이에 관한 여러 사례를 들 수 있는데, 다음의 열왕기하 말씀에서 이를 간략히 정리한다.

> 왕하 17:16 "그들의 하나님 여호와의 모든 명령을 버리고 자기들을 위하여 두 송아지 형상을 부어 만들고 또 아세라 목상을 만들고 하늘의 일월 성신을 경배하며 또 바알을 섬기고."
> 왕하 17:20 "여호와께서 이스라엘의 온 족속을 버리사 괴롭게 하시며 노략꾼의 손에 넘기시고 마침내 그의 앞에서 쫓아내시니라."

또한 이 역사는 믿음이 오기 전까지(갈 3:23) 인간 측에서 율법과의 연합을 도무지 이룰 수 없고 율법 아래에 있어 심판 아래에 있음을 보여준 것이다(롬 3:19). 모세가 아내 버림을 허락한 것은 결국 모든 인간이 심판 아래 있음을 가리킨다.

그런즉 율법을 우리 속에 둔다 하심(렘 31:33)은 우리로 하여금 그 율법과 연합되어 하나가 되게 하실 것을 말씀하시는 것이다. 이 연합을 이루게 하는 것이 성령의 역사이다.

이렇게 구약과 신약의 모든 것이 복음으로 풀어지고, 주께서 "그런즉 이제 둘이 아니요 한 몸이니 그러므로 하나님이 짝지어 주신 것을 사람이 나누지 못할지니라"(마 19:6) 하심과 같이 예수와 한 몸 됨은 결코 나눠지는 것이 아니니, 이는 사도 요한이 "하나님께로부터 난 자마다 죄를 짓지 아니하나니 이는 하나님의 씨가 그의 속에 거함이요 그도 범죄하지 못하는 것은 하나님께로부터 났음이라"(요일 3:9)라고 함과 같다.

이 결합이 끊어지지 않는다는 것은 개혁주의 5대 강령 중 다섯 번째 항목인 '성도의 견인'과 부합하는 내용이다. 성도의 견인이란, 거듭난 성도들의 구원은 반드시 성취된다는 말이다.

그런즉 알미니안주의의 다섯 항변 중에 다섯 번째 항목인 '탈락 가능성'은 성경적이지 않은 것이며, 탈락 가능성에 대한 생각은 성경을 인간의 상식선에서 문자적으로 읽기에 비롯된 것이라 할 수 있다.

3) 로고스의 죽음과 종말

앞서 율법의 정의를 다룰 때, 예수(로고스)의 죽음이 곧 율법의 폐함이자 첫 창조의 폐함임을 시사하는 구절들을 살펴보았다.

그러면 성경은 왜 예수(로고스)의 죽음과 첫 창조의 폐함을 동일시하는 것인지 살펴보자.

로고스는 그 본질이 하나님이므로 죽을 수가 없되 이 첫 창조에서 죽는다 함은, 하나님이 로고스가 되셨다는 그 자체를 온전히 폐한다는 말이다.

예를 들어, 흙이 만물의 근원이라 하면 그 흙이라는 개념을 온전히 폐한다는 것은 그 흙으로 이루어진 만물 또한 온전히 폐해지는 것과 같다. 이처럼 로고스가 폐해진다는 것은 바로 첫 창조의 온전한 폐함이 된다.

로고스가 모든 만물의 근원과 같음에 대해 히브리서 기자는 "그의 능력의 말씀으로 만물을 붙드시며"(히 1:3)라고 하였고, 바울은 "만물이 그 안에 함께 섰느니라"(골 1:17) 혹은 "오직 그리스도는 만유시요 만유 안에 계시니라"(골 3:11)라고 하여, 이들은 예수(로고스)를 만물과 동일시하거나 혹은 만물을 붙드는 것으로 설명하였다.

그렇다면 우리 눈앞에 보이는 모든 물체들이 예수로 이루어졌고 예수와 같다는 말인가?

정확히는 로고스가 만물을 구성하는 가장 작은 단위의 원자, 입자 등과 같은 물질적 개념을 가리키는 것은 아니다. 만물이 로고스를 통해 지음 받았고(요 1:3), 로고스가 만물을 붙든다(히 1:3) 함은 이와는 조금 다른 의미이다.

로고스는 만물 그 자체가 아니라 만물을 형성케 하고 유지케 하는 법칙, 혹은 이 법칙을 존재케 하는 힘의 근원이다. 즉 지금 이 세상의 모든 것은 그 자체로 독립적으로 존재하는 것이 아닌, 이들을 어우러지고 형성케 하는 힘의 근원이 있어서 지금의 모습으로 보이는 것이다.

태초의 첫 창조의 세상은 지금과 같은 형태를 가지고 있지 않았다.

> 창 1:2 "땅이 혼돈하고 공허하며 흑암이 깊음 위에 있고 하나님의 영은 수면 위에 운행하시니라."

땅이 혼돈하고 공허하다는 것은 아무것도 없는, 텅 비었다는 것으로 그 형체가 없다는 의미이다. 이는 하나님이 천지를 창조하심으로

(창 1:1) 세상이란 개념은 존재하나, 그 세상은 아직 지금과 같은 형태를 띠지 않았다는 말이다.

이 상태에서 하나님은 빛을 창조하셨다(창 1:3). 이것이 시사하는 것은, 단순히 빛이란 것이 생겼음에 한정되는 것이 아니다. 빛을 존재케 하는 입자와 파동에 관한 각종 물리 법칙 또한 창조하신 것이고, 입자와 파동을 존재케 하는 각종 제반 사항에 대한 법칙을 창조하신 것이다.

또한 빛은 다른 형태의 에너지로 전환될 수 있으며, 다른 형태의 에너지 또한 빛으로 전환될 수 있은즉, 이와 관련한 각종 형태의 에너지들과 빛이 발생하는 기전들을 더불어 창조하셨다는 것이 된다.

하나님의 창조가 진행될수록 텅 비어 있는 첫 창조의 세상에서 이 법칙들이 계속 존재하게 되어 미시세계에서 각종 전하를 형성케 하고, 강력, 약력 등의 근원을 알 수 없는 힘들이 존재하게 되어 원자가 생성되고, 또한 이들에게 질량이 부여되게 하고 응집하게 하여 거시세계에서는 지금의 세상이 형성케 된 것이다. 즉 로고스는 물질 그 자체가 아니라 근원을 알 수 없는 이 법칙들을 존재케 하여 시금의 만물의 형태를 유지케 하는 가장 근본적인 힘이라 생각하면 좋을 것이다.

성경은 이 법칙들로 인해 거시세계에서 나타나는 현상들을 다음과 같이 묘사한다.

> 욥 28:25 "바람의 무게를 정하시며 물의 분량을 정하시며."
> 욥 28:26 "비 내리는 법칙을 정하시고 비구름의 길과 우레의 법칙을 만드셨음이라."
> 시 104:9 "주께서 물의 경계를 정하여 넘치지 못하게 하시며 다시 돌아와 땅을 덮지 못하게 하셨나이다."

시 104:19 "여호와께서 달로 절기를 정하심이여 해는 그 지는 때를 알도다."

히브리서 기자가 "그의 능력의 말씀으로 만물을 붙드시며"(히 1:3)라고 한 것은 이를 가리키는 말이다.

그런데 여기서 이 힘의 근원이 사라지면 어떻게 되는가? 창세기 1장 2절에서 말하는 땅이 혼돈하고 공허한 상태로 돌아가는 것으로 끝나지 않는다. '혼돈'과 '공허'라는 개념은 창세기 1장 1절에서 세상이라는 개념이 존재하게 되었기에 이와 더불어 존재하게 된 것이다. 창세기 1장 1절에서의 천지의 창조 또한 로고스로 된 것이므로 로고스의 죽음은 첫 창조라는 개념 자체를 아예 소멸시키게 된다.

베드로는 이에 관하여 다음과 같이 말하였다.

벧후 3:5 "이는 하늘이 옛적부터 있는 것과 땅이 물에서 나와 물로 성립된 것도 하나님의 말씀으로 된 것을 그들이 일부러 잊으려 함이로다."

벧후 3:7 "이제 하늘과 땅은 그 동일한 말씀으로 불사르기 위하여 보호하신 바 되어 경건하지 아니한 사람들의 심판과 멸망의 날까지 보존하여 두신 것이니라."

개역개정 베드로후서 3장 7절에서 그 동일한 말씀으로 불사르기 위한다고 표현한 것을 살펴보면, "그 동일한 말씀으로"라는 부분이 "불사르기 위하여"를 수식하는 것처럼 보인다. 이는 지금의 첫 창조를 동일한 말씀을 수단으로 하여 불사른다는 인상을 준다. 원어상으로는 "그 동일한 말씀으로"라는 부분은 "보호하신 바"라고 번역된

동사를 수식하는 여격으로, NASB와 KJV는 해당 부분을 각각 다음과 같이 번역하였다

> NASB: But by His word the present heavens and earth are being reserved.
> KJV: But the heavens and the earth, which are now, by the same word are kept in store.

"그 동일한 말씀으로"라는 부분이 "보호하신 바"를 수식하여 지금의 첫 창조가 그의 말씀, 혹은 창조하실 때 하셨던 말씀과 동일한 말씀에 의해 보존되고 있다는 의미로 해석하였다.

혹 개역개정의 번역을 토대로 '그 동일한 말씀을 수단으로 불사른다'라고 받아들이더라도 성경 전체적 사상으로 비추어 보았을 때 다음과 같은 이유로 문제가 없다고 보여진다.

첫 창조는 로고스에 의해 창조되었으며, 로고스는 첫 창조를 붙드는 근원과 같으므로 그 동일한 말씀으로 지금 세상이 보존되고 있는 것인즉 NASB, KJV의 해석이 이를 가리키며, 여기서 로고스가 죽으면 첫 창조의 폐함이 된다.

로고스의 죽음이 곧 첫 창조의 폐함을 가리키므로, 로고스가 또한 첫 창조를 폐하는 수단으로 사용되는 점에서 개역개정의 번역이 성경의 맥락과는 대치되지 않기 때문이다. 이는 다음의 말씀과 같다.

> 눅 12:49 "내가 불을 땅에 던지러 왔노니 이 불이 이미 붙었으면 내가 무엇을 원하리요."

한편 베드로후서 3장 7절에서 동일한 말씀으로 보호하신 바 되었

다는 표현은, 히브리서 기자가 "말씀으로 만물을 붙드시며"(히 1:3)라고 한 말과 상응하고, 또한 앞서 필자가 로고스는 만물의 형태를 유지케 하는 근본적인 힘이라 한 것과 상응한다.

그렇다면 베드로후서 3장 7절의 하늘과 땅을 유지케 하는 로고스가 어떻게 죽었다는 것인가? 이 죽음을 이루기 위해 말씀이 육신이 되신 것이다(요 1:14). 히브리서 기자는 이를 다음과 같이 말하였다.

> 히 2:14 "자녀들은 혈과 육에 속하였으매 그도 또한 같은 모양으로 혈과 육을 함께 지니심은 죽음을 통하여 죽음의 세력을 잡은 자 곧 마귀를 멸하시며."

그가 "혈과 육을 함께 지니심은 죽음을 통하여"라고 한 부분에서 알 수 있듯이, 이 죽음을 이루기 위해 육신을 입으신 것이다. 그의 죽음으로 마귀를 멸한다는 것은, 그의 죽음이 첫 창조의 멸함이자 그의 부활은 바울이 "그가 우리를 흑암의 권세에서 건져내사 그의 사랑의 아들의 나라로 옮기셨으니"(골 1:13)라고 함과 같이 하나님 나라의 완성이기 때문이다. 이미 이것이 이루어진 것과 같고 완성되었은즉 죽음의 세력을 잡은 자가 멸하여진 것이며, 요한은 "하나님께로부터 나신 자가 그를 지키시매 악한 자가 그를 만지지도 못하느니라"(요일 5:18)라고 한 것이다.

잠언 30장 21-23절은 이와 같은 우리의 구원을 위한 종말, 곧 예수의 죽음을 예언한 것이다.

> 잠 30:21 "세상을 진동시키며 세상이 견딜 수 없게 하는 것 서넛이 있나니."

다음의 일들을 이루기 위해서는 반드시 예수가 죽어 첫 창조가 멸하여져야 함을 말한다.

잠 30:22 "곧 종이 임금 된 것과 미련한 자가 음식으로 배부른 것과."

이는 종 된 우리가 임금 곧 왕 같은 제사장이 된 것(벧전 2:9)과 미련한 우리가 생명의 떡으로 배부른 것을 말함이다.

잠 30:23 "미움 받는 여자가 시집 간 것과 여종이 주모를 이은 것이니라."

미움 받는 여자인 우리가 어린 양에게 시집 간 것이니(계 19:9), 이를 이루기 위해서는 반드시 세상을 진동시키며 세상이 견딜 수 없게 해야 하는 것이다. 또한 이 내용은 다음의 이사야서의 예언과 정확히 상응한다.

사 24:1 "보라 여호와께서 땅을 공허하게 하시며 황폐하게 하시며 지면을 뒤집어엎으시고 그 주민을 흩으시리니."
사 24:2 "백성과 제사장이 같을 것이며 종과 상전이 같을 것이며 여종과 여주인이 같을 것이며 사는 자와 파는 자가 같을 것이며 빌려 주는 자와 빌리는 자가 같을 것이며 이자를 받는 자와 이자를 내는 자가 같을 것이라."

땅을 공허하게 하고 황폐하게 하심은 잠언 30장 21절에서 말하는 세상을 진동케 함인즉, 예수의 죽음으로 인한 종말을 의미한다. 이로써 이사야 24장 2절의 내용이 이루어지게 되므로, 여기서도 예수의 죽음과 종말이 동일시됨을 알 수 있으며, 또한 이 내용도 잠언

30장 21-23절에서 말하는 복음에 관한 것임을 알 수 있다.

천지가 없어진 후에는 더 이상 연합의 통로인 첫 창조가 없으므로 둘째 사망만이 있을 뿐인즉(계 21:8), 부자와 나사로의 비유가 이를 가리킨다(눅 16:26).

4) 부활

그의 죽음이 종말이요, 그의 부활이 아버지께로 가는 것이므로 바울이 이를 가리켜 "함께 일으키사 그리스도 예수 안에서 함께 하늘에 앉히시니"(엡 2:6)라고 하였다. 이는 예수의 십자가 죽음과 부활의 사건으로 이미 첫 창조가 멸하여지고 하나님 나라가 완성되었음을 내포하고 있다.

마태복음 27장 51-53절의 사건 또한 이를 가리키고 있다.

> 마 27:51 "이에 성소 휘장이 위로부터 아래까지 찢어져 둘이 되고 땅이 진동하며 바위가 터지고."

땅이 진동하며 바위가 터짐은 첫 창조의 멸함을 표상한다.

> 마 27:52 "무덤들이 열리며 자던 성도의 몸이 많이 일어나되."
> 마 27:53 "예수의 부활 후에 그들이 무덤에서 나와서 거룩한 성에 들어가 많은 사람에게 보이니라."

예수의 부활 후라 함은 첫 창조가 온전히 멸하여지고 하나님 나라가 온전히 드러나는 때를 표상한다.

성도들의 몸이 일어났다는 것은, 바울이 "함께 일으키사 그리스도 예수 안에서 함께 하늘에 앉히시니"(엡 2:6)라고 함과 같이, 우리가 예수 안에서 함께 하늘에 있는 것을 표상한다. 여기서 거룩한 성 예루살렘은 그 하늘을 표상하는 모형이다.

이러한 종말과 하나님 나라의 완성이 분명히 하늘에서 '이미' 이루어진 만큼 땅에서도 반드시 실현될 것인데(마 6:10), 베드로후서 3장 7절에서 살펴본 바와 같이 땅에서 실현될 때가 이르기 전까지는 첫 창조의 세상이 보존되고 있다.

번외로, 땅에서 실현될 때까지의 기간이란 예수의 죽음에서 부활까지의 사흘의 기간이 이를 표상하며, 이는 한 때와 두 때와 반 때(단 7:25; 계 12:14, 합하면 3년 반)로 표현되기도 하였고, 또한 지금의 교회시대를 표상하는 천년왕국(계 20:4)으로 표현되었다.

지금 종말이 땅에서 이루어지기 전의 성도들의 상태가 바울이 에베소서 2장 6절에서 한 말과 같이, 이미 하나님 나라에 있으면서도 아직은 육체의 남은 때를 살아가는 양상이다. 이는 마치 예수가 온전한 하나님이자 온전한 인간인 것과 같은 양상이다.

바울은 이러한 양상을 가리켜 "내가 그 둘 사이에 끼었으니"(빌 1:23)라고 하였다. 이는 지금의 육체의 남은 때를 살아가는 성도들의 실존으로, 분명 세상에 속하지 않았으면서도 세상에서 육체의 남은 때를 살아가야 하는 애환을 말한다.

그런데 이 상태에서 세상이라는 개념이 종말로 인해 없어지면 세상에 속한 자들은 세상과 함께 멸하여질 것이나 세상에 속하지 않은 자, 곧 하나님께 속한 성도들은 어떻게 되겠는가?

하나님께 속하였다는 것은 바울이 "주와 합하는 자는 한 영이니라"(고전 6:17)라고 함과 같이 하나님과 연합된 상태를 가리킨다. 그는 이러한 성도들을 가리켜 "너희 생명이 그리스도와 함께 하나님 안에 감추어졌음이라"(골 3:3)라고 하였다. 이는 하나님과 합한 자의 생명의 본질이 세상이 아닌 하나님께 있음을 말함이다.

이들의 생명의 본질이 하나님 안에 있은즉 세상에 속하지 아니한 자들은 세상의 종말과 함께 결코 멸하여지지 않고 하나님 안에 있는 생명으로 계속해서 '하나님과 한 영'으로 존속하게 된다.

예수께서 우리를 이끌고 아버지께로 감(요 16:10)이 바로 이를 위한 것으로, 우리를 세상에 속하지 않게 하심이다(요일 5:19). 또한 예수의 부활은 세상에 속하지 않은 자가(요 8:23) 첫 창조의 멸함 이후에도 하나님 나라에서 존속함을 가리키는 것으로, 세상에 속하지 않은 성도들도 이와 같을 것임을 보이심이다.

그런즉 '개혁주의 칭의에 대한 소회'에서 다룬 바와 같이, 예수께서는 하나님과 분리된 적이 없으며 심지어 지옥에 다녀오신 적도 없고 처음부터 그 안에 생명을 계속 갖고 계셨다(요 1:4).

그의 죽음이 곧 첫 창조의 폐함이므로 이로써 이 진정한 생명의 드러남이 곧 부활이다.

바울은 이를 가리켜 "이제는 우리 구주 그리스도 예수의 나타나심으로 말미암아 나타났으니 그는 사망을 폐하시고 복음으로써 생명과 썩지 아니할 것을 드러내신지라"(딤후 1:10)라고 하였다.

사망을 폐하셨다는 것은 분리됨(사망)의 표상인 첫 창조의 멸함을 가리킨다. 이는 로고스의 죽음으로 이룬 것이며, 썩지 아니할 것을 드러내셨다 함은 그 안에 있는 진정한 생명(요 1:4)이 드러났다는 것이다.

예수의 죽으심과 부활과 같이 첫 창조가 온전히 멸하여질 때, 우리가 육신을 입고 존재한다는 개념이 온전히 사라짐으로 하나님의 아들이라는 것이 온전히 드러날 것이다.

이러한 종말의 때 그 모습이 드러남을 가리켜 바울이 "보라 내가 너희에게 비밀을 말하노니 우리가 다 잠 잘 것이 아니요 마지막 나팔에 순식간에 홀연히 다 변화되리니"(고전 15:51)라고 한 것이고, 사도 요한은 "사랑하는 자들아 우리가 지금은 하나님의 자녀라 장래에 어떻게 될지는 아직 나타나지 아니하였으나 그가 나타나시면 우리가 그와 같을 줄을 아는 것은 그의 참모습 그대로 볼 것이기 때문이니"(요일 3:2)라고 하였다.

또한 다윗은 "나는 의로운 중에 주의 얼굴을 뵈오리니 깰 때에 주의 형상으로 만족하리이다"(시 17:15)라고 하였다. 깰 때란 한낱 꿈과 같은 첫 창조의 멸함이고, 주의 형상이란 곧 연합이며, 이것이 하나님 나라이다. 이들은 종말에 "우리 많은 사람이 그리스도 안에서 한 몸이 되어 서로 지체가 되었느니라"(롬 12:5)의 내용이 밝히 드러날 것을 말하고 있다.

17
하나님 나라

결론적으로 하나님 나라는 피조물인 인간이 하나님과 하나로 연합되어 한 영(고전 6:17)을 이룬 상태를 말한다. 또한 모든 이가 하나의 성령을 받아(엡 4:4) 하나의 영을 이루었으므로 바울이 "이와 같이 우리 많은 사람이 그리스도 안에서 한 몸이 되어 서로 지체가 되었느니라"(롬 12:5)라고 한 것인데, 이것이 곧 하나님 나라의 모습이다.

'개혁주의 칭의에 대한 소회'에서 이것이 꿈과 같은 첫 창조의 세계가 아닌, 꿈 바깥의 현실 세계 곧 영의 세계에서 이미 이루어졌다고 하였다. 성령을 받은 우리 성도들은 이미 이와 같은 하나님 나라에 있으므로, 바울이 이를 가리켜 다음과 같이 말한 것이다.

> 골 1:13 "그가 우리를 흑암의 권세에서 건져내사 그의 사랑의 아들의 나라로 옮기셨으니."

여기서 옮기셨다는 말은 NASB에서 "transferred"로 과거형으로 쓰여서 이미 옮겨진 것을 말하고, KJV에서는 "hath translated"로 현재 완료형으로 쓰여서 이미 옮겨진 상태로 지금도 계속 있음을 말하고 있다.

'translate'라는 단어는 보통 '번역하다'라는 의미로 쓰이는데, '어떠한 것을 다른 형태로 바꾸다'라는 의미로 사용되기도 한다.

필자는 이 의미가 가장 적절하다고 생각한다. 우리라는 네페쉬(혼, 모형적 생명)가 거듭남을 통해 혼적인 몸에서 영의 몸으로(고전 15:44) 전환되어 존재하는 것, 곧 네페쉬에서 프뉴마로 전환된 것을(고전 15:46; 롬 8:9) 'translate'라는 단어가 적절하게 가리키고 있다고 보기 때문이다.

우리가 받은 성령이 영의 몸이자(고전 15:44) 그리스도의 마음이자 (고전 2:16) 생명 그 자체이니(롬 8:2), 첫 창조의 세상에서 무엇으로 예를 들어서 몸이자 마음이자 생명인 것을 비유로 설명할 수 있겠는가?

우리가 아직 이 세상에 육으로 존재할 때에는 이러한 영의 존재 양상에 대해 도무지 이해할 수 없지만 성경에서 말하는 성령과 관련한 하나님 나라가 앞서 말한 결론과 같음은 여러 측면에서 파악할 수 있다. 이에 대한 예시를 세 가지만 간략히 살펴보고자 한다.

(1) 하나님 자체가 하나님 나라라는 점에서 위 결론을 확인할 수 있다.

하나님 나라는 구약에서 다음과 같이 기업으로 예표되었고, 또한 그 기업이 곧 하나님이라 한다.

> 암 9:12 "그들이 에돔의 남은 자와 내 이름으로 일컫는 만국을 기업으로 얻게 하리라 이 일을 행하시는 여호와의 말씀이니라."
> 겔 44:28 "그들에게는 기업이 있으리니 내가 곧 그 기업이라 너희는 이스라엘 가운데에서 그들에게 산업을 주지 말라 내가 그 산업이 됨이라."

즉 하나님 자체가 곧 하나님 나라인 것으로, 성령을 받음이 곧 하나님 나라를 가리킨다.

이는 다음의 바울의 말과 일치한다.

> 롬 14:17 "하나님의 나라는 먹는 것과 마시는 것이 아니요 오직 성령 안에 있는 의와 평강과 희락이라."

"성령 안에 있는 의와 평강과 희락이라" 함은 오직 하나님께만 속한 것이고, 이는 연합을 의미한다고 하였다. 즉 이 구절에서도 성령을 통해 하나님과 연합함이 하나님 나라임을 알 수 있다.

또한 모든 이가 하나의 성령을 받아 하나의 영을 이루었으므로 하나님 나라의 모습은 바울이 "많은 사람이 그리스도 안에서 한 몸이 되어 서로 지체가 되었느니라"(롬 12:5)라고 함과 같다.

(2) 우리가 곧 하나님 나라라는 점에서 위 결론을 확인할 수 있다.

구약에서는 우리를 가리켜 하나님의 이름으로 불려진다고 하였다.

> 사 43:7 "내 이름으로 불려지는 모든 자 곧 내가 내 영광을 위하여 창조한 자를 오게 하라 그를 내가 지었고 그를 내가 만들었느니라."

하나님의 이름으로 불려진다는 것은 하나님과 하나가 됨을 말하는 것이므로, 계시록에 성도들의 이마에 어린 양과 하나님의 이름이 쓰여 있다 한 것 또한 그와 연합됨을 가리키는 것이다(계 14:1).

예수께서 이를 가리켜 다음과 같이 말씀하셨다.

> 요 16:24 "지금까지는 너희가 내 이름으로 아무것도 구하지 아니하였으나 구하라 그리하면 받으리니 너희 기쁨이 충만하리라."

> 요 16:26 "그날에 너희가 내 이름으로 구할 것이요 내가 너희를 위하여 아버지께 구하겠다 하는 말이 아니니."

"그의 이름으로 구하라" 하심은, 우리가 예수와 하나 된 하나님의 아들로서 그의 이름으로 불려지는 자이므로(사 43:7) 우리가 직접 하나님께 구할 수 있다는 것이다.

번외로, 우리 자신의 이름이 예수이므로, 우리가 기도를 마칠 때 "예수님의 이름으로 기도드립니다"와 같은 끝맺음을 하지 않더라도 그 기도는 결코 땅에 떨어지지 않으니, 그 기도가 우리 마음과 생각을 지킬 것임은 매우 자명하다(빌 4:6-7).

이어서, 우리가 예수와의 연합을 통해 하나님의 이름으로 불려지면서도, 다음과 같이 하나님 나라 또한 하나님의 이름으로 불려진다.

> 암 9:12 "그들이 에돔의 남은 자와 내 이름으로 일컫는 만국을 기업으로 얻게 하리라 이 일을 행하시는 여호와의 말씀이니라."

즉 우리와 하나님 나라가 동일하게 하나님의 이름으로 불려짐으로써 동일시된 것이다. 이는 예수와 연합하여 하나님의 이름으로 불려지는 것이 곧 하나님 나라라는 의미이다.

우리가 예수와의 연합을 통해 이룬 것은 고린도전서 6장 17절과 로마서 12장 5절의 내용이므로, 이것이 곧 하나님 나라이다. 예수께서 "두세 사람이 내 이름으로 모인 곳에는 나도 그들 중에 있느니라"(마 18:20)라고 하심도, 이와 마찬가지로 모든 성도들이 예수와 연합하여 하나님 나라를 이룬 것을 가리키는 것이다. 주께서 "하나님의 나라는 너희 안에 있느니라"(눅 17:21)라고 하심도 이와 같다.

요한의 다음과 같은 서술은 우리를 나라로 삼으셨다고 하여 이를 명확히 드러낸다.

> 계 1:6 "그의 아버지 하나님을 위하여 우리를 나라와 제사장으로 삼으신 그에게 영광과 능력이 세세토록 있기를 원하노라 아멘."
> 계 5:10 "그들로 우리 하나님 앞에서 나라와 제사장들을 삼으셨으니 그들이 땅에서 왕 노릇 하리로다 하더라."

(3) 안식일에 관한 서술을 통해 위 결론을 확인할 수 있다.

하나님은 다음과 같이 안식일을 가리켜 거룩한 것이라 하였는데, 거룩함은 오직 하나님께만 속한 속성이라고 앞서 설명하였다.

> 출 31:15 "엿새 동안은 일할 것이나 일곱째 날은 큰 안식일이니 여호와께 거룩한 것이라 안식일에 일하는 자는 누구든지 반드시 죽일지니라."

이러한 7일째의 안식에 관하여 히브리서 기자가 하나님 나라에 빗대어 다음과 같이 말하였다. 특히 안식을 가리켜 우리가 행함으로 이루는 개념이 아닌, 들어가는 곳의 개념으로 표현한 점에 주목하자.

> 히 4:3 "이미 믿는 우리들은 저 안식에 들어가는도다 그가 말씀하신 바와 같으니 내가 노하여 맹세한 바와 같이 그들이 내 안식에 들어오지 못하리라 하셨다 하였으나 세상을 창조할 때부터 그 일이 이루어졌느니라."
> 히 4:4 "제칠일에 관하여는 어딘가에 이렇게 일렀으되 하나님은 제칠일에 그의 모든 일을 쉬셨다 하였으며."
> 히 4:10 "이미 그의 안식에 들어간 자는 하나님이 자기의 일을 쉬심과 같이 그도 자기의 일을 쉬느니라."

출애굽기 31장 15절에서 하나님이 안식일을 가리켜 거룩하다 하심은, 거룩함이 오직 하나님께만 속한 속성이듯 안식일도 오직 하나님 안에만 있는 것임을 말씀하심이다. 안식이 하나님께만 속한 속성이므로 이 또한 연합을 의미한다고 생각하면, 히브리서 기자가 이를 하나님 나라에 빗대어 말한 것을 미루어 보건대, 하나님과의 연합이 곧 하나님 나라임을 살펴볼 수 있다. 이 연합은 앞서 언급한 결론을 이루는 것이다.

여기서 혹자는 생각하길, 아래 사건의 돌에 맞아 죽은 자는 안식일을 지킬 능력이 있음에도 이를 어겼기에 돌에 맞아 죽은 것이 아닌가 할 수 있으며, 이로 인해 안식은 사람이 어떤 형태로든 휴식을 취하여 얻을 수 있는 것이 아닌가 의문을 제기할 수 있다.

> 민 15:32 "이스라엘 자손이 광야에 거류할 때에 안식일에 어떤 사람이 나무하는 것을 발견한지라."
> 민 15:35 "여호와께서 모세에게 이르시되 그 사람을 반드시 죽일지니 온 회중이 진영 밖에서 돌로 그를 칠지니라."

모든 사람이 이미 날 때부터 살인한 자와 같음은 율법을 다룰 때 살펴보았다. 그런즉 안식에 관한 것도 마찬가지로 모든 이가 날 때부터 안식을 범한 자이다. 안식일에 나무한 사람만 죽은 것이 아니라, 모든 사람이 생로병사를 짊어지고 그 마지막엔 숨을 거두는 것이 모든 이가 안식일에 나무한 사람과 다를 바 없음을 확증하는 것이다.

예수께서 이러한 것을 가리켜 다음과 같이 말씀하셨다.

> 눅 13:4 "또 실로암에서 망대가 무너져 치어 죽은 열여덟 사람이 예루

살렘에 거한 다른 모든 사람보다 죄가 더 있는 줄 아느냐."

그런즉 우리 스스로 이 안식, 곧 연합을 이룰 수 없으므로 이 쉽은 다음의 예수의 말씀처럼 오직 예수께서 주시는 것이다.

> 마 11:28 "수고하고 무거운 짐 진 자들아 다 내게로 오라 내가 너희를 쉬게 하리라."
> 마 11:29 "나는 마음이 온유하고 겸손하니 나의 멍에를 메고 내게 배우라 그리하면 너희 마음이 쉼을 얻으리니."

여기까지 하나님 나라가 앞서 말한 결론과 같음을 살펴보았다.

역사 속에서 첫 창조의 폐함과 하나님 나라의 드러남이 아직 이루어지지 않았을지라도, 세례에 관해 다룰 때 서술한 것과 같이 이것이 이미 일어난 것과 같고, 또한 우리가 이미 새 피조물인 것과 같다. 이렇게 하나님 나라는 모든 성도가 예수와 연합되어 하나를 이루고, 하나님과도 연합되어 하나를 이루고, 만물도 이 안에서 통일되었은즉(엡 1:10) 하나님 나라에서는 첫 창조의 세상에서 인간들이 정한 숫자와 분리됨에 관한 개념들이 존재할 수가 없다.

그곳에서 모든 것이 하나 됨으로 하나님이 창세 전부터 영원히 계시듯 우리도 영원부터 영원까지 있는 것이 영생을 얻었다 함이고, 이러한 연합과 영생에 대하여 다윗은 성령의 감동을 통해 다음과 같이 말하였다.

> 시 133:1 "보라 형제가 연합하여 동거함이 어찌 그리 선하고 아름다운고."
> 시 133:3 "헐몬의 이슬이 시온의 산들에 내림 같도다 거기서 여호와께서 복을 명령하셨나니 곧 영생이로다."

18
천국 비유 풀이

'하나님의 형상'에서 다룬 내용을 바탕으로 예수의 천국 비유를 살펴보자. 예수께서 하신 모든 말씀이 오직 하나님 나라만을 설명하신 말씀이므로 분량이 상당히 많다. 그러므로 가장 기본이 되는 말씀부터 흔히 오해하는 말씀 몇 가지만 살펴보고자 한다.

1) 겨자씨 비유

> 마 13:31 "또 비유를 들어 이르시되 천국은 마치 사람이 자기 밭에 갖다 심은 겨자씨 한 알 같으니."
> 마 13:32 "이는 모든 씨보다 작은 것이로되 자란 후에는 풀보다 커서 나무가 되매 공중의 새들이 와서 그 가지에 깃들이느니라."

겨자씨 한 알은 천국 말씀이자(마 13:19) 예수(로고스)이다. 성령도 하나요, 세례도 하나요, 믿음도 하나이므로(엡 4:4-5) 하나님이 원하시는 열매 맺게 하는 씨앗도 오직 예수(로고스)로서 하나이다.
밭은 흙으로 만들어진 우리를 표상하고(고전 15:47), 씨앗이 밭에 심겨짐은 예수와 우리가 연합함을 가리킨다.

이렇게 연합이 되고 주께서 "내가 진실로 진실로 너희에게 이르노니 한 알의 밀이 땅에 떨어져 죽지 아니하면 한 알 그대로 있고 죽으면 많은 열매를 맺느니라"(요 12:24)라고 하신 말씀처럼, 연합된 상태로 같이 죽으면 그 연합된 채로 그 씨앗이 갖고 있는 거목의 본질 곧 그 안에 있는 생명이 드러나게 되는데(요 1:4), 이는 씨앗이 땅 속의 우리를 양분으로 끌어들여 땅 밖으로 나옴과 같다. 이는 바울이 "썩을 것으로 심고 썩지 아니할 것으로 다시 살아나며"(고전 15:42)라고 함과 같이, 거듭남을 이룸이고 새 피조물이 됨이다(고후 5:17).

땅 속은 첫 창조의 세상이요 땅 밖은 하늘에 속한 곳으로, 육에 속한 이는 결코 알 수 없는 영의 세계이다. 성도들이 그리스도의 지체 됨으로 그와 한 몸을 이루었다 함과 같이(롬 12:5), 이들이 하나의 씨에 양분으로 끌려 들어가 하나의 나무를 이룬 것이 영으로 한 몸을 이룬 것을 가리킨다.

이 나무는 열매를 맺는데, 열매는 생명을 의미한다. 이 생명이 또한 예수인 것은, 처음 심겨진 로고스와 똑같은 본질을 갖기 때문이다. 즉 이 열매는 우리가 예수와 연합하여 하나의 예수로 존재함을 표상한다(요 15:5).

하나님은 인간이 행하는 모든 제사와 윤리적 선행을 받지 않되 오직 단 하나만을 받으시니, 그것은 예수로 칭함 받는 이 열매를 받으심이다.

이 열매는 구약에서 '첫 열매', '장자' 등으로 예표되었으며(출 34:26; 민 3:41), 신약에서 흔히 사용된 '첫 열매'라는 단어는 여기서 유래되었다(고전 16:15).

이것이 그리스도가 대제사장이 되어 우리를 거룩하게 하여 바치는 것이다(롬 15:16). '거룩하게 함'이란, 대제사장 되신 그리스도가 우리와 하나 된 희생제물이 됨으로 하나님이 받으실 만한 열매가 되었음을 가리킨다. 이 열매를 받으심이 곧 우리가 하나님과 한 영을 이룬 것이고(고전 6:17), 이것이 곧 추수이다(막 4:29).

이런 맥락에서 예수께서 다음과 같이 말씀하셨다.

> 마 7:16 "그들의 열매로 그들을 알지니 가시나무에서 포도를, 또는 엉겅퀴에서 무화과를 따겠느냐."
> 마 7:17 "이와 같이 좋은 나무마다 아름다운 열매를 맺고 못된 나무가 나쁜 열매를 맺나니."
> 마 7:18 "좋은 나무가 나쁜 열매를 맺을 수 없고 못된 나무가 아름다운 열매를 맺을 수 없느니라."

거짓 선지자를 열매로 판단한다는 말씀은, 그들이 일궈낸 성품을 보고 판단한다는 말이 아니다. 이로 따지자면 타 종교인들이나 양심적 일반인이 성도보다 훌륭한 경우가 얼마든지 있거니와, 결론적으로 인간적 성품은 하나님이 보시기에 아무것도 아니기 때문이다.

예수의 말씀은 그들이 하나님이 유일하게 받으시는 예수라는 열매를 맺었는가 혹은 그 외의 열매를 맺었는가를 보신다는 것이다.

좋은 나무가 나쁜 열매를 맺을 수 없다 함은, 예수라는 씨가 심겨지면 오직 예수라는 열매만 나오는 것처럼 다른 열매가 나올 일이 없으므로, 만일 어떤 나무가 다른 열매를 맺었다면 그 나무의 씨가 예수라는 씨가 아님을 알 수 있다 하심이다.

또한 다음의 말씀도 로고스에 관한 비유를 하심이다.

> 마 17:20 "이르시되 너희 믿음이 작은 까닭이니라 진실로 너희에게 이

르노니 만일 너희에게 믿음이 겨자씨 한 알만큼만 있어도 이 산을 명하여 여기서 저기로 옮겨지라 하면 옮겨질 것이요 또 너희가 못할 것이 없으리라."

"너희 믿음이 작다"고 하심은 하나님이 주신 믿음이 아닌 인간 스스로의 믿음을 가리키는 것이니, "그때부터 그의 제자 중에서 많은 사람이 떠나가고 다시 그와 함께 다니지 아니하더라"(요 6:66)의 경우와 같이, 하나님이 겨자씨만한 믿음을 주시지 않으면 모든 인간이 이러한 것이고, 베드로가 물 위를 걷다 빠져 죽을 뻔한 일과 예수를 세 번 부인함도 이를 극명히 보여준다.

믿음이 겨자씨 한 알만큼만 있어도 산을 옮긴다 하심은, 예수라는 로고스를 받음으로 예수와 하나가 되어 만물의 주요(행 10:36) 상속자이자(히 1:2) 심판의 권세를 받음을 말씀하심이다.

우리 성도들에게 이러한 권세가 있음은 다음 구절들에서 알 수 있다.

마 19:28 "예수께서 이르시되 내가 진실로 너희에게 이르노니 세상이 새롭게 되어 인자가 자기 영광의 보좌에 앉을 때에 나를 따르는 너희도 열두 보좌에 앉아 이스라엘 열두 지파를 심판하리라."

고전 15:28 "만물을 그에게 복종하게 하실 때에는 아들 자신도 그때에 만물을 자기에게 복종하게 하신 이에게 복종하게 되리니 이는 하나님이 만유의 주로서 만유 안에 계시려 하심이라."

계 20:4 "또 내가 보좌들을 보니 거기에 앉은 자들이 있어 심판하는 권세를 받았더라 또 내가 보니 예수를 증언함과 하나님의 말씀 때문에 목 베임을 당한 자들의 영혼들과 또 짐승과 그의 우상에게 경배하지 아니하고 그들의 이마와 손에 그의 표를 받지 아니한 자들이 살아서 그리스도와 더불어 천 년 동안 왕 노릇 하니."

바울이 "또 함께 일으키사 그리스도 예수 안에서 함께 하늘에 앉히시니"(엡 2:6)라고 함에는, 이같이 우리가 예수의 지체가 됨으로 그와 함께 심판의 보좌에 앉은 것을 가리키는 의미도 포함하고 있다.

2) 불의한 청지기 비유

이 비유는 성경 난제 구절 중 하나로 여겨지며, 대부분은 불의한 청지기가 지혜롭게 행한 자체를 칭찬하는 것에 초점을 두고 해석한다.

그러나 예수께서는 우리에게 헛된 세상의 지혜와 세상적 권고를 하시는 분이 아니니, 그가 하신 모든 말씀은 복음과 하나님 나라를 표상하는 것이지 결코 우리의 세상적 처신에 대해 말씀하시는 것이 아니다. 그가 하시는 모든 말씀은 창세부터 감추인 하나님 나라에 관한 것임은 다음과 같다.

> 마 13:34 "예수께서 이 모든 것을 무리에게 비유로 말씀하시고 비유가 아니면 아무것도 말씀하지 아니하셨으니."
> 마 13:35 "이는 선지자를 통하여 말씀하신 바 내가 입을 열어 비유로 말하고 창세부터 감추인 것들을 드러내리라 함을 이루려 하심이라."

그런즉 예수의 모든 비유는 하나님 나라와 복음의 관점에서 풀어야 하지, 우리의 세상적 지혜의 수준으로 격하하는 오류를 범해서는 안 된다.

성경에서 모든 사람이 거짓말하는 자라 함은(시 116:11), 모든 사람 속에 로고스가 없고 헛된 첫 창조의 세상 지혜만 존재함을 가리키는 것인데, 어찌 예수께서 세상 지혜에 관한 말을 하겠는가? 이에 관하여 바울은 다음과 같이 말하였다.

> 고전 1:19 "기록된바 내가 지혜 있는 자들의 지혜를 멸하고 총명한 자들의 총명을 폐하리라 하였으니."
> 고전 1:20 "지혜 있는 자가 어디 있느냐 선비가 어디 있느냐 이 세대에 변론가가 어디 있느냐 하나님께서 이 세상의 지혜를 미련하게 하신 것이 아니냐."

주께서는 세상 지혜를 말씀하심이 아니요 오히려 우리를 어린아이로 만드사 더 이상 거짓말하는 자가 되지 않게 하였으니, 그가 친히 우리가 말해야만 하는 말씀을 주심이다.

> 마 10:19 "너희를 넘겨 줄 때에 어떻게 또는 무엇을 말할까 염려하지 말라 그때에 너희에게 할 말을 주시리니."
> 마 10:20 "말하는 이는 너희가 아니라 너희 속에서 말씀하시는 이 곧 너희 아버지의 성령이시니라."

이제 이 비유를 풀기에 앞서 필요한 사전 지식을 간략히 다루겠다. 불의한 청지기 비유는 누가복음 15장의 비유의 연장선에서 계속되는 비유로서 잃어버린 양의 비유, 드라크마를 찾은 여인의 비유, 돌아온 탕자의 비유에 이어서 나오는 비유이다. 누가복음 16장 1절을 시작하는 '또한'이라는 헬라어 단어는 영어로는 'and, now'의 의미를 가지고 있는데, 이는 앞서 비유를 말씀하심에 계속 이어서 말씀하심을 가리킨다.

누가복음 15장의 위 비유들을 시작하심은 바리새인들이 예수가 죄인들을 영접함을 보고 수군거림으로 인한 것인데(눅 15:2), 위 비유 중에 가장 대표격인 탕자의 비유가 말하고자 하는 바는 무엇인가? 예수께서 "인자가 온 것은 잃어버린 자를 찾아 구원하려 함이니라"(눅 19:10)라고 하심과 같이, 죽은 자와 같은 죄인을 하나님 나라에 참여시키심을 말하는 것이다.

그러나 이는 바리새인들의 상식과 인과율로는 도저히 이해할 수 없는 것으로, 율법을 어긴 경우 번제를 드릴 기회가 있기도 하지만 특정 경우에는 돌에 맞아 죽어야 하니 속죄의 기회조차 주어지지 않고 반드시 죽어야 한다.

이러한 죄인들은 시체와 같아서 접촉하게 되면 자신마저 부정해질 터인데, 예수는 이들과 함께하고 이들이 하나님 나라에 먼저 들어간다 말하니(마 21:31), 어찌 바리새인들이 이를 납득할 수 있겠는가?

허나 첫 창조에서 사람이 의롭게 생각하여 행하는 모든 일은 하나님의 의와 관계가 없는 것으로, 첫 창조는 모형이요 본질이 아니다. 하지만 이 땅에서 나고 자란 인간이 이러한 인과율을 벗기는 참으로 힘든 것이니, 율법의 의를 의지하는 바리새인들은 더욱 그러한 것이다.

바울은 이러한 하나님의 의에 관하여 다음과 같이 다윗의 시편(시 32:1)을 인용하여 말하였다.

> 롬 4:6 "일한 것이 없이 하나님께 의로 여기심을 받는 사람의 복에 대하여 다윗이 말한 바."
> 롬 4:7 "불법이 사함을 받고 죄가 가리어짐을 받는 사람들은 복이 있고."

이는 바리새인뿐만 아니라 성실하고 열심히 일하며 사는 자는 누구든지 이 말을 기이하게 여길 것이 아닌가? 바리새인처럼 열심히 의를 쌓고 도덕을 지키고 하나님께 참으로 열심 있는 자들이(롬 10:2) 마땅히 복을 받아야 할 것이 아닌가?

그런데 이렇게 인간적 열심을 따른 자들이 오히려 망하고, 일한 것 없이 하나님께 의로 여김을 받은 자가 복이 있다 하니 우리 상식으로는, 특히나 누구보다도 바리새인들의 상식으로는 참으로 이들이 결코 정당하지 않은 "불의의 재물"(눅 16:9)을 얻은 자와 같다 할 것이다.

이러한 세상의 상과 벌의 인과율에 대해서는 믿는 성도들도 참으로 얽매이기 쉽고 벗어낼 수 없는 것이어서 자기 의에 빠지기 쉽다. 그러나 분명히 첫 창조에 속한 상태로 우리가 그 무엇을 하든 하나님께 드릴 것이 없고, 의롭다 함을 받을 것을 전혀 행할 수 없다.

이는 안식일날 온몸을 묶어 꼼짝도 않고 오로지 휴식만 취하여도 하나님의 의를 이룬 것이 아님과 같고-안식은 예수께서 주시는 것임을 살펴보았다(마 11:28)-예수의 제자들이 안식일에 시장하여 이삭을 잘라 먹더라도(마 12:1) 이는 하나님의 의를 어기지 않은 것과 같은 것처럼, 하나님의 의는 오로지 창세 전부터 영원히 계신 하나님께 속하여 첫 창조의 그 어떤 것과도 상응한다고 할 수 없다고 하였다.

사람은 그가 율법의 조문적 행위를 지키기 위해 애쓰는 것을 떠나서, 그저 하나님과 분리된 상태 자체로 모든 죄의 충만함 가운데 있는 것이다.

그런즉 날 때부터 죽은 자와 같은 모든 이는, 오로지 청지기 비유의 '불의의 재물'을 탈취해야 할 방안만 강구해야 할 따름이다.

그 불의한 재물이 바로 하나님이 값없이 주시는 하나님의 의인즉 (롬 3:21), 예수께서 바리새인들의 사고를 아시고 하나님께로부터 값

없이 오는 은혜(하나님의 의)를 받아야 함을 가리켜 불의의 재물이라 하심이다.

잠언 기자가 바리새인의 사고(인간적 상식)를 가리켜 "어떤 길은 사람이 보기에 바르나 필경은 사망의 길이니라"(잠 16:25)라고 하였는데, 이는 율법의 의를 의지함이 자못 바르게 보이나 필경 사망의 길이므로, 불의의 재물을 탈취함이 진정 하나님이 예비하신 길임을 말함이다.

예수께서 "너희는 가서 내가 긍휼을 원하고 제사를 원하지 아니하노라 하신 뜻이 무엇인지 배우라"(마 9:13) 하심도 이와 같은 뜻이다.

이것이 바로 "자기의 마음을 믿는 자는 미련한 자요 지혜롭게 행하는 자는 구원을 얻을 자니라"(잠 28:26)는 말씀의 의미인데, 자기의 마음을 믿는다는 것이 율법의 의를 의지하여 자력구원을 얻고자 함이고, 잠언에서 말하는 지혜란 예수이므로 지혜롭게 행한다는 것은 하나님이 예비하신 길을 따라간다는 것이다.

이런 관점에서 청지기 비유를 살펴보자

> 눅 16:1 "또한 제자들에게 이르시되 어떤 부자에게 청지기가 있는데 그가 주인의 소유를 낭비한다는 말이 그 주인에게 들린지라."
>
> 눅 16:2 "주인이 그를 불러 이르되 내가 네게 대하여 들은 이 말이 어찌됨이냐 네가 보던 일을 셈하라 청지기 직무를 계속하지 못하리라 하니."

어떤 부자는 하나님이요, 청지기는 예수이다. 그가 주인의 소유를 낭비한다는 말이 주인에게 들림은 죄 없는 자가 우리를 대신하여 죄가 됨(고후 5:21)과 같다.

눅 16:3 "청지기가 속으로 이르되 주인이 내 직분을 빼앗으니 내가 무엇을 할까 땅을 파자니 힘이 없고 빌어 먹자니 부끄럽구나."

눅 16:4 "내가 할 일을 알았도다 이렇게 하면 직분을 빼앗긴 후에 사람들이 나를 자기 집으로 영접하리라 하고."

눅 16:5 "주인에게 빚진 자를 일일이 불러다가 먼저 온 자에게 이르되 네가 내 주인에게 얼마나 빚졌느냐."

눅 16:6 "말하되 기름 백 말이니이다 이르되 여기 네 증서를 가지고 빨리 앉아 오십이라 쓰라 하고."

눅 16:7 "또 다른 이에게 이르되 너는 얼마나 빚졌느냐 이르되 밀 백 석이니이다 이르되 여기 네 증서를 가지고 팔십이라 쓰라 하였는지라."

땅을 파거나 빌어먹는 것은 자신의 노력으로 정당하게 재물을 쌓는 것이므로 세상 사람들의 윤리관과 바리새인들의 사고에 합당한 처사이다. 그러나 로마서 4장 6절에서 바울이 인용한 시편 말씀의 성취를 위해 청지기와 주인에게 빚진 자들은 값없이 재물을 얻어야 하는데, 청지기가 이들의 빚을 일부 탕감해 줌으로 이들이 함께 주인의 재물을 탈취함과 같다.

눅 16:8 "주인이 이 옳지 않은 청지기가 일을 지혜 있게 하였으므로 칭찬하였으니 이 세대의 아들들이 자기 시대에 있어서는 빛의 아들들보다 더 지혜로움이니라."

눅 16:9 "내가 너희에게 말하노니 불의의 재물로 친구를 사귀라 그리하면 그 재물이 없어질 때에 그들이 너희를 영주할 처소로 영접하리라."

주인이 청지기가 일을 지혜 있게 하였다 하여 칭찬한 것은, 그가 주인으로부터 오는 재물로 자신의 반석을 삼은 것을 가리키는 것으로, 이는 구약에서 지속적으로 예표하는 주인의 긍휼을 의지함과 같고(호 6:6), 이것이 세상적 도덕의 인과율을 역행하는 하나님의 의(롬 10:3)에 복종함과 같은 것이다.

"그 재물이 없어질 때에 그들이 너희를 영주할 처소로 영접하리라" 하심은 무슨 말인가?

원어로는 "그 재물"이란 말은 없고 KJV에서는 "그 재물이 없어질 때에"를 "when ye fail"이라 번역하였다. fail로 번역된 원어는 '죽다'라는 의미로 쓰이기도 하므로 "when ye fail"은 "너희가 죽을 때"로 볼 수 있다.

NASB에서는 "when it fails"라 하여 'it'이 가리키는 바에 따라 해당 구절의 의미가 약간 달라진다. 여기서 'it'은 '그 재물'을 가리킨다고 볼 수도 있다. 두 번역의 차이는 두 성경이 참고한 원어 성경의 차이로, fail로 번역된 원어가 사본에 따라 2인칭의 형태를 띠거나 3인칭의 형태를 띠는 데 있다.

그러나 이 비유의 전체적 의미가 달라지지 않는 것은, 어느 쪽의 번역이든 불의의 재물을 받은 이들이 그를 영주할 처소로 영접하기 때문이다. 불의의 재물로써 거할 수 있는 영원한 처소는 하나님 나라이다. 그들이 영접한다 함은 불의의 재물의 특성을 말하는데, 이는 예수를 중심으로 그들이 연합을 이루게 됨을 의미한다. 이는 예수께서 하신 다음의 말씀과 같다.

> 요 17:22 "내게 주신 영광을 내가 그들에게 주었사오니 이는 우리가 하나가 된 것같이 그들도 하나가 되게 하려 함이니이다."

여기서의 영광이 곧 '불의의 재물'이다.

눅 16:10 "지극히 작은 것에 충성된 자는 큰 것에도 충성되고 지극히 작은 것에 불의한 자는 큰 것에도 불의하니라."

이 구절에서 청지기의 비유가 하나님 나라를 가리킴이 명확하게 드러난다.

누가복음 16장 10절은, 예수께서 사람들에게 작은 것에도 소홀히 하지 말고 충성하는 자가 될 것을 촉구하는 내용이 전혀 아니다. 이는 천국 말씀에 관하여 "무릇 있는 자는 받아 넉넉하게 되되 없는 자는 그 있는 것도 빼앗기리라"(마 13:12)라고 하신 말씀과 상응하는 부분이다.

또한 달란트 비유에서 "그 주인이 이르되 잘하였도다 착하고 충성된 종아 네가 적은 일에 충성하였으매 내가 많은 것을 네게 맡기리니 네 주인의 즐거움에 참여할지어다"(마 25:21) 하신 말씀과 상응하는 부분으로, 달란트 비유는 은사를 가리킴이 아니요 이 또한 하나님 나라를 가리키는 비유임은 추후 설명하기로 한다.

지극히 작은 것이란 겨자씨 한 알만한 믿음과 같은 것인데(눅 17:6), 이 믿음이 지극히 큰 하나님 나라에 충성하게끔 우리를 이끈다는 것을 '믿음에 관하여'에서 히브리서 11장을 다루며 살펴보았다.

지극히 작은 것에 불의한 자는 큰 것에도 불의함 또한 마찬가지의 의미로, 이 작은 믿음 하나가 없는 자는 지극히 큰 하나님 나라에도 불의할 수밖에 없다는 것이다.

이 구절을 세상적 관념으로 풀면 얼마나 모순이 되는가? 세상에는 작은 일에 충성하지 않으면서 큰 일에 충성된 자도 있을 것이고, 그에 반대되는 사람도 있을 것이 아닌가? 참으로 예수께서는 이런 세상적 말씀을 하신 것이 아니다.

눅 16:11 "너희가 만일 불의한 재물에도 충성하지 아니하면 누가 참된 것으로 너희에게 맡기겠느냐."
눅 16:12 "너희가 만일 남의 것에 충성하지 아니하면 누가 너희의 것을 너희에게 주겠느냐."
눅 16:13 "집 하인이 두 주인을 섬길 수 없나니 혹 이를 미워하고 저를 사랑하거나 혹 이를 중히 여기고 저를 경히 여길 것임이니라 너희는 하나님과 재물을 겸하여 섬길 수 없느니라."

불의한 재물, 남의 것에 충성함은 우리가 값없이 받는 하나님의 의를 말하며, 이것에 충성하지 않는데 어찌 참된 것, 너희의 것(값없이 주시는 은혜)을 주겠는가 말씀하심이다.

누가복음 16장 13절에서 하나님과 재물을 겸하여 섬길 수 없다 하심은, 부자와 가난한 자의 비유로서 재물은 부자 청년의 사례와 같이 자기 의를 가리키므로 하나님의 의와 자기 의를 동시에 섬길 수 없음을 말씀하신 것이다.

눅 16:14 "바리새인들은 돈을 좋아하는 자들이라 이 모든 것을 듣고 비웃거늘."
눅 16:15 "예수께서 이르시되 너희는 사람 앞에서 스스로 옳다 하는 자들이나 너희 마음을 하나님께서 아시나니 사람 중에 높임을 받는 그것은 하나님 앞에 미움을 받는 것이니라."

바리새인들이 돈을 좋아하여 비웃었다는 것은, 이들이 예수의 비유를 이해하여 청지기가 자신의 정당한 노력을 반석으로 삼지 않고 주인에게서 얻은 불의의 재물을 반석으로 삼은 것을 비웃은 것이다. 이를 확증할 수 있는 것이 누가복음 16장 15절의 예수의 말씀이다.

주께서 갑자기 사람 중에 높임을 받는 것을 지적하신 이유는 무엇인가? 여기서 예수께서 말씀하신 것이 부자와 가난한 자의 비유임이 확실히 드러난다.

바리새인들이 돈을 좋아한다 함은 곧 자기 의를 말하는 것이기 때문이다. '돈을 좋아한다'라는 말의 헬라어가 동일하게 쓰인 곳이 디모데후서 3장 2절인데, 이러한 것을 가리켜 바울이 디모데후서 3장 5절에서 말한다.

> 딤후 3:2 "사람들이 자기를 사랑하며 돈을 사랑하며 자랑하며 교만하며 비방하며 부모를 거역하며 감사하지 아니하며 거룩하지 아니하며."
> 딤후 3:5 "경건의 모양은 있으나 경건의 능력은 부인하니 이 같은 자들에게서 네가 돌아서라."

경건의 모양이 있다 함은 꾸며낸 겸손을 말하는 것이며(골 2:18), 이는 바리새인처럼 율법을 의지하여 겉으로는 청렴해 보이는 것을 말한다.

예수께서 바리새인들을 참으로 많이 모욕하셨으나, 세상적 윤리의 가치관으로 보자면 율법에 목숨을 걸었다는 자들인데, 이들이 진정 문자 그대로 돈을 좋아했다는 것인가? 필자는 그런 생각이 들지 않는다.

바울은 과거 율법의 의를 의지하던 시절의 이야기를 다음과 같이 말하였다.

> 빌 3:4 "그러나 나도 육체를 신뢰할 만하며 만일 누구든지 다른 이가 육체를 신뢰할 것이 있는 줄로 생각하면 나는 더욱 그러하리니."

빌 3:5 "나는 팔 일 만에 할례를 받고 이스라엘 족속이요 베냐민 지파
요 히브리인 중의 히브리인이요 율법으로는 바리새인이요."

빌 3:6 "열심으로는 교회를 박해하고 율법의 의로는 흠이 없는 자라."

자신을 율법으로는 바리새인이며 흠이 없는 자라 하였은즉, 그들은 613개의 율법 조항을 철저히 지키는 자들인데, 이들이 율법을 연구함과 이를 수행하기 위해서는 무엇을 못하였겠는가? 오른눈이 실족하게 하면 이를 뽑았을 것이요, 오른손이 실족하게 하면 이를 찍고도 남았을 것이다(마 5:29-30). (이는 골로새서 2장 11절에서 말하는 그리스도의 할례를 표상함이지, 실제로 이런 일을 행하여서 자력구원을 얻을 수 있다면 예수의 십자가는 헛된 것이다.)

그리고 만일 자신이 소유한 재물이 율법을 지키는 데 방해가 된다면 과감히 이를 흩어버렸을 것이니, 그들이 쌓은 자기 의가 얼마나 대단하였겠는가?

게다가 자신의 마음이 안일해지는 것을 극도로 경계하며 금식을 어김없이 시행하였을 것이 아닌가? 세상 어느 종교가 이들의 육체적 경건에 능히 비할 수 있겠는가?

그러나 성경은 자기 의를 의지하는 자를 가리켜 부자라고 하였다. 가난한 자는 말씀을 갈망하는 자요(암 8:11), 부자는 말씀을 갈망하지 않으므로 예수께서 그 안에 거할 곳이 없는 자이다(요 8:37). 물론 믿음이 하나님께로 말미암음이고, 과거 율법의 의를 의지하던 바울도 후에는 그리스도 외에는 알지 않겠다 함과 같이(고전 2:2), 이 모든 것은 하나님께로 말미암음이다(롬 9:16).

3) 달란트 비유

흔히 마태복음 25장 14-30절의 달란트 비유를 가리켜 각자가 받은 성령의 은사를 활용해야 한다고 풀고 있으며, 한 달란트를 받은 종은 그렇게 성실히 행하지 못함으로 처벌 받은 것으로 생각한다.

그러나 예수께서는 그러한 처신을 촉구하심이 아니요, 반대로 그 어떤 것도 이루지 못하고 재산만 탕진하다 돌아온 둘째 아들이 아버지를 의지하기만 함으로 천국에 들어감을 말씀하심이고, 창기와 세리가 불의의 재물을 얻어 바리새인보다 먼저 천국에 들어감을 말씀하심이니, 그가 하신 모든 말씀은 오직 불의의 재물(눅 16:9)과 하나님 나라에 관한 것이다.

비유 말씀에서 "무릇 있는 자는 받아 풍족하게 되고 없는 자는 그 있는 것까지 빼앗기리라"(마 25:29)라고 하심은, 천국 말씀을 하실 때 "무릇 있는 자는 받아 넉넉하게 되되 없는 자는 그 있는 것도 빼앗기리라"(마 13:12)라고 하심과 같은 맥락으로, 달란트의 비유도 하나님 나라를 가리킨다.

달란트는 천국 말씀인즉 씨앗이자 로고스이고, 종들은 로고스가 심겨질 밭과 같은 우리를 말한다.

다음 말씀과 같이 천국 말씀을 마음 밭에 심어 결실하되 100배든, 60배든 결실한 자는 다섯 달란트를 가지고 다섯 달란트를 남긴 종과 같고, 두 달란트를 가지고 두 달란트를 남긴 종과 같다.

> 마 13:23 "좋은 땅에 뿌려졌다는 것은 말씀을 듣고 깨닫는 자니 결실하여 어떤 것은 백 배, 어떤 것은 육십 배, 어떤 것은 삼십 배가 되느니라 하시더라."

주인이 타국에서 돌아와 결산할 때가 곧 추수의 때이므로 이때 종들이 위와 같은 열매, 곧 예수라는 열매를 맺었는가를 보시는 것이다.

그러나 한 달란트를 맡은 종은 결실하지 않은 나무와 같으므로 이 종이 바깥 어두운 데로 쫓겨남은(마 25:30) 열매 없는 무화과나무를 저주하심과 같고(마 21:19), 열매 맺지 않은 가지는 아버지께서 제하시는 것과 같다(요 15:2).

달란트 비유와 상응하는 내용으로 이 또한 우리의 행위를 촉구하심이라 혼동되기 쉬운 말씀이 있다.

> **마 24:43** "너희도 아는 바니 만일 집 주인이 도둑이 어느 시각에 올 줄을 알았더라면 깨어 있어 그 집을 뚫지 못하게 하였으리라."
> **마 24:44** "이러므로 너희도 준비하고 있으라 생각하지 않은 때에 인자가 오리라."
> **마 24:45** "충성되고 지혜 있는 종이 되어 주인에게 그 집 사람들을 맡아 때를 따라 양식을 나눠 줄 자가 누구냐."
> **마 24:46** "주인이 올 때에 그 종이 이렇게 하는 것을 보면 그 종이 복이 있으리로다."
> **마 24:47** "내가 진실로 너희에게 이르노니 주인이 그의 모든 소유를 그에게 맡기리라."

이것이 예수께서 우리에게 마땅히 해야 할 일을 촉구하심이고, 이를 행하지 못하면 구원받지 못함인가? 그렇게 생각한다면 참으로 율법으로 돌아감이니 바울이 "너희가 이같이 어리석으냐 성령으로 시작하였다가 이제는 육체로 마치겠느냐"(갈 3:3)라고 함과 같다.

율법의 일차적 수신자가 예수라고 하였듯이, 산상수훈의 팔복이라 불리는 말씀에서 가난한 자부터 박해받는 자까지 모두 일차적으로는 예수를 가리킴이고, 이차적으로는 예수와 연합된 우리를 가리킨다.

그런즉 위 말씀의 충성된 종 또한 일차적으로 예수를 가리킨다.

우리가 일용할 양식을 누구에게 달라고 기도하는가? 하나님 아닌가?(마 6:11) 그런즉 양식을 나눠줄 자는 하나님이요 예수이니 참으로 생명의 떡을 주심이다(요 6:50). 또한 주인의 모든 소유를 맡은 자가 누구인가? 일차적으로 만유의 상속자 되신 예수이며(히 1:2), 이차적으로는 그의 지체가 되어 같이 상속을 받는 우리를 가리킨다(롬 8:17).

그런즉 깨어 있으라 하심은 "너는 잠자기를 좋아하지 말라 네가 빈궁하게 될까 두려우니라 네 눈을 뜨라 그리하면 양식이 족하리라"(잠 20:13) 한 것을 복음적으로 말씀하신 것이다.

다음과 같이 성경에서 말하는 잠자는 것과 깨어 있음은 비유의 말씀이다.

> 사 56:10 "이스라엘의 파수꾼들은 맹인이요 다 무지하며 벙어리 개들이라 짖지 못하며 다 꿈꾸는 자들이요 누워 있는 자들이요 잠자기를 좋아하는 자들이니."
>
> 사 60:1 "일어나라 빛을 발하라 이는 네 빛이 이르렀고 여호와의 영광이 네 위에 임하였음이니라."

흔히 잠은 죽음을 가리킬 때 쓰였음을 알 것이다. 과연 모든 이가 죽은 자인 것과 같이 또한 잠자는 자와 같다.

이사야 60장 1절 말씀은 복음을 예언한 것으로, 잠자는 이들에게(죽음 가운데 있는 이들에게) 빛이 이르고 하나님의 영광이 임하면 이들이 일어나고 빛을 발하는 것을 가리킨다. 즉 주께서 깨어 있으라 하심은, 창세부터 깨어 있는 자와 같은 예수와 한 지체를 이루어 우리도 그와 같이 깨어 있으라는 말이다.

이를 가리켜 이사야가 "조는 자나 자는 자도 없을 것이며"(사 5:27)라고 예언한 것으로, 머리 되신 예수께서 영원히 깨어 계시므로 예수와 연합된 우리 중에는 조는 자나 자는 자가 없다는 것이다.

같은 맥락에서 바울은 이러한 비유를 인용하여 다음과 같이 복음으로 풀었다.

> 엡 5:14 "그러므로 이르시기를 잠자는 자여 깨어서 죽은 자들 가운데서 일어나라 그리스도께서 너에게 비추이시리라 하셨느니라."

주께서 우리에게 하신 모든 명령은 그가 우리와 하나가 되어 그가 친히 온전히 이룰 것들을 말씀하시는 것이다. 이는 우리가 지체가 되고 주께서 친히 머리가 되심이다. 바울은 이와 같은 의미로 다음과 같이 말한 것임을 앞서 살펴보았다.

> 빌 1:6 "너희 안에서 착한 일을 시작하신 이가 그리스도 예수의 날까지 이루실 줄을 우리는 확신하노라."

그런즉 요나가 하나님께로부터 도망갔더라도 풍랑을 맞고 결국 니느웨 성에 회개의 말씀을 선포함과 같이, 우리도 예수의 손과 발이 되어 잠자는 이웃에게 빛을 비추어 저들을 깨우게 될 수 밖에 없다. 그래서 예수께서 이사야 60장 1절 말씀을 인용하여 "너희는 세상의 빛이라 산 위에 있는 동네가 숨겨지지 못할 것이요"(마 5:14)라고 하신 것이다.

글을 마치며

　간결함과 명확성을 위해 장황하고 감흥적인 말은 최소한으로 줄이면서도 설득을 위해 필요하다 생각되는 설명을 서술하였다. 장황함과 꼭 필요함 간의 최적의 균형을 맞추기 위해 애를 썼으나, 필자의 미숙함으로 인해 어느 부분은 욕심을 절제하지 못하였고, 어느 부분은 지나치게 부족하였을는지 모를 일이다.
　그러나 적어도 성경의 핵심을 이해하는 데 필요한 내용은 모두 다 루었다고 생각한다.
　참으로 더 다뤄 볼까 하는 내용들이 있었으나, 성경의 핵심인 오직 예수와의 연합 및 십자가 죽음과 부활을 설명하였으니, 성경의 나머지 내용들도 이와 같은 맥락에서 이해하는 데 도움이 될 것이라 생각한다.
　이 책이 성경의 진의를 알고자 하나 표피적이고 도덕적 풀이에 지친 이들에게 약간이나마 유익이 되었기를 바란다.

창세부터 예표된 종말과 구원
구원론

1판 1쇄 인쇄 _ 2021년 12월 15일
1판 1쇄 발행 _ 2021년 12월 20일

지은이 _ 고왕규
펴낸이 _ 이형규
펴낸곳 _ 쿰란출판사

주소 _ 서울특별시 종로구 이화장길 6
편집부 _ 745-1007, 745-1301~2, 747-1212, 743-1300
영업부 _ 747-1004, FAX 745-8490
본사평생전화번호 _ 0502-756-1004
홈페이지 _ http://www.qumran.co.kr
E-mail _ qrbooks@daum.net / qrbooks@gmail.com
한글인터넷주소 _ 쿰란, 쿰란출판사
페이스북 _ www.facebook.com/qumranpeople
인스타그램 _ www.instagram.com/qrbooks
등록 _ 제1-670호(1988.2.27)
책임교열 _ 김영미·송은주

ⓒ 고왕규 2021 ISBN 979-11-6143-603-6 93230

책값은 뒤표지에 있습니다.
이 출판물은 저작권법에 의해 보호를 받는 저작물이므로 무단 복제할 수 없습니다.
파본(破本)은 구입처에서 교환해 드립니다.